메이지유신의 무대 뒤
明治維新の舞台裏

메이지유신의 무대뒤

【이시이 다카시 지음 · 김영작 옮김】

일조각

일러두기

1. 이 책은 1975년 이와나미 신서岩波新書에서 출간한 『明治維新の舞台裏』 제2판을 완역한 것이다.
2. 본문에 나오는 주는 모두 역자주다.
3. 본문에 나오는 연도는 당시의 구력舊曆, 즉 태양태음력에 따라 표기했다.
4. 일본어의 우리말 표기는 고유명사일 때에는 국립국어원의 외래어 표기법을 따랐고 국내에서 일반적으로 통용되는 발음인 경우에는 곳에 따라 우리나라 한자음대로 썼다.

제1판 … 서문

일본근대사의 출발점인 메이지유신明治維新은 세상 사람들의 큰 관심의 대상이 되어 왔으며, 일본 역사에서 가장 활발한 논쟁이 펼쳐진 분야이다. 세상 사람들의 관심에 호응하여 손쉽게 구할 수 있는 몇 가지 개설서를 비롯해 상당히 많은 저서가 세상에 나와 있다. 그러나 이와 같은 표면적인 화려함만을 보고, 곧 이 방면의 연구가 실질적인 발전을 이룩했다고 말할 수 있을 것인가?

물론 막부幕府* 말기의 사회경제사와 자유민권운동기에 관한 정치사의 연구는 지방 자료의 발굴과 젊은 연구자들이나 지방 역사가들의 꾸준한 노력을 통해서, 최근 실로 눈부신 발전을 이룩했다. 그러나 메이지유신사의 본체로 보아야 할 에도막부江戶幕府 말기부터 메이지 초기에 이르는 정치사에 관한 연구는 아직도 매우 미진하다고

* 사무라이侍정권. 일본사에서는 가마쿠라鎌倉, 무로마치室町, 도쿠가와德川 막부가 있었다. 그 수장을 쇼군將軍이라고 한다. 이 책에서는 幕府를 우리말로 상당히 친숙한 번역어가 된 '막부'로 표기한다.

할 수밖에 없다. 메이지유신사에 관한 주요 개설서에 서술된 내용을 보더라도 종래의 왕정복고사관에 입각해 유신사가 제공하는 역사적 사실을 서술하는 데 머물러 있고, 새로운 사실은 아무것도 발굴되지 않고 있다. 따라서 이들 기존의 연구가 표면상 다소 새로움을 보여주고 있을지라도, 그것은 다만 지금까지의 사실에 새로운 해석을 덧붙이거나 새롭게 표현하려고 애쓴 것에 불과하다.

메이지유신은 국내의 움직임만으로 일어난 것이 아니다. 메이지유신이 촉진된 데는 국제적인 움직임이 큰 역할을 했다. 국내적인 움직임과 국제적인 움직임이 서로 엉켜가면서 정국이 격류를 이루어 숨 가쁘게 전개되었다는 점에 메이지유신 정치과정의 특색이 있다. 그런데 지금까지의 메이지유신사 연구에서 특히 부족했던 점은 그 정치과정을 국내적 움직임과 국제적 움직임을 유기적으로 관련시켜 추구하지 못했다는 점이다.

바로 2년 전(1957년), 필자가 『메이지유신의 국제적 환경明治維新の國際的環境』을 집필한 것은 국내적 움직임과 국제적 움직임을 통일적으로 파악하여 메이지유신에 관한 정치사에서 새로운 측면을 나타내 보이기 위한 것이었다. 그런데 지금 이와나미신서岩波新書 중 한 권으로 이 책을 집필하게 된 기회를 활용하여 지금까지 품어온 그러한 의도를 한층 더 발전시키려고 노력했다. 그리고 이 책에서 다루고 있는 시기는 국제적 압력이 가중되어감에 따라 메이지유신사가 새로운 단계를 맞이하게 되는 1864년부터 도쿠가와막부德川幕府의 종말을 의미하는 1868년(메이지 원년) 4월 에도성江戶城을 넘겨줄 때까지를 그 대상으로 삼았다. 그 이유는 이 시기야말로 메이지유신의 특징인 국내적인 움직임과 국제적인 움직임의 관련이 가장 두드러지기 때문이다.

이 시기의 정국은 메이지유신사의 빠른 흐름 속에서도 가장 급격한 흐름이 전개되면서 막부 타도를 향해 줄달음쳐갔다. 어제의 적은 오늘의 친구가 되고 오늘의 친구는 내일의 적이 되었으며, 아침의 양이攘夷운동은 저녁녘에는 개국운동으로 변모해갔다. 책 제목을 『메이지유신의 무대 뒤明治維新の舞臺裏』라고 한 것도 바로 이러한 점을 고려한 것이다.

이 책은 많은 사람을 상대로 한 계몽서이기 때문에 되도록 알기 쉬운 표현을 쓰고 약간 윤색한 부분도 있지만, 그 서술은 모두 필자가 정확하다고 믿는 사료에 기초했음을 밝혀둔다. 이 책에 기록된 내용에 대해서 더 자세한 것을 알고자 하는 독자는 『메이지유신의 국제적 환경明治維新の國際的環境』을 참조해주기를 바란다.

끝으로 이 책을 펴내면서 이와나미사 편집부 나카지마 요시카쓰中島義勝 씨 등에게 많은 도움을 받았다. 이분들에게 깊은 감사의 뜻을 전한다.

1959년 10월

이시이 다카시石井孝

제2판 … 서문

이 책의 제1판(초판)을 간행한 때로부터 이미 15년 남짓의 세월이 흘렀다. 당시 필자는 메이지유신 정치사연구가 현저하게 뒤처진 현상을 고려해 메이지유신 정치과정의 특징이라고도 할 수 있는 국내적 움직임과 국제적 움직임을 통일적으로 파악할 목적으로 이 책을 썼다. 그리고 국내적인 움직임과 국제적인 움직임의 교류가 가장 선명하게 나타나는 1864년(겐지元治 원년)부터 1868년(메이지 원년) 4월, 에도성을 넘겨주기까지의 기간에 이 책의 초점을 맞추었다.

필자가 이 책의 제목을 『메이지유신의 무대 뒤』라고 한 이유에 관해서 제1판의 서문을 인용해두겠다.

> 정국의 막후에서는, 일본인뿐 아니라 외국인들이 크게 책동하면서 일본인을 조종하려고 했다. 무엇보다도 먼저 이와 같은 외국인의 움직임을 밝혀내는 일이야말로 필자가 이 책을 저술하면서 가장 중점을 둔 부분이었다. 이와 함께 필자는 막부 측과 반막부 측을 불문하고, 지사라 불리고 호

걸이라 불리는 지도자들이 권력을 획득하고 유지하기 위해 어떻게 광분하고 있었는지를 외국 측의 책동과 관련시켜 밝혀내고자 노력하였다.

지난날의 유신사에서는 대의명분적인 관점에서 날조된 메이지유신사의 '표면의 측면'만이 알려져왔을 뿐이었다. 더욱이 오늘날의 '새로운' 메이지유신사에서도 아직 그 경향이 변형된 형태로 유지되는 것 같다. 필자는 이러한 현실적 상황을 염두에 두면서 메이지유신사의 참된 실상을 밝혀내기 위해 그 숨어 있는 '이면'을 들추어내려고 노력했다.

이러한 저술의 동기는 물론 제2판에서도 변함이 없다. 그러나 제1판의 내용은 1957년에 간행된 『메이지유신의 국제적 환경』에 의거하고 있었다. 그 단계에서는 특히 1866년 이후 외국 측의 움직임을 명백히 파악할 수 없는 점이 많아서 그 공백을 대담한 추리로 메울 수밖에 없었다. 그러나 그 후 외국 측의 1차 사료를 접해보았더니 지난날 대담한 추리를 통해 서술한 부분 중에 잘못된 부분이나 타당성이 떨어지는 부분이 많이 발견되었다.

1966년 필자는 새롭게 볼 수 있었던 외국의 1차 사료를 기초로 해서 먼저 쓴 『메이지유신의 국제적 환경』을 대폭 개정·증보하여 증정增訂판을 간행했다. 따라서 이 책도 그에 이어 신속히 개정판을 내놓았어야 했으나 오늘날까지 십 년 가까이 지연되고 말았다. 오로지 필자의 태만 때문이다.

앞서 언급한 대담한 추리의 결과, 제1판에서는 특히 서술의 중점이 되었던 "외국인들이 크게 책동하면서 일본인을 조종하려고 하였다"는 점에 관해 자주 과장된 표현을 했고, 그것은 특히 3장과 4장에서 두드러졌다. 따라서 이러한 점을 시정한 제2판은, 전체적으로 제1판에 비하면 국내적인 움직임과 국제적인 움직임의 교류 속에서 전자를 높이 평가한 경향이 있다. 이 책의 서술을 에도성 양도에서 끝내지 않고, 쇼기타이彰義隊 토벌까지로 연장한 것도 국내적인 움직임을 올바로 평가하기 위함이다. 그 외에 다이세이호칸大政奉還에 대한 평가도 제1판과는 크게 바뀌었다. 제2판은 그 외의 몇 가지 중요한 사실에 관한 역사적 평가에 대해서도, 제1판에 비해서 질적으로 향상되었다고 생각한다.

또 이 책에서 서술한 사실에 관해서 더욱 자세히 알고 싶은 독자는 앞에서 언급한 『메이지유신의 국제적 환경』을 참고해도 되지만, 그 외에 손쉽게 구할 수 있는 책으로 『보신전쟁론戊辰戰爭論』*을 권유하는 바이다.

1975년 5월

이시이 다카시

---

* 보신전쟁 : 1868년(메이지 원년)부터 이듬해까지 신정부군과 구막부 측과의 여러 전투를 총칭하는 말이다.

차례

머리말

18세기 종반, 세계사적으로 중대한 두 사건이 연이어 발생했다. 하나는 1783년에 미합중국이 독립을 한 일이고, 또 다른 하나는 1789년 프랑스대혁명 발발이 그것이다. 이에 앞서 영국에서는 산업혁명이 시작되었다.

19세기로 접어들면서 구미 선진국에서는 산업혁명이 진척되었고, 그 전반기에는 영국을 중심으로 세계적 규모의 자본주의가 성립했다. 이 자본주의는 부단히 확대되어가는 생산을 소비할 시장을 얻기 위해 세계 각지로 나섰고, 무력에 호소해서라도 시장에 대한 모든 제한을 넘어서고자 하였다.

이와 같은 세계적 추세에서 고립되어 잠자고 있던 일본에서조차 19세기 초반에 들어서면서 봉건사회의 토대를 뒤흔드는 움직임이 눈에 띄게 나타났다. 선진지역에서는 농민들의 상품생산이 늘어나고, 그러한 가운데 신분이 상승한 농민 등이 시작한 공장제수공업 manufacture 경영도 나타나기 시작했다. 이처럼 밑에서부터 일어나는

부르주아적 발전으로 막번체제*는 새로운 위기에 직면했다. 덴포天保 연간(1830~1843)은 이러한 위기가 표면으로 드러난 시기다. 봉건세력에 반항하는 민중의 투쟁이 양적으로 증가했을 뿐 아니라 질적으로도 '요나오시 잇키世直し一揆'**라고 하는 투쟁 형태로 진전되어 갔다. 이러한 봉건제도의 위기에 대응하기 위해서 막부와 번藩에서는 개혁을 단행하기에 이르렀다.

그러나 막부가 단행한 덴포개혁***은 크게 실패했다. 왜냐하면 오사카大阪 주변을 위시한 막부 직할령直轄領에서 농민의 상품생산 증가에 따라 일어나는 밑에서부터의 부르주아적 발전을 강력하게 장악하지 못했기 때문이다. 이에 반해서 여러 번 특히 사쓰마薩摩, 조슈長州, 도사土佐, 히젠肥前 등 서남지방 일대의 번에서는 이 시기의 개혁을 잘 주도해감으로써 일단은 성공을 거두어 막부 말기 활동의 발판을 만들었다. 성공한 번정개혁의 특징은 번에 따라 성격의 차이는 있으나, 한마디로 요약하면 번의 권력이 상품경제를 장악한 점이었다.

막부는 막부체제하에서 최대의 번이면서도 한편으로는 여타 번들과는 다른 중앙권력으로서의 특징을 가지고 있었다. 도쿠가와막부가 중앙권력이 될 수 있었던 것은 다른 번에 비해 소유한 영지가 엄청나게 넓었을 뿐 아니라 직할대도시의 특권상인을 통해서 국내시장

---

* 도쿠가와시대는 하나의 막부와 270개 정도의 번으로 이루어져 있는데, 이를 막번체제라고 한다.

** 농민봉기

*** 특히 1841년(天保 12) 개혁선언에서 1843년 로주老中 미즈노 다다쿠니水野忠邦가 실각할 때까지의 기간을 말한다. 내우외환에 대처하기 위해 기강의 숙정, 신분질서의 회복, 막부권위의 회복에 중점을 두었으며 일시적으로 막부의 재정이 호전되고 기반이 강화되었으나 다이묘들과의 대립과 반발을 초래하여 결국 미즈노 다다쿠니가 파면되면서 막을 내렸다. 한편 여러 웅번雄藩에서도 이 시기에 개혁을 단행했는데 상당한 성과를 거두기도 했다.

전체를 장악할 수 있었기 때문이었다. 쇄국이라는 것도 막부가 독점적으로 국외시장을 장악하는 체제로서 막번체제의 불가결한 요소를 이루고 있었다. 그런데 번들이 영내의 상품경제를 장악하여 오사카라는 중앙시장에 진출하자 막부가 전국시장을 한 손에 쥐고 있던 체제에 틈이 생기고, 번들이 막부에서 이탈해가는 경향이 발생했다. 이와 같이 막부와 번, 특히 서남지방 여러 번 사이의 세력관계가 동요하기 시작했을 때 개국이라는 거대한 사건을 맞이하게 된 것이다.

세계 자본주의의 중심인 영국이 아편전쟁을 통해서 중국을 자신의 시장으로 개방시킨 것(1842년)은 일본 덴포 말기의 일이었다. 영국이 이 여세를 몰아 일본의 문호개방을 요구했다면 결코 불가능한 일은 아니었음에도 불구하고 영국은 굳이 그렇게 하지 않았다. 왜냐하면 영국이 중국시장을 중시한 나머지 일본에는 크게 관심을 갖지 않았기 때문이었다. 이 사이에 미국이 동쪽에서 일본을 압박해왔다.

미국에서도 19세기 전반에는 자본주의 발전이 두드러져 1840년대부터는, 특히 미국 면제품의 유망한 시장으로서 중국에 대한 기대가 높아졌다. 19세기 중엽 미국이 태평양 연안에 진출하기 시작하면서부터 미국과 중국시장을 연결하는 태평양 횡단 기선 항로의 개설이 과제가 되었고, 이를 위한 중간 기항지로서 일본열도가 주목을 받았다. 그 외에도 북태평양으로 출어하는 포경선을 위한 보급과 피난을 위한 항구가 필요했다. 그리하여 서쪽에서 진출해오던 영국이 크림전쟁(1853~1856)에 휘말리고, 중국에서 그들의 권익을 확대하기 위해 분쟁을 일으키고 있을 때, 동쪽에서 다가오는 미국은 자본주의 발전이 영국보다 훨씬 뒤떨어져 있었음에도 불구하고 쇄국일본을 개국하는 첫 국가가 될 수 있었다. 일본의 쇄국을 깨뜨리는 화친조약이나 일본을 세계 자본주의 시장으로 만든 통상조약도 미국이 먼저 쟁취했다.*

미국이 일본과 통상조약을 맺게 된 바로 그 무렵, 중국과 분쟁을 해결한 영국이 본격적으로 일본에 진출하기 시작했다. 더욱이 미국은 1861년부터 남북전쟁에 휘말리게 되어 외국에 진출할 여유가 없어졌다. 러시아는 크림전쟁으로 큰 타격을 입었을 뿐 아니라 후진성 때문에 자본주의적인 의미에서의 진출은 과제가 될 수도 없었다. 다만 북방 변경에 대한 군사적 진출을 경계하고 있었을 뿐이었다. 유럽에서 영국 다음가는 자본주의 국가였으나 영국의 적수는 될 수 없었던 프랑스는 극동에서는 인도차이나반도의 침략에 중점을 두고, 중국과 일본에서는 영국의 정책을 따르고 있었다. 이러한 이유 때문에 막부 말기에 일본과의 외교나 통상을 지배한 나라는 영국이었다.

그런데 막부 말기에 발생한 개국이라고 하는 새로운 사태는 막부와 번들 간의 세력 불균형을 노정시키는 데 그치지 않고 번들 간의 세력 불균형을 더욱 촉진시켰다. 이 과정에서 서남웅번西南雄藩**이 진출하게 된 것이다. 당시에는 아직 민중의 투쟁을 조직화하여 막부와 정면으로 대결할 수 있는 반봉건적 정치세력은 출현하지 않았기 때문에 막부에 대항하는 정치세력은 오로지 웅번뿐이었다.

1854년 미일화친조약이 체결되면서 개국의 첫걸음을 내디딘 이래 한동안 시세의 움직임에 가장 잘 대응할 수 있는 인물들이 막부를 지도했다. 이때 막부에는 개혁적인 웅번과 연합하여 중앙권력을 형

---

* 1853년 미국 태평양함대 사령관 페리Matthew Calbraith Perry가 에도만에 와서 개항을 요구했다. 막부는 이를 거절하다가 결국 1854년 미일화친조약을 맺었다. 그 후 미국 초대영사 해리스Townsend Harris는 1858년 막부를 설득하여 미일통상조약을 체결했다.

** 세력이 큰 사쓰마, 조슈, 도사 등 일본의 서남쪽에 위치한 번들을 가리킨다.

성할 기회가 있었다. 그러나 1858년 이이 나오스케井伊直弼가 등장하여 정반대의 과정을 택하면서부터 정국이 혼란스러워지기 시작했다. 그리고 분큐文久 연간(1861~1863년)에 이르러 혼란은 극에 달했다. 정국이 이런 혼란에서 벗어나는 계기가 된 것이 두 개의 대외전쟁, 곧 1863년의 사쓰에이전쟁薩英戰爭과 이듬해인 겐지元治 원년(1864년)에 4국 연합함대가 가한 시모노세키下關 포대 공격이었다.

이 두 전쟁에서 얻은 현실적 교훈에 따라 사쓰마와 조슈 두 번은 자본주의 열강의 군사력에 저항하는 것이 불가능하다는 사실을 알게 되었다. 아울러 개국론을 지지하기만 한다면 열강이 그들의 지배권력을 부인하는 것은 아니라는 사실을 알게 되었다. 이에 두 번은 개국을 필연적인 사태로 받아들이고, 외국무역을 통해서 번의 부강책을 도모하기에 이르렀다. 그것은 막부의 외국무역 독점이라는 막부체제 아래의 고유한 체제를 타파하는 것이라는 점에서, 이들 여러 번이 막부체제에서 이탈해가는 경향을 더욱 결정적으로 만들었다. 이에 막부 말기의 역사는 새로운 단계에 들어서게 된다.

이때 막부가 취할 수 있는 정치적 선택은 두 가지였다. 그 하나는 웅번에 최대한으로 양보하여 막부가 스스로 웅번연합정권으로 개조하는 일이었고, 다른 하나는 시대의 흐름에 역행하면서 막부의 권력을 한층 강화하는 일이었다.

【1장】

막부와 사쓰마번 연합책의 파산

요코하마에 상륙한 올콕

1864년 3월 2일 올콕은 아가스호로 귀국 도중 요코하마에 도착하였다. 올콕과 그의 부인이 제20연대 병력과 소수의 기병이 도열한 가운데를 지나가고 있다.(THE ILLUSTRATED LONDON NEWS 소재)

1. 가쓰 가이슈와 사이고 다카모리의 막부 · 사쓰마 연합책

가쓰 가이슈와 사이고 다카모리의 첫 대면

막부 말기의 역사가 새로운 단계로 접어들던 1864년 9월 11일, 훗날 에도성을 넘겨주는 담판의 주역이 된 막부의 신하〔幕臣〕 가쓰 가이슈勝海舟(또는 가쓰 요시쿠니勝義邦 또는 가쓰 야스요시勝安芳)와 사쓰마번의 무사〔藩士〕 사이고 다카모리西鄕隆盛(또는 사이고 기치노스케西鄕吉之助)가 오사카大阪에서 첫 대면을 했다. 이들 두 인물의 대면을 주선한 사람은 에치젠越前[1]번사 아오야마 고사부로青山小三郎였는데, 그들은 가쓰를 통해서 막부와 사쓰마번의 결합을 중심으로 한 웅번연합雄藩連合을 꾀했다. 이때 가쓰는 군함부교軍艦奉行[2]로서, 고베神戶에서 군함 조련소를 관리하고 있었으며, 이곳에서 사카모토 료마坂本龍馬 같은 도사土佐[3] 근왕당勤王黨의 흐름을 이어받은 낭인들도 관리하고 있었다. 시국을 꿰뚫어보는 가쓰의 안목은 막신으로서의 입장을 초월한 것이었다.

가쓰와 마쓰다이라 요시나가松平慶永를 포함한 에치젠번의 지도적 인물은 모두 요코이 쇼난橫井小楠[4]의 사상적 영향을 받고 있었다.

---

1 지금의 후쿠이 현福井縣.

2 부교奉行는 무가武家의 직명으로서 정무를 분담하여 일부 국을 담당했다. 에도시대에는 간조부교勘定奉行, 지샤부교寺社奉行, 마치부교町奉行 등이 있었는데, 군함부교는 1859년에 설치되어 1865년 해군부교가 임명될 때까지 군함의 구입과 건조, 조함操艦 기술의 교습 등 해군 실무 전반을 담당했다.

3 지금의 시코쿠四國 고치高知 현의 일부이다.

4 요코이 쇼난橫井小楠(1809~1869) : 막부 말기의 정치가이며 사상가. 구마모토의 번사로서 개국론을 주장했으며, 메이지유신 후 신정부에서 국무대신으로 등용되었다. 페리의 내항, 러시아 · 영국 등의 계약 체결 요구, 존왕양이尊王攘夷운동의 확산 속에서 막부의 폐쇄적인 상황을

쇼난의 사상이란 막부의 '사정私政'을 끝내고 '공공의 정치'를 해야 한다는 것으로서 당시 웅번연합의 사상적 기반을 이루고 있었다. 그 웅번연합의 구상을 구체화한 것이 1863년 8월 18일의 정변 후 시국을 수습하기 위해 교토京都에서 열린 참예회의參豫會議[5]였다. 여기에는 가쓰도 막후의 역할을 했다.

1864년 초에 열린 참예회의에서 에치젠번의 전 번주藩主 마쓰다이라 요시나가와 사쓰마번의 실권자 시마즈 히사미쓰島津久光는 시국 수습에 관해 의견이 일치되었다. 그러나 이 참예회의도 드디어 막부를 대표하는 히토쓰바시 요시노부一橋慶喜와 시마즈 히사미쓰를 비롯한 웅번 실권자가 대립하면서 해체되고 말았다. 이러한 상황하에서 에치젠번으로서는 가쓰와 사이고 두 인물을 대면시킴으로써 사쓰마번을 끌어들이는 한편, 쇼군將軍이 교토에 오는 것〔上洛〕을 기다려 안팎에서 제기되던 중요한 문제들을 웅번회의에서 다시 결정하려고 했다.

그런데 이 첫 대면에서 가쓰는 발언을 시작하기가 무섭게 득의에 찬 변설로 막부의 내정을 폭로하며 고식적인 작풍에 젖어 있는 막부 관리들을 비난했다. 마침내 사이고가 천천히 입을 열어 외국공사가 오사카만에 함대를 끌고 들어와 천황에게 조약 승인을 강요할 경우에 대해서 물었다. 그러자 가쓰는 "현재 외국인들이 막부관리들을 무시하는 이 시점에서, 막리幕吏가 담판에 나온다면 상대조차 하지 않을 것이오. 이때 현명한 다이묘大名 네댓 명이 회동하여 조리 있게 논리

국제적 정세하에서 새롭게 파악했다. 가쓰 가이슈, 사카모토 료마 등에게 영향을 끼쳤다.

5 1863년 8월 18일에 일어난 정변으로 존왕양이파가 교토에서 쫓겨난 후에 막부와 조정의 협력을 주장하는 공무합체파公武合體派의 시마즈 히사미쓰島津久光 등이 조의참예朝義參豫로 임명되어 국정을 협의하기 위해 개최된 회의를 가리킨다.

적으로 외국인과 담판을 지어 조약을 맺는다면 외국인들은 오히려 우리 쪽 이치에 승복하게 되고 장래의 국가방침도 결정될 것이오. 그러한 방향으로 마무리한다면 외국인(들의 움직임)에 관해서는 현명한 다이묘들이 나올 때까지 내가 책임지고 만류하겠소"라고 자신만만하게 그 대책을 피력했다.

사이고는 가쓰의 이러한 대책에 크게 감복했다. 그리고 이제 가쓰가 피력한 대책을 지지한 이상, '공화정치'를 반드시 이루어내야겠다는 결의를 표명했다. 사이고가 말한 '공화정치'란 열번회의列藩會議를 가리킨 것이었다.

가쓰는 사이고가 내심 생각하고 있던 것을, 기선을 제압하여 명확히 말한 셈이었다. 사이고는 "어느 정도의 지략을 간직하고 있는지 짐작할 길이 없는", "실로 경탄할 만한 인물"이라며 가쓰에게 매료되어 있었다. 영리하고 약삭빠른 에도江戶 출신인 가쓰는 이 첫 대면으로 사쓰마薩摩 출신 사이고를 완전히 압도했다.

그런데 가쓰와 사이고가 첫 대면을 하기 전인 9월 7일, 주일 영국 공사 올콕Sir Rutherford Alcock(1809~1897)[6]은 에도에서 열린 로주老中[7]들과의 회담에서 조정에 대한 막부의 조약승인 요구에 호응하여 외국대표가 함대를 끌고 오사카만으로 향해 배후에서 조정朝廷에 압력을 가하자는 방책을 막부에 제안했다. 이 제안이 그대로 가쓰나 사이

---

6 영국의 외교관. 1858년 일본주재 총영사로 부임하여 에도의 도젠지에 공사관을 개설했다. 같은 해 말부터 1864년까지 공사로 근무했다. 미국 공사 해리스Townsend Harris와 대립하면서 개국 초기의 대일무역에서 영국의 우위를 추구했다. 1864년에는 4국 연합함대의 시모노세키下關 포격을 실현시켜 양이론의 최선봉이었던 조슈번을 굴복시켰다. 저서로는 *The Capital of The Tycoon*(『大君の都ー日本滯在3年記』, 1863)이 있다.

7 에도막부에서 정무를 담당하던 최고 직책으로, 정원은 4~5명이며 보통 25,000석 이상의 후다이다이묘譜代大名가 담당했다.

고의 귀에 일찌감치 들어갔는지에 대해서는 알 길이 없다. 그러나 이러한 외국 측의 동향을 이미 두 사람은 사전에 파악하고 있었을 것이며, 그 같은 대책이 가쓰와 사이고의 첫 대면 석상에서 화제가 된 것이다.

올콕의 대일정책 각서

앞서 언급한 것과 같이 막부 측에 대한 올콕의 제안 이상으로 중대한 문제는 8월 22일 올콕이 시모노세키下關 공격 성공 후에 발생할 수 있는 새로운 사태에 대처하기 위해서 일본 내정개혁을 포함시킨 대일정책에 관한 각서를 기초하고 있었다는 사실이다.

이 각서에서 올콕은 시모노세키를 공격한 결과로 획득해야 할 최대의 성과는 대외정책에 대한 천황과 쇼군의 의견 불일치를 해소하는 것이며, 이를 위해서 쇼군은 곧바로 교토에 가서 천황에게 조약을 승인받아야 한다고 언급하고 있다. 그러나 천황이 조약을 승인하는 대가로 쇼군은 천황과 유력한 다이묘들에게 폭넓게 양보해야 했다. 쇼군이 양보해야 할 사항으로는 가난한 천황에게 관세수입의 일부를 바침으로써 무역이 유익하다는 점을 알릴 것과 다이묘들이 자유롭게 무역에 종사할 수 있게 해야 한다는 두 가지 점을 들었다. 그 외에 현재 조약의 규정으로도 다이묘가 그 영내 항구에서 외국과 무역을 할 수 있는 권리가 있는지를 검토하고, 그것이 가능하다면 새로운 개항장 후보지로 사쓰마 영내의 가고시마鹿兒島와 조슈長州 영내의 시모노세키를 들고 있다. 또 올콕은 조약의 근본적 개정을 제안했다. 그의 제안에는 일본인과 외국인의 자유로운 교제에 대한 모든 제한을 폐지하여 다이묘가 외국인을 영내에 초대하거나 거주하게 하는 일 등에 대한 제한을 두지 않으며 더 나아가 일본인의 해외도항에 관한 금지조항을 완전히 해제하는 것 등이 포함되어 있었다.

올콕이 제안하고 있는 이 조약 개정에 관한 절차는 조약 개정 그 자체보다도 훨씬 중요하다. 조약을 개정하려면 '다이묘평의회'를 개최해야 하며(올콕은 개최 장소로는 교토보다 오사카가 적절하다고 했다) 이 회의에는 4국(영국 · 미국 · 프랑스 · 네덜란드) 대표들도 참가해 로주나 다이묘 계급의 지도적 구성원과 조약 개정의 내용에 대해서 토의한다는 것이다. 올콕은 그 결과 천황이나 다이묘들이 현 조약을 승인하고 쇼군도 외교 · 무역정책에 관한 장래 프로그램을 승인함으로써 우호적인 대외관계를 형성한다면, 결국 내란과 혁명 또는 외국과의 전쟁을 방지할 수 있을 것이라고 기대했다.

각서의 의미

그런데 이 올콕의 각서에서 가장 주목할 점은 조약의 근본적 개정이 단순한 외교문제뿐 아니라 동시에 일본의 국내문제로서 논의되고 있다는 점이다. 조약 개정에 관해 토의하는 것은 막부의 관리가 아니라 다이묘회의이며, 더욱이 그 조약은 일본의 최고권위자인 천황이 승인해야 하기 때문이다. 이러한 조약 개정에 관한 국내 절차 때문에 장래 일본의 정치형태로서 지금까지의 막부 독재를 대신하는 왕정복고하의 '열번회의'라는 구상이 떠오르게 된다. 더욱이 이 회의에서 발언권을 갖는 자는 '다이묘 계급의 지도적 구성원'이므로, 이는 사실상 웅번회의가 되는 셈이다. 게다가 이 중대한 '다이묘평의회'에는 함대의 위력을 배경으로 한 외국대표도 참가하게 된다는 사실은 주목할 만한 일이다. 올콕이 회의 개최지로 오사카를 희망한 이유는 교토보다 오사카 쪽이 외국함대의 정박지로서 압력을 행사하기 쉬운 장소였기 때문일 것이다.

올콕이 영국 부르주아의 유능한 대표로 일본시장을 확대하고자 시도한다면, 지금까지 지켜오던 막번체제는 방해거리가 된다. 그러나 동시에 밑에서부터 일어나는 혁명적 압력으로 봉건제가 붕괴되는 것을 원치 않았던 그로서는 일본의 개혁이 위에서부터 점진적으로 행해지기를 바랐다. 일본 국내 지배계급 간의 대립을 조정할 것을 의도한 위와 같은 개혁안에 따라서 내란과 혁명 또는 외국과의 전쟁을 모두 회피하면서 "충돌의 위험과 중단의 모험 없이 새로운 시장을 확보한다"는 '맨체스터Manchester의 꿈'이 실현되는 것이다.

가쓰 가이슈의 구상

가쓰와 사이고의 첫 대면 때 두 사람의 의견이 일치한 가쓰의 '현명한 다이묘회의'와 사이고의 '공화정치'는 올콕이 각서에서 말한 '다이묘회의'와 완전히 일치하는 구상이다. 다만 올콕은 밖으로부터의 압력을 통해 이를 실현시키고자 한 것에 비해서, 가쓰는 밖에서 오는 압력을 저지하면서 안에서 주체적으로 실행하고자 시도했다는 점에서 차이가 있을 뿐이다. '현명한 다이묘회의'라는 가쓰의 구상은 앞에서 언급한 요코이 쇼난의 사상에서 나온 것이다. 그러므로 그것은 올콕의 각서에 나타나 있는 영국 측의 정치구상에서 나온 것이라고는 말할 수 없지만 사실상 결론은 동일한 것이었다.

가쓰의 구상은 앞에서 말한 '참예회의'라는 노선의 부활이기도 했다. 그런데 참예회의는 막부와 사쓰마번과의 불일치 때문에 해체되었으므로 가쓰가 이를 부활시키려고 시도한다면 이는 곧 막부와 사쓰마를 연합시키는 노선을 취할 수밖에 없다는 것을 의미한다. 따라서 가쓰와 사이고의 첫 대면에서 두 사람의 의견이 완전히 일치했다는 것은 확실히 막부와 사쓰마 연합의 움직임을 상징하는 사건이었다.

영국의 막부 지지

올콕이 웅번연합에 관한 구상을 갖게 된 것은 그것이 일본정국에 미친 영향을 생각할 때 매우 중대한 일이었다. 그러면 그는 왜 그러한 착상을 하게 되었을까?

올콕은 최초의 일본주재 영국 공사로서 1859년 일본에 부임한 이래 1862년 2월 귀국할 때까지 막부를 지지했다. 각국이 조약을 체결한 상대인 막부를 정당한 '일본정부'로 승인하고 있었다는 점은 어찌 보면 당연한 일이다. 올콕은 막부를 일본의 봉건지배자 가운데 '최량最良'으로 보고, 안팎에서 오는 강압으로 꼼짝달싹 못할 처지에 있는 막부의 어려운 상황을 깊이 동정하면서 막부가 두 항구(효고兵庫와 니가타新潟)의 개항과 두 도시(에도와 오사카)의 개시開市를 연기해줄 것을 각국에 요청하는 것을, 침몰하는 배가 화물을 바다 속으로 내던져버리는 것에 비유했다. 그리하여 그는 막부의 요청에 대해 본국 외상을 설득해보겠다고 막부 당국에 약속하고, 1862년 2월 귀국길에 올랐다. 그 결과 그의 노력이 결실을 보게 되어 같은 해 5월 영국정부는 현재 시행되고 있는 개항장에서 조약의 완전한 이행과 외국인과의 교통·무역에 관한 모든 제한의 철폐 등을 조건으로 막부가 반대파를 진압할 수 있는 시간을 벌 수 있도록 두 항의 개항과 두 도시의 개시를 1863년 1월 1일부터 5년간 연기할 것을 승인한 런던 각서에 조인했다. 이는 "영국정부가 일본을 내란으로 몰아간다면 영국이 일본에서 누리고 있던 무역량의 많은 부분을 잃게 될 것"을 두려워한 결과였다.

올콕이 영국에 있는 동안 대리공사의 직분을 맡은 닐Edward St. John Neal(?~1866)[8]도 막부를 조약의 보호자로 보았다. 따라서 1862년 이래 급속하게 진행되는 막부의 위기는 동시에 대외관계의 위기이기도 했다. 나마무기生麥 사건[9] 후, 막부가 배상금 지불 등 영국 측의 요구에 응할 수 없었던 이유를 반대파의 압박으로 인한 막부의 무력화 때문이라고 본 닐은, 1863년 3월 프랑스 공사 드 베르쿠르Duchesne de Bellecourt(1817~1881)[10]와 협의하여 두 나라 제독 입회하에 적대적 다이묘들에 대항하기 위해서 막부에 해군을 원조해주자고 제안했다. 막부 측은 내심 이를 바라고 있었으나 국내의 반대가 강화되어 막부가 더욱더 위기에 몰리게 될 것을 두려워하여 두 나라의 호의에 깊은 사의를 표하고 아직은 받아들일 시기가 아니라며 거절했다.

사쓰마번, 친영·개국으로

1863년 7월, 나마무기 사건에 대한 영국의 요구를 관철시키기 위해서 영국함대가 가고시마항을 공격함으로써 사쓰에이薩英전쟁(사쓰마

8 영국 외교관. 1862년 주일영국공사관 서기관으로 부임하여 올콕 공사가 휴가차 귀국한 사이에 대리공사로서 나마무기 사건을 처리했다.

9 1862년 8월 21일, 사쓰마번주 시마즈 히사미쓰의 행렬이 나마무기(현재의 요코하마 쓰루미구 鶴見區)를 지나갈 때 영국인 네 사람이 말을 탄 채 행렬 앞을 통과하려 했다는 이유로 히사미쓰 휘하의 무사들이 이 영국인들을 살상한 사건이다. 이 사건은 그 다음 해 영국함대가 가고시마를 포격하여 사쓰에이전쟁이 발발하는 원인이 되었으며, 막부도 책임을 추궁당하여 배상금 10만 파운드를 영국에 지불했다.

10 프랑스 외교관. 1859년 초대 일본 총영사로 부임해 1860년 대리공사를 역임했으며 1861년 전권공사로 임명되어 1863년까지 활약했다.

번과 영국의 전쟁)이 발발했다. 닐은 배외파排外派의 거두인 사쓰마번을 응징함으로써 간접적으로 막부를 지원하려고 했다. 그러나 사쓰에이전쟁의 결과, 적대적이었던 사쓰마번이 친영·개국 쪽으로 크게 기울었다.

그러나 사쓰에이전쟁 이전에도 사쓰마번에 개국 움직임이 없었던 것은 아니다. 오히려 그 요소는 충분히 있었다. 나마무기 사건이 일어나기 두 달 전인 1862년 7월, 사쓰마번은 류큐琉球에 대한 원조를 명목으로, 류큐에서 건너오는 모든 외래품(唐物)에 대해 자유무역을 허가해줄 것을 막부에 청원했다. 실제로는 류큐에서 오는 외래품뿐 아니라 일반 외국선박을 영내 항구에 입항시켜 무역을 하려고 시도한 것이다. 물론 막부는 사쓰마번의 이러한 진의를 알아채고, 다이묘 영내에 외국선박을 끌어들이는 것은 허가하지 않는다는 방침을 내세워 이러한 청원을 거부했다. 사쓰마번이 이 청원을 막부에 제출한 지 한 달 후, 사쓰마번의 대리인이 요코하마橫濱의 자딘·매티슨상회Jardine, Matheson & Co.[11]의 지배인 가워(영국 영사 Abel A. J. Gower와는 다른 사람) 앞에 나타나 외국인과 직접 통상관계를 맺는 것을 열망하고, 이를 위해 외국과 협정을 체결할 의사를 표명했다는 사실도 보고되고 있다.

사쓰마번이 여러 번 가운데 외국과 직접 무역을 개시하고 싶다는 의사를 가장 먼저 표명하게 된 데에는 충분한 전력이 있다. 사쓰마번은 쇄국정책하에서도 그 속령屬領인 류큐를 통해서 '류큐 진공進貢'이

11 홍콩에 거점을 둔 동아시아 최대의 영국 무역상사. 광둥에서 차와 아편무역을 기반으로 성장하여 일본·중국·인도 등을 무대로 급속히 사업을 확대하였으며 현재도 활동 중이다. 제임스 클레벨James Clavell의 소설 *Noble House*, *Tai-Pan* 등에 영감을 주었다.

라는 명목으로 중국과 무역을 계속해왔다.[12] 막부는 류큐에서 들어온 중국 상품을 사쓰마번의 영내에서 판매하는 것은 인정했으나 영외로 판매하는 것은 엄격히 제한했기 때문에 사쓰마번은 이에 대해 큰 불만을 품고 있었다. 그러던 중 개항장에서 자유무역이 일반적인 형태로 허가되는 대세에 발맞춰 외래물품의 자유무역을 막부에 청원하게 되었던 것이다.

사쓰에이전쟁에서 영국함대는 사쓰마 측이 예상 밖으로 거세게 저항하고 날씨가 좋지 않아 작전이 여의치 않자 물러갔으나 영국함대의 암스트롱포[13]의 큰 파괴력에 놀란 사쓰마 측은 전쟁을 재개하는 것이 불리하다는 점을 깨달았다. 따라서 번 내에서는 화평론이 강하게 일어났고 사쓰마와 영국 간의 회담이 요코하마에서 열리게 되었다. 제1차 회담에서 사쓰마번의 대표는 "조약에 따르면 막부뿐 아니라 사쓰마도 무역의 이익을 누릴 권리가 있다. 사쓰마 제후는 처음부터 전쟁에는 반대했다"는 매우 중요한 성명을 발표했다. 영국 대리공사 닐도 이에 전적으로 찬성했다. 이와 같이 전쟁 이전과 전혀 상반된 온화한 분위기 속에서 사쓰마번과 영국 간의 교섭이 타결되었다. 11월 1일 정식으로 성립된 사쓰마번과 영국 간의 강화 조건으로서 사쓰마번이 범인의 처벌, 배상금의 지불 등 영국 측 요구를 받아들이는 대신, 닐은 사쓰마번에게 군함 구입을 주선할 것을 약속했다.

다음 해인 1864년 초, 군함 구입에 대한 문제와 관련해 사쓰마번

12 류큐왕국은 1609년 사쓰마번에 군사적으로 점령되어 사쓰마번의 속국이 되었으나 조공 형식으로 중국과 관계를 유지하면서 무역을 계속하고 있었다.

13 영국장교 암스트롱William George Armstrong이 라이플의 원리를 응용, 1855년에 개발한 후장식선조포後裝式旋條砲로서 1858년에 군용으로 채택되었다. 사쓰에이전쟁 당시 영국함대는 50kg의 작렬탄을 최대 4km까지 쏘아보낼 수 있는 22문의 암스트롱포를 가지고 있었으므로 최대 사정거리 2.3km의 포를 가진 사쓰마번과는 전력에서 비교가 되지 않았다.

의 대표와 닐 사이에서 빈번하게 접촉이 이루어졌다. 사쓰마번의 대표는 닐에게, 사쓰에이전쟁의 결과 사쓰마번은 개국론으로 전환했으며 교토에서 개최되는 다이묘회의에서 사쓰마번은 개국론을 주장하고 조정이나 막부를 그 방향으로 움직이도록 진력할 것 등을 표명했다. 또 막부의 무역독점을 깨고 무역에 참여하겠다는 의향을 나타냈다. 당시 닐은 다이묘들 가운데 영내領內 항구를 개방하기를 원하는 자가 있으면 이를 위해서 다이묘와 협정을 체결해도 좋다는 영국 외상 러셀John Russell(철학자 버트런드 러셀Bertrard Russell의 조부)의 훈령을 받았다. 이 훈령은 영국이 막부에 개의치 말고 다이묘들과 직접 교섭하라는 매우 중요한 내용이었다. 게다가 닐은 사쓰마번과의 접촉 기회를 이용해 이 훈령을 막부보다 먼저 사쓰마번의 대표에게 전했다. 이렇게 해서 막부가 요코하마의 생사生絲무역 제한을 강화하거나 요코하마 쇄항鎖港을 제창하는 등 영국과 관계를 더욱 어색하게 만들어가는 사이에 사쓰마번과 영국의 관계는 더욱 밀접해져갔다.

막부의 생사무역 제한과 사쓰마번

막부가 요코하마의 생사무역에 가하던 제한은 1863년 말이 가까워지면서 강화되기 시작해 1864년에 접어들면서 한층 더 심해졌다. 이에 반해 사쓰마번은 막부의 생사무역에 대한 제한이 강화되는 가운데 요코하마의 생사무역에 적극적으로 진출했다. 생사를 요코하마로 보내는 상인들은 처음에는 일반 다이묘의 상품명의를 빌려 막부의 제한을 돌파하려 했으나, 약소한 다이묘들은 도저히 막부의 압박에 저항할 수가 없었다. 이러한 상황에서 사쓰마번이 등장한 것이다.

1864년 3월 초 일본에서 외국어로 발행되는 신문은 몇몇 상인들이 사쓰마번의 보호를 받으며 생사를 팔고, 사쓰마번은 상인들에게 수수료를 받고 있다고 보도했다. 사쓰마번의 이와 같은 행위는 이후에도 계속되었다. 6월부터 약 석 달 동안 요코하마로 생사가 입하되는 것이 거의 두절되었으나 그사이 막부의 엄중한 봉쇄선을 돌파하는 데 위력을 발휘할 수 있었던 것은 사쓰마번의 문장紋章이었다. 막부의 생사 수출 제한이 극에 달하던 때에, 자금부족에 허덕이던 일본상인들은 종종 요코하마의 외국 상관商館에게 자금을 빌려 썼다. 이 일본상인들은 외국상관의 앞잡이가 되어 생사를 매점하고 이를 요코하마에 몰래 보냈다. 이러한 밀무역의 보호자는 사쓰마번이었다. 사쓰마번이 이런 역할을 하면서 등장한 배경에는 쇄국시대에 중국무역선과 밀무역을 해온 경력이 크게 작용했다.

이제 외국 측, 특히 일본무역에서 압도적인 비중을 차지하고 있는 영국의 입장에서는, 사쓰마번은 막부의 제한을 뚫고 밀무역을 강행하고자 한 용감한 상인의 보호자이며 자유무역을 보증하는 조약의 옹호자였다. 이에 반해 가장 중요한 수출품인 생사의 수출을 정지 상태로 몰아가 사실상 요코하마를 쇄항한 막부는 조약의 파괴자였다. 사쓰에이전쟁 이전에는 막부가 조약의 보호자이고 사쓰마번은 조약의 파괴자로 간주되었는데 입장이 바뀌고 말았다. 이는 사쓰에이전쟁 후에 사쓰마번이 개국론으로 전환하고 막부가 생사무역 제한을 강화하는, 같은 시기에 일어난 두 개의 커다란 정치적 현상이 빚어낸 실로 중대한 결과였다.

사쓰마번에 대한 올콕의 기대

그런데 이야기를 조금 앞으로 돌려보자. 올콕이 귀임한 때는 1864년

1월 하순으로, 사쓰마번 대표와 닐이 수차례 접촉하면서 사쓰마와 영국의 관계가 날로 긴밀해져가는 시기였다. 그러나 한편으로는 조슈번 때문에 시모노세키해협의 봉쇄가 계속되고, 막부는 요코하마 쇄항을 공언하는 등 정국이 양이론으로 선회하는 커다란 움직임을 보이고 있었다. 개국파와 쇄국파가 일본 지배세력 내부의 균형을 유지하고 있다는 인식을 갖고 있던 올콕은 개국파가 우세해지는 것이 정국 전환의 열쇠라고 생각하고 있었다. 이때 올콕은 개국파의 필두에 사쓰마번이 서 있다고 생각했다.

당시 교토에서 개최되고 있던 참예회의에서 막부 측은 양이론으로 기운 조정과 융화하며 자기 세력을 유지하기 위해 요코하마 쇄항을 주장한 데 반해, 참예參豫 중의 한 사람이었던 (사쓰마의) 시마즈 히사미쓰는 막부의 무역독점을 깨고 적극적으로 외국무역의 틈바구니에 끼어들려 했고, 사쓰에이전쟁 후 사쓰마번은 자기 번의 정책에 입각해 요코하마 쇄항을 반대했으며, 마쓰다이라 요시나가松平慶永, 다테 무네나리伊達宗城 등의 참예들도 이에 동조했다. 따라서 올콕은 히사미쓰를 비롯한 개국파 참예들의 활동에 희망을 걸고 있었다.

그러나 히사미쓰 등의 의견은 받아들여지지 않은 채 결국 2월 24일 쇼군은 요코하마 쇄항을 천황에게 서약했다. 기대와는 달리 양이파가 우세하다는 사실을 알게 된 올콕은 "위로는 천황·다이쿤大君[14](쇼군)으로부터 밑으로는 쌍검을 찬 무사(사무라이)·낭인에 이르는 전 지배세력"에게 양이가 불가능함을 일깨워주기 위해서, 양이파 중에서 가장 강포한 자의 요새를 공격한다는 방침에 따라 조슈번의 시모노세키下關 포대를 파괴한다는 계획을 세웠다. 즉 올콕은 사쓰에

14 日本國 大君은 에도막부의 쇼군將軍이 외국에 대해 사용한 호칭이다.

이전쟁의 교훈을 통해 사쓰마번이 개국론으로 '개종'했기 때문에, 또다시 새로운 실질적인 교훈을 통해 일본의 지배자를 마찬가지로 모두 '개종' 시키고자 했다.

올콕은 이 방침에 미국·프랑스·네덜란드 3국 대표를 동조시켰고, 6월 19일 "장래의 협력 및 행동의 기초로서 유용한 원칙을 결정하기" 위해서 4국 대표의 공동각서가 조인되었다. 여기에서 막부가 다수인 양이파의 압박에 대항하기에는 너무 무력하다는 것과 사쓰마·에치젠·우와지마宇和島 같은 개국파 다이묘들은 현재 그 의견을 실행에 옮길 능력이 없다는 사실 등이 지적되었다. 따라서 이에 대처하기 위해 양이파가 개국파를 분쇄할 여력이 없는 사이에 개국파를 지지해 양이파에 속한 다이묘들에게 실질적인 교훈을 주기 위한 강력한 시위로서 조슈번의 시모노세키 포대를 파괴한다는 군사작전이 제시되었다. 허약한 데다 아무런 대책도 세우지 못하는 막부에 실망한 올콕은 사쓰마번을 중심으로 한 개국파의 강화에 큰 기대를 걸고 있었다.

이노우에와 이토, 외유하고 돌아오다

4국 대표들의 공동각서는 즉시 실행에 옮겨져야 했다. 그런데 이때 갑자기 한 사건이 일어났다. 1863년 9월 이래, 영국에서 유학 중이었던 이노우에 몬타井上聞多(이노우에 가오루井上馨)와 이토 슌스케伊藤俊輔(이토 히로부미伊藤博文) 등 두 젊은 조슈번사가 번을 개국론으로 전향시키겠다는 생각을 가지고 요코하마로 돌아왔다. 두 청년 번사의 유학 목적은 해군기술을 연구해 양이의 수단으로 삼으려는 것이었으나 양이에 대한 이들의 간절한 염원은 직접 서양문명을 접하고 나자 태양 앞의 아침 안개처럼 사라져버리고 말았다.

그들이 요코하마를 출발해 런던에 도착할 때까지 도움을 준 것은 극동의 영국 최대상회였던 자딘·매티슨상회였다. 즉 요코하마를 출발할 때 도움을 준 사람은 이 상회의 지배인 가워였고, 상하이上海에서 도움을 준 사람은 같은 상회의 지점장 케직William Keswick(1835~1912)이었으며, 런던 도착 후 도움을 준 사람은 역시 같은 상회의 사장 휴 매티슨Hugh Mackay Matheson(1821~1898)이었다. 자유무역을 기치로 하여 시장을 넓히고자 시도한 이 상회가 〔이노우에와 이토를〕 장래 조슈번을 짊어지고 나갈 사람들로 보고 그 정책 노선에 따라 그들을 계발시키고자 한 것은 충분히 상상할 수 있는 일이다.

이노우에와 이토 두 사람은 요코하마에 돌아오자 출발할 때 도움을 준 가워에게 부탁해 공사관 통역으로 있는 사토우Sir Ernest Mason Satow(1843~1929)[15]를 만나고, 그의 소개로 올콕과 만나 번의 양이론을 개국론으로 바꾸겠다는 뜻을 밝혔다. 올콕으로서도 무력을 행사하지 않고 두 사람의 노력으로 조슈번을 개국론으로 전향시킬 수만 있다면 더 좋을 수가 없었다. 그는 공동각서를 조인한 다른 3국 대표와도 협의한 후, 두 사람을 번으로 되돌려 보내기로 하고 그 결과가 나올 때까지 일시적으로 무력행사를 연기하도록 조치했다. 이때 올콕은 두 사람을 통해서 조슈번주藩主에게 각서를 보냈다.

15 1862년에 일본에 도착한 영국의 외교관. 일본어를 구사한 첫 번째 서양 외교관으로 막부 타도 세력 등 일본 내의 여러 세력과 폭넓게 접촉, 정보를 수집하여 주일공사 파크스H. S. Parks의 대일정책 수립을 도왔으며 모로코 공사 역임 후 1895년 주일공사, 1900년 주청공사를 역임했다. 회상록인 *A Dipolomat in Japan*(『한 외교관이 본 메이지유신―外交官の見た明治維新』) 등 많은 저서를 남겼다.

조슈번에 대한 올콕의 제안

사쓰마번이 사쓰에이전쟁 후 개국론으로 전향한 것은 여러 번이 갖고 있는 배외주의의 근원이 막부의 무역독점에 대한 질투 때문이라는 사실을 일본에 주재하고 있는 영국 대표자들은 확인했다. 조슈번에 대한 올콕의 제안도 이러한 관점에서 나왔다. 올콕은 조슈번이 양이파의 선두에 선 이상 이를 최악의 적으로 간주했으나, 동시에 조약을 위반하면서 무역을 제한 · 독점하고 여러 번이 견지하고 있는 양이론의 근원을 조성하고 있는 막부정책에도 불만이 많았다.

따라서 이 각서에서는 조약이 일단 체결된 이상 조약을 맺은 당사국들은 이 조약의 폐지를 용인할 수 없다고 단단히 못을 박고, 만약의 경우에는 군대를 교토로 보낼 결의가 있다고 표명했다. 그리고 올콕은 이 각서에서 "정당하고 유일한 주권자로서 다이쿤(쇼군)을 지지할 의지는 전혀 없으며, 더군다나 현재와 같은 다이쿤의 무역독점을 지지할 생각은 조금도 없다. 오히려 이는 조약의 정신과 목적을 위반하는 것이다. 외국은 다이묘, 농민 등 모든 사람들이 균등하게 무역에 참가해줄 것을 바란다"라고 단언했다. 더 나아가서 지배계급의 존재가 외교 · 무역과 일치하는 한 그 존재를 부인하려고 생각하지는 않으며, 외교 · 무역의 발전에 바람직한 목적을 달성하기 위한 것이라면 정부의 형태나 조약의 개정에 대해서 굳이 반대도 하지 않고 내정에 간섭하려는 의사는 조금도 없다고까지 설명하고 있다.

올콕은 존양파의 지도자 조슈번을 개국론으로 전향시키기 위해 외교 · 무역의 발전과 일치하는 한 조약의 개정, 더 나아가서 정부 형태의 변화까지도 지지할 용의가 있음을 표명한 것이다. 막부의 무력함과 무능함에 크게 실망한 올콕은 사쓰마번을 중심으로 한 개국파 웅번의 등장에 기대를 걸고 있었다. 사쓰에이전쟁 후에 빚어진 사쓰마번의 '개종'에 자신을 얻은 그는 이제 조슈번이 이를 배우도록 평화공세를 전개했다. 그리고 이때 이 번들과 막부의 대립을 조정하는 열쇠는 여러 번이 자유롭게 무역할 수 있느냐 없느냐였다.

이노우에와 이토는 이 각서에 나타나 있는 올콕의 정책을 실현하기 위해서 영국군함 바로사호H.M.S. Barossa를 타고 번 내에 발을 들여놓았다. 그러나 번의 양이론은 두 청년 번사의 힘만으로 전환시키기에는 너무나 강했다. 7월 11일 바로사호는 두 사람을 야마구치山口에 남겨 놓은 채 아무런 성과도 거두지 못하고 요코하마로 돌아왔다.

막부에게 정책 전환을 권고하다

이날 올콕은 대외업무를 관장하던 외국부교[16] 다케모토 마사쓰네竹本正雅를 통해서 막부에 장문의 각서를 제출했다.

이 각서에서 올콕은 먼저 막부의 대외정책을 공격하면서 이와 같은 정책의 강행이 열강과의 전쟁을 의미한다는 것을, 아편전쟁이나 영·프연합군의 베이징北京 침공의 예를 들어 경고했다. 그리고 그는 자유무역의 이점을 강조하면서 다이묘의 배외사상은 막부가 무역을 독점하고 다이묘를 무역에 참가시키지 않는 것에 대한 불만 때문이라는 판단에서 조약에 따라 다이묘를 자유롭게 무역에 참가시킴으로써 다이묘의 불만이나 적의가 해소되리라 예상했다. 또 이를 통해 다이묘는 미곡을 저장해 그 가격을 올리거나 그 부를 비생산적인 군비에 쓰지 않고 산업자원의 배양과 소비물자의 증산에 투자하면 국가

16 막부 말기에 막부의 외교를 담당했던 직책. 1858년 미국, 네덜란드, 러시아, 영국, 프랑스 등 5개국과 조약을 체결한 직후 외교전담기관으로 설치했다.

의 재력을 크게 증진시킬 수 있을 것이라고 제안했다. 미곡의 저장 때문에 발생하는 쌀값의 등귀나 군비의 확충이 인민들을 빈곤으로 내몰게 되고 시장을 좁히는 데 반해, 식산殖産정책을 채택하는 것은 시장을 확대하는 결과가 되므로 이는 이 나라 산업자본이 바라는 것이며, 이로써 막부와 번의 대립을 조정하고 시장을 확대한다는 두 가지 커다란 목적이 동시에 달성된다는 것이다.

이리하여 올콕은 마지막으로 일본 내의 모든 당파들의 이익과 일치하는 정책으로, 막부는 런던각서에 따라 개항이 연기되고 있는 여러 항구(니가타 · 효고 · 오사카 · 에도) 외에 개항을 희망하는 다이묘 영내의 항구도 개항할 것에 동의하고 더 나아가서 다이묘들이 막부령의 항구에 산물을 자유롭게 운반할 수 있도록 제한을 해제할 것, 무역의 독점 · 제한을 즉시 철폐할 것, 관세의 일부를 매년 천황에게 나누어 바칠 것 등을 막부에 권고했다.

조정 · 막부 · 번의 관계 조정책

이 각서에 앞서 조슈번주에게 보낸 각서를 비교한다면, 중점을 두는 방식에는 다소의 차이가 있으나 그 의도하는 내용은 완전히 일치하고 있다. 즉 자유무역원칙의 관철을 기본으로 하고, 특히 무역에 대한 다이묘들의 자유로운 참가를 축으로 조정과 막부 그리고 번들의 관계를 조정하고자 획책하고 있는 것이다. 막부에 보낸 각서에는 아무런 언급이 없으나, 앞서 조슈번주에게 보낸 각서에 있었던 것처럼 이렇게 조정하기 위해서는 조약의 개정, 더 나아가 정치형태의 개정까지도 고려해야 한다. 그리고 이 각서에서는 단지 다이묘들의 무역 참가뿐 아니라 다이묘 영내의 개항까지도 제안하고 있다. 그 가운데 우선적으로 고려되고 있는 항구는 가고시마와 시모노세키다. 이는 막부가 가장 탐탁해하지 않는 부분으로서 막부의 현 정치형태로는 도저히 실현될 수 없는 문제였다. 이와 같이 올콕이 자유무역을 관철하려 한다면 필연적으로 현재의 정치형태라는 장벽을 돌파해야만 했다.

시모노세키 원정 결행 직전에 보낸 두 각서에서 암시되거나 내포되어 있는 요소가 시모노세키 원정 직후인 8월 22일에 작성된 올콕의 각서에서는 명확한 형태로 나타난 것이다. 즉 앞에서도 언급한 것처럼 8월 22일의 각서에서는 조약의 개정과 병행해 이를 협의하기 위한 다이묘회의 개최라는 형태로 정치형태의 개정을 내세우고 있었다.

올콕의 웅번연합에 대한 구상은 막부 독재를 부인하는 것이기는 하지만 막부를 타도하려는 것은 아니었으며 혁명이나 내란을 거치지 않고 막부 독재를 웅번연합으로 전환시키려는 것이었다. 그러자면 이 웅번연합은 현실적으로는 막부와 사쓰마번의 연합을 핵심으로 할 수밖에 없었다. 올콕은 시모노세키 원정에 성공한 것을 계기로 이러한 대일정책의 실행을 벼르고 있었으나 미처 일을 성사시키기도 전에 귀국 길에 오르게 되었다. 더욱이 막부 내부에서 이러한 올콕의 구상에 발맞추어 사이고와 시국수습책에 합의한 가쓰도 부득이하게 직책을 내놓게 되어 막부와 사쓰마번을 연합시키려는 노선은 중단되고 말았다.

2. 막부권력의 강화

오구리의 정책

가쓰가 택한 시국수습책은, 밖으로는 올콕(영국)의 대일정책과 보조를 같이하면서 안으로는 사쓰마번과의 제휴를 바탕으로 웅번연합을 도모하는 것으로 확실히 막부에게는 안전성이 높은 방법이었다. 그러나 이 정책은 한편으로는 막부에게 커다란 양보를 요구하는 것이었다. 이 때문에 막부의 독재를 유지하고 한층 더 강화하려고 했던 일파의 반발을 불러일으키게 되었다.

1864년 11월 10일, 가쓰가 자신이 관할하는 고베 군함조련소에서 과격한 무리들을 양성했다는 혐의를 받아 군함부교직에서 파면된 것은 막부 내에서 가쓰가 추구하던 방법이 부인되었음을 의미했다. 그리고 그로부터 한 달 뒤인 12월 18일에 오구리 다다마사小栗忠順(또는 오구리 우에노스케小栗上野介)가 군함부교에 임명된 것은 매우 상징적인 일이었다. 왜냐하면 오구리는 막부 내에서 가쓰와는 대조적인 방법을 대표하는 인물이었기 때문이다.

오구리가 1860년에 미·일통상조약 비준교섭을 위해서 미국에 파견된 사절의 일원으로 도미한 것은 널리 알려진 사실이지만, 그는 그 후에 어떤 길을 걸어왔을까? 1862년 9월 마치부교町奉行[17]였던 오구리는 정사총재政事總裁[18]로 있었던 마쓰다이라 요시나가가 요코이

17 에도막부가 에도를 지배하기 위해 설치한 직책. 두 명의 부교(南北奉行)가 매달 번갈아 근무했다.

18 막말 에도막부의 직책. 시마즈 히사미쓰가 병력을 거느리고 교토에 들어와 웅번과 조정이 막부정치의 개혁을 위해 히토쓰바시 요시노부의 등용과 마쓰다이라 요시나가의 다이로大老 취

쇼난 등의 의견에 영향을 받아 '파약양이破約攘夷(종래의 조약을 파기하고 제후의 중의에 기초해 새로운 조약의 체결을 제안한다)'를 주장했을 때 결연히 이에 대한 반론을 제기했다. 그는 "근래에는 조정과 여러 다이묘로부터 갖가지 간섭이 있었다. 그 때문에 지금까지 지켜온 정무를 변경할 수밖에 없다는 것은 당치도 않은 잘못이다. 이러한 상태가 계속되면, 다이묘들이 막부를 좌지우지하는 결과를 빚어내게 될 것"이라고 주장하면서 조정과 다이묘들의 의견에는 귀를 기울이지 말고 단연코 막부의 권위를 되찾아야 한다고 주장했다.

오구리가 막부의 권위 진흥을 주장한 이 시기는, 막부가 조정을 등에 업은 사쓰마와 조슈 그리고 도사 등 웅번들의 막정 간섭에 밀려 떠내려가게 될 것 같은 때였다. 이런 때에 몸을 던져 이 흐름을 막아보려고 한 사람이 바로 오구리였다. 그러나 이런 의견을 갖고 있던 사람은 비단 오구리뿐이 아니었다. 이 시기에 외국부교 미즈노 다다노리水野忠德도 요시나가에게 개국의 국시를 정할 것을 간절히 설득했지만 받아들여지지 않은 채 갑자기 하코다테부교箱館奉行[19]로 전출을 명받게 되자 몹시 분개하며 사직했다. 미즈노의 의견은 "막부가 책임지고 양이에 관한 칙지勅旨 철회를 천황에게 요구하고, 만약 들어주지 않을 때는 천황의 퇴위 · 유배까지도 불사해야 한다"라는 강경책이었다. 그리고 오구리가 요시나가의 의견에 반론을 제기했을 때 중직에 있는 많은 막부 관리도 이에 동조했다는 것으로 보아 막부 내부에는

임을 요구했는데, 가문 다이묘(도쿠가와계의 다이묘)가 요직에 취임하는 것은 전례가 없는 일이므로 요시나가는 정사총재직을 신설하여 취임했다.

19 원래는 막부가 에조蝦夷 지역을 관장하기 위해 1802년 설치했다가 1807년 마쓰마에번으로 옮긴 직책. 이후 1854년 하코다테 개항에 즈음해 다시 설치했다. 箱館이라고 표기한 것을 메이지유신 후 개척사가 부임해 函館이라 표기하기 시작했다.

오구리로 대표되는 막부 권위 진흥론이 저류를 이루고 있었음을 알 수 있다.

존양파 타도를 위한 쿠데타 계획

막부는 1862년부터 1863년에 걸쳐서 자주성을 완전히 상실하고 대세에 휘말려가기만 했다. 그러나 이 소용돌이 속에서도 앞에서 말한 저류는 때때로 지표면으로 솟아오르곤 했다. 1863년 4월 중순, 간조부교勘定奉行[20]와 보병부교[21]를 겸무하는 오구리가 중심이 되어 군대를 인솔하고 교토에 쳐들어가 당시 존왕양이파에게 거의 감금되어 있다시피 했던 쇼군 도쿠가와 이에모치德川家茂를 에도로 모셔온 다음 화친교역에 관한 칙서를 요구하려는 모의가 있었으나 이 거사 계획은 4월 하순으로 접어들면서 갑자기 중지되었다고 한다. 이 음모에 대한 상세한 내용은 알 길이 없으나 4월 23일 오구리가 면직된 것을 보면 쿠데타에 관한 풍설이 사실이었다고 보아도 될 것이다.

그런데 오구리는 파직된 후에도 조금도 근신하지 않은 채 요코하마로 가서 가나가와부교神奈川奉行[22] 아사노 우지스케淺野氏祐를 부추기는 한편, 에도에서는 보병 대장 · 포병 대장 · 기병 대장 등과 협의하여 다시 쿠데타 음모를 획책했던 것으로 전해진다. 이에 따르면 앞서의 쿠데타 계획은 그 후에도 끈질기게 계속된 듯하다. 여기서도 막부가 편성한 새 군대의 간부들이 큰 역할을 하고 있었다.

20 에도막부의 직명. 로주 밑에서 막부 직할지의 대관 · 군대를 감독하며 수세收稅 · 금전 출납 등 막부의 재정, 영내 농민의 행정과 소송을 관장했다. 지샤부교, 마치부교와 더불어 3부교 중의 하나.

21 1862년 막부가 군제개혁의 일환으로 설치한 직책. 보병, 살병撒兵, 저격대를 지휘했다.

22 막부 말기 외국과의 교섭을 담당하던 직명. 요코하마 개항에 즈음해 1859년에 설치되었다.

이러한 저류가 더욱 강하게 분출된 것이 로주 격인 오가사와라 나가미치小笠原長行를 수령으로 한 미즈노 다다노리가 이끄는 존왕양이파를 타도하기 위한 쿠데타였다. 이는 앞서 언급한 영·프 두 공사들의 막부에 대한 군사원조 제안에 자극받아 시도한 것이었다.

멍청한 로주들을 압도하고 에도정권을 한 손에 거머쥔 오가사와라 일파는 막부 함선 외에 닐의 호의로 전세 낸 영국함선 두 척을 사용해 새로 편성한 군대를 해로를 통해 오사카로 수송하고 6월 초 교토를 향해 진격을 개시했다. 이리하여 그들은 교토에서 존왕양이파를 일소한 후, 양이에 관한 칙유勅諭의 철회를 천황에게 강요하고 들어주지 않을 경우에는 천황의 폐위·유배까지도 불사하겠다는 각오를 가지고 있었다고 한다. 그러나 이 쿠데타 계획은 오가사와라 일파와 연락하지 않고 쇼군을 둘러싸고 교토에 머무르던 막부 수뇌부들에게 저지되어 한낱 한여름 밤의 꿈이 되어버렸다. 실패로 끝나버린 이 계획은 친외파親外派 막부 관리들과 신군대의 간부가 중심이 되어 막부 독재의 강화를 목표로 한 것이었다. 그리고 이 쿠데타가 실패한 후, 막부는 한동안 자주성을 상실한 채 시세時勢가 물결치는 대로 떠내려갈 수밖에 없었다.

그런데 이 존왕양이파 타도를 위한 쿠데타 계획이 추진되던 단계에서는 영·프 두 나라 공사뿐 아니라 모든 외국대표가 막부를 조약의 보호자로 보고 이를 지지하는 태도를 취하고 있었다.

로슈의 부임

그런데 1864년 시모노세키전쟁 후 막부권력 진흥파가 득세할 때 이러한 움직임의 배후인물이 된 사람은 프랑스 공사 로슈Léon Roches

(1808~1901)[23]였다.

프랑스의 로슈가 일본에 부임한 것은 1864년 3월 하순으로, 올콕이 영국으로 돌아간 지 두 달 후였다. 그는 1832년부터 북아프리카에 30여 년 동안 주재하면서 식민지 정복전쟁에서 활약하고 마침내 튀니지 총영사직을 따낸 인물이었다. 일본에 부임했을 때는 이미 55세로 매우 강력하고 노련한 외교관이었다. 로슈의 전임자 드 베르쿠르는 부임한 후 줄곧 영국공사를 추종하며 그에게 협력해왔다. 그런데 제2제정 아래의 프랑스, 특히 1860년 영·프통상조약이 체결된 후 프랑스에서 산업혁명이 진전되고 산업구조가 근대화되면서 새로운 극동시장으로 진출해야 했다. 로슈는 이와 같은 정치상황하에서 보나파르티즘Bonapartism 극동정책의 기수로서 주일공사로 파견되었던 것이다.

막부권력의 강화를 바라다

따라서 로슈가 부임한 후, 드 베르쿠르시대의 영·프 협조에서 갑자기 돌변하여 프랑스의 대일정책에 독자성이 나타나게 된 것은 필연적인 것이었다. 로슈에게 당면한 중대한 외교문제는 시모노세키 공격이었다. 미국 공사나 네덜란드 총영사 모두 올콕에게 전면적으로 동조하는 태도를 취했지만 로슈는 다른 3국 대표가 참가하는 공동행동을 물질적으로 지지하는 것을 삼가고, 다만 도의적 지지만을 표시하는 등 극히 냉담한 태도를 취했다.

그러나 로슈는 결국 올콕이 주창하는 시모노세키 공격에 '물질

23 프랑스의 외교관. 1864년부터 1868년까지 주일공사로 활동했다. 막부를 지지하면서 적극적인 대일정책을 추진하는 등 영국 공사 파크스와 대립했다.

적'으로 참가한다. 이는 로주의 명령으로 로슈를 만나러 온 외국부교 다케모토 마사쓰네가 막부로서는 조슈를 굴복시킬 무력도 가지고 있지 않고 도의적으로도 천황의 양이령에 따라 행동하고 있는 조슈번을 토벌할 수도 없다고 고백한 데서 비롯된다. 이와 동시에 다케모토는 조정의 양이령에 대한 유일한 회답으로서 조슈에 대한 징벌이 필요하며 또한 영국이 이 기회를 이용하여 일본의 전략적 요충지를 점령하지는 않을까 염려하고 있다고 말했다. 이어서 "만약 프랑스 공사가 이 점에 관해서 막부 측을 안심시키는 언명을 해준다면, 막부는 조약을 체결한 나라들의 시모노세키 원정계획에 암묵적으로 동의하겠다"고 언명했다. 다시 말해서 영국이 시모노세키 부근을 점령할 우려만 사라진다면 막부의 힘으로는 어찌할 수 없는 조슈번에 대한 징벌을 외국의 무력에 일임하겠다는 것이었다.

다케모토를 통해 막부가 자신을 크게 신뢰하고 있다는 사실을 알게 된 로슈는 큰 감동을 받았다. 그는 조약은 그것을 조인한 쇼군의 권위하에서만 보장될 수 있다는 견지에서, 조슈번주에 대한 징벌은 쇼군의 권위를 확보하고 전 일본에 외국인 추방계획이 헛된 것임을 증명하는 것이라고 하면서, 단연코 시모노세키 원정에 참가할 의사를 밝혔다. 그리고 영국의 시모노세키 점령에 대한 야심 이외에도 사쓰마번이 영내에서 개항을 시도하여 영국 공사와 접촉을 계속하고 있는 사실과 시모노세키 원정 성공 후 영국이 조슈번과 가까워질 가능성이 있다는 점을 로슈는 경계하고 있었다.

막부 측을 통해서 전해진 시모노세키 점령에 대한 영국의 야망은 아마도 사실이 아닌 것으로 여겨지지만, 사쓰마번이 영국과 친밀해진 것은 틀림없는 사실이었으며 또한 영국의 올콕이 조슈번과 접촉을 꾀하고 있었던 것도 이미 언급했다. 로슈는 이와 같은 올콕의 의향을 알고 있었을 것이며 또한 다케모토를 통해서 들었을 것이다. 로슈는 올콕의 독주를 견제하기 위해서 공동행동에 '물질적'으로 참가할 것을 결의했다. 다시 말해서 로슈로 하여금 시모노세키 원정 참가를 결의케 한 것은 시모노세키 원정만이 막부가 권력을 계속 유지할 수 있도록 보증하기 때문이었다.

영국의 올콕은 이미 조약 보호자로서의 권능을 발휘하지 못하는 막부의 무능에 가망이 없다고 체념하고 새로운 실력자로서 개국파 번들에게 눈을 돌리고 있었지만, 프랑스의 로슈는 여전히 쇼군의 권위하에 조약에서 보장되는 권리를 확보할 심산이었다. 시모노세키 원정 직전에 막부의 권위 확보를 축으로 하여 맺어진 막부와 프랑스와 관계는 원정 이후, 더욱더 밀접해지고 새롭게 전개되었다.

친프랑스파의 형성

한편 로슈는 아편전쟁의 예를 들어 반영反英선전을 전개함과 동시에 '정의를 사랑하는 나라'로서 프랑스의 위대함을 강조했다. 막부 내부에서 로슈의 영향력은 날이 갈수록 커졌다. 로주 가운데 가장 유력한 한 사람은 "프랑스는 강한 자를 억제하고 약한 자를 돕는다. 프랑스는 세계를 밝게 비추고 있다"며 최대의 찬사를 보냈다고 한다.

이와 같이 막부 내부에는 '친프랑스파'가 형성되어 그들이 막정의 주도권을 장악할 형세가 되어갔다. 필자는 친프랑스파의 전형적인 인물로서 메쓰케目付[24]인 구리모토 곤栗本鯤(또는 구리모토 조운栗本

24 에도막부의 직명으로서 주로 정무 감찰을 담당하면서 하타모토 이하의 무사에 대한 법령 전달도 맡았으며 교토, 오사카, 나가사키 등도 관리했다.

鋤雲)을 들고자 한다. 그는 막부 의관醫官의 집에서 태어났으며 하코다테에 거주할 당시 프랑스 사람 메르메 드 카숑Mermet de Cachon (1828~1870)[25]과 친해져 그에게 일본어를 가르친 일이 있었다. 카숑은 이 무렵에 공사관의 서기관이 되었고 구리모토도 막부의 요직에 있게 되었으므로 구리모토는 카숑과의 친교관계를 이용하여 로슈와의 교섭에서 중대한 임무를 맡게 되었다.

구리모토는 로주의 명령에 따라 로슈에게 병기창兵器廠 창설에 관해 최초로 제안한 것을 기회로 삼아 요코하마에 있는 프랑스 군 시설을 둘러볼 기회가 생겼다. 구리모토는 시설을 방문하고 그 훌륭함에 대해 칭찬한 후, 프랑스군의 요코하마 주둔을 영원히 보장할 수 있는 건축물의 건립을 크게 기뻐하고 있다고 매우 감동적인 언사를 써가며 말했다. 그리고 그는 언덕 위에 있는 영국군의 진영을 가리키면서 로슈에게 다음과 같이 말했다.

> 저기 있는 것이 우리가 지금까지 느껴온 이상으로 크나큰 의혹을 불러일으킨 건물입니다. 그러나 우리의 궁박한 상황은 저 건물이 없어지는 것을 유감으로 여기고 있다고 고백할 수밖에 없습니다. 우리는 시모노세키 전쟁이 종결된 후 지금처럼 다이쿤 정부〔막부〕가 영·프 함선의 출현을 통해 받은 큰 타격을 통감한 적이 없습니다. 조슈번에 대한 강렬한 보복 공격은, 외국 측이 받은 피해에 대한 보복공격이었을 뿐 아니라 막부 측이 받은 피해에 대한 보복공격이었다고 믿고 있습니다. 그러므로 만약 외국에

25 프랑스인. 신학교를 졸업하고 1854년에 사제가 되어 중국 남부에서 포교활동을 했으며 류큐에 가서 류큐어를 공부했다. 1858년 프랑스와 일본이 통상조약을 체결할 때 통역으로 활약했으며 이후 하코다테에 거주하면서 구리모토에게 프랑스어를 가르치기도 했으며 귀국 후 일본어-프랑스어 사전을 집필하기도 했다.

> 대해서 감히 적의를 보이는 사람이 또다시 나타난다면, 이와 동일한 징벌을 받게 되는 것을 두려워하는 것은 비단 조슈번만이 아닐 것입니다. 따라서 이 고백이 나라를 사랑하는 일본인에게 매우 괴로운 일이 되더라도 우리 주군〔쇼군〕의 권위가 완전히 확립되는 그날까지 우리는 우리 나라에 외국 군대가 출현한 것을 참고 견딜 뿐 아니라 계속해서 주둔해줄 것을 바라는 것입니다.

쇼군의 권력이 확립되는 그날까지 애국심을 보류하겠다는 것이다. 구리모토 측은 막부의 권위를 유지하기 위해서는 국가의 독립을 희생할 수도 있다는 생각을 나타낸 것이다. 막부를 대신해서 조슈번이라고 하는 골치 아픈 존재를 처치해준 시모노세키전쟁의 위대한 교훈으로 보아도 쇼군의 권위를 반대파로부터 지키기 위해서는 외국 군대의 주둔은 절대로 필요했다.

그러나 똑같은 외국이라 하더라도 로슈가, 상공업을 확대하기 위해서는 외국 영토의 점령까지 불사한다고 악선전한 영국은 실로 방심할 수 없는 나라였다. 이러한 영국은 요코하마에 커다란 캠프를 두고, 천 수백 명의 군대를 보유하고 있었다. 그러므로 구리모토는 영국군에 대항해 막부에게 유리한 균형을 유지하기 위해서 영국군과 같은 규모는 아닐지라도 프랑스군의 병력 증원을 희망한다고 로슈에게 밝혔다. 로슈는, 이러한 구리모토의 고백을 근거로, 막부가 극동에서 영국이 해온 선례와 최근 영해 내의 한 지점을 영국이 점령하려 했던 것이 두려워 국가의 안전을 위한 보장책으로 일본 주둔 프랑스군의 증가를 희망하는 것이라고 이해했다.

즉 막부의 권력 확립을 위한 보장책을 프랑스의 군사력에서 찾는다는 것이 친프랑스파의 생각이었다. 그리고 영국이 사쓰마번과 조슈번 등 웅번들에게 접근하고자 시도하고 있을 때 프랑스군의 증원을 요청한 것은 막부 측으로서는 매우 중대한 움직임이었다고 할 수 있다.

요코스카 제철소 건설 계획

구리모토가 로슈에게 병기창(막부에서는 제철소라고 한다) 창설을 처음 제의한 것은 1864년 11월 상순경이었다고 생각된다. 게다가 막부 내에서 제철소 건설에 관한 주창자는 간조부교 오구리였다. 오구리는 분큐文久 연간(1861년 2월~1864년 2월) 이래, 막부의 권위가 쇠퇴해가는 대세에 항거하면서 막부권력 진흥을 주장해온 인물임은 이미 언급했다. 오구리야말로 친프랑스파의 중심인물이었으며 제철소 건설은 프랑스와의 결합을 통한 막부권력 확립 정책 최초의 큰 기획으로, 오구리와 구리모토의 합작으로 진행되었다. 그리하여 두 사람의 사전 협의가 끝난 11월 10일, 로주는 정식으로 로슈에게 제철소 건설을 위한 기술자 추천을 의뢰했다. 이 11월 10일은 바로 가쓰가 군함부교직에서 파면된 날이었다.

그런데 로슈는 막부 측의 의뢰에 따라 조레스Charles Jaures 제독과도 상의한 후, 당시 중국 닝보寧波에서 조선 공장의 설립과 포함砲艦을 건조하는 일에 종사하던 젊은 해군 기사 베르니François Verny를 제철소 건설의 주 책임자로 추천해 마침내 베르니가 요코하마로 왔다. 그는 요코하마에서 가까운 요코스카橫須賀에 제철소 건설에 적당한 토지를 선정하고 건설비의 견적을 내었으나 그 비용은 막부 측이 예상한 금액의 절반을 넘지 않았다. 이 때문에 베르니는 막부 당국의 큰 신뢰를 받게 되었다. 1865년 1월 29일에 로주 미즈노 다다키요水野忠

精와 와카도시요리若年寄[26] 사카이 다다야스酒井忠毗의 연명連名으로 제철소 건설에 관한 계약서를 로슈에게 전달했다. 그 내용은 공장 전체와 부속 건물을 4년 안에 완성하며 경비는 1년에 60만 달러로 4년간 합계 240만 달러로 할 것, 요코스카만의 지세가 프랑스의 툴롱Toulon만과 흡사하므로 툴롱 군항을 모델로 하여 폭 450간間, 길이 200간의 규모로 할 것 등이었다. 이것이 바로 뒷날 요코스카 군항의 시초가 되었다.

막부에 대한 군사원조를 외상에게 권고하다

이에 앞서 1864년 12월 8일 막부는 군함 세미라미스호Semiramis에 탑재되어 있는 것과 똑같은 동제銅製 선조포旋條砲[27] 16문을 급히 프랑스 정부에 주문해줄 것을 로슈에게 의뢰했다. 이것 역시 구리모토를 통해서 요청했다. 로슈는 막부가 조슈번 정벌을 위한 준비를 진행하고 있음에도 불구하고 그 속도가 느린 것은 막부가 전쟁을 진행할 수 있는 준비가 되어 있지 않기 때문이며 이러한 상황에서 다이묘를 굴복시킬 수 있는 것은 오로지 군비의 우위에 달려 있음을 인정했다. 한편 막부가 국내 거대 봉건영주들의 반대를 타도하기 위해서 주로 의지하는 것은 프랑스의 충실한 협력이라는 점을 강조하며 제철소 건설 외에 대포를 주문할 때도 외상이 승인해줄 것을 적극 요청했다. 외상은 이를 전면적으로 승인했지만 앞서 구리모토가 요청했던 요코하

26 에도막부의 직책 중 하나로 하타모토와 고케닌御家人을 통괄하며 그 소송과 용무를 관장하고 법령 전달도 담당했다. 정원은 3~5명으로 후다이다이묘가 맡았다.

27 발사된 포탄이 회전하면서 날 수 있도록 포강砲腔 내에 나선형의 홈(강선)을 판 대포로, 포탄이 회전비행함으로써 일정한 탄도를 날아 의도한 지점에 명중할 수 있다. 이 원리는 일찍이 레오나르도 다빈치가 고안했으나 완전한 선조포는 1855년 W. G. 암스트롱이 만든 암스트롱포가 최초이다.

마로의 증병增兵만은 승인을 주저했다.

주문한 선조포 16문은 1865년 5월에 프랑스 운송선을 이용해 요코하마로 운반되었다. 이때 막부 측은 쇼군이 조슈 정벌을 결행하기 위해 에도를 '출발'하기 직전이었으므로 좋은 조짐이라며 크게 기뻐했다. 이와 함께 막부 측을 즐겁게 한 일은, 지금까지는 외국 측이 폭리를 취해왔지만 이번에는 〔선조포를〕 원가 그대로 싸게 사들일 수 있었다는 사실이었다. 이와 같이 막부와 프랑스의 관계는 날로 돈독해져갔다.

막부와 프랑스의 경제가 밀접해지게 된 계기

제철소 건설 계획은 막부와 프랑스의 경제 관계를 긴밀하게 하는 계기가 되었다. 1864년 12월 9일 로슈가 로주 미즈노 등과 제철소 건설에 대한 중요회담을 진행하면서 경비부담에 애태우던 막부 측은 건설비를 지불하는 방법에 대해서 로슈와 상담했다. 로슈는 생사를 현물공조로 거둬들여서 이를 외국에 직수출하는 방법을 제시했다. 막부 측도 이를 긍정적으로 받아들여 그 방법에 대해서 여러 모로 로슈에게 질문했다. 이에 대해 로슈는 정부가 정부에 직접 보내는 것은 의혹도 생길 수 있으므로 관리를 딸려 보내어 상인과 직접 거래하도록 하는 것이 좋다고 말했다. 그러나 막부는 현물공조로 생사를 징수해 본 일이 없고, 수입자재의 대가로 생사를 직수출하려면 현물공조로 생사를 바치게 하거나 생사를 매점해야 했다. 어쨌든 이 방법은 생사의 집하와 수출에 대한 막부의 독점권을 설정하게 되어 자유무역을 목표로 하는 영국의 정책과 첨예하게 대립할 수밖에 없었다.

영국 대리공사 등의 항의

이 계획은 올콕이 귀국해 본국에 있는 동안 대리공사로 근무하던 윈체스터Charles Alexander Winchester(1820?~1883)[28]의 귀에 곧바로 들어갔다. 1865년 2월 9일, 윈체스터는 네덜란드 총영사 판 폴스브룩Dirk de Graeff van Polsbroeck(?~?)[29]과 의논하여 미즈노 다다키요와 스와 다다노부諏訪忠誠 등 두 로주와 회견했다. 양국 대표들은 막부가 함선·무기·탄약 등의 매입을 위해 많은 양의 생사와 잠종을 유럽의 특정 시장에 수출하려 한다는 소문이 나돌고 있다고 지적하면서 그 사실 여부에 관해서 물었다. 그런데 두 로주는 이러한 계획을 부인하지 않을 뿐 아니라 일본은 어떠한 나라와도 군함·무기 기타 군수품의 공급에 대해서 계약을 체결할 수 있으며 따라서 네덜란드정부와 거래하던 것과 같은 방법으로 국내산물의 잉여품으로 계약금을 지불하는 것은 전적으로 자유라고 생각한다고 대답했다.

그러나 두 나라 대표는 이 문제에 대해서 길게 논의할 시간이 없었으므로 미리 준비해간 공동각서를 로주에게 제출했다. 이 각서에서 이들은 주장하기를, 소문에 따르면 막부 측은 지난해의 생사무역 제한을 되풀이하려 하는데, 이러한 기도는 1863~1864년에 걸친 무역제한과는 달리 생사를 수입하는 국가에 대해 전적 또는 부분적 독점을 초래하는 결과를 가져올 것이라 했다. 또 이와 같은 기도가 실현될 경우, 일본에 거주하는 외국상인들은 자유롭게 생사를 구입할 시

28 영국의 외교관. 1842년 홍콩 거류지의 해군 군의관으로 파견되었다가 외교관이 되어 중국 각지에서 근무했다. 1861년 3월 하코다테 주재 영국 영사로 부임했다가 12월에 가나가와 주재 영사가 되었으며 올콕이 휴가차 귀국했을 때는 대리공사로 활약하면서 효고 개항에 노력했다.

29 네덜란드의 주 일본 가나가와 총영사. 1859년에 가나가와 부영사로 부임해 1863년 대리공사가 되었으며 1868년까지 재임했다.

장을 잃게 되고, 정부에서 매점하는 생사의 수량이 늘어나는 만큼 시장 공급량이 감소하므로 생사 가격은 상승하게 된다고 주장했다. 막부권력의 무역독점이 프랑스의 무역독점과 결부될 경우, 영국에는 1863~1864년의 무역제한보다도 더 심각한 사태가 발생하게 된다.

후에 막부는 영국과 네덜란드 대표들의 각서에 대한 회답에서도 앞서 회담에서 취했던 태도를 바꾸지 않았다. 막부는 이러한 소문을 사실무근이라고 부정하면서 이후 각국 정부를 통해서 매입하는 병기들의 대가를 국내 생산물의 현물공조와 기타 관청이 갖고 있는 물자 등으로 지불해도 아무 문제가 없다고 주장했다. 이에 대해서 두 나라 대표들은 또다시 서한을 보내어 반론을 제기했으나 막부 측은 회답조차 보내지 않은 채 묵살하고 말았다.

요컨대 막부 측에서는 앞으로 무기와 군수품 등의 구입 대금으로 생사와 잠종蠶種을 프랑스에 수송하려는 계획을 조금도 부정하지 않았을 뿐 아니라 한술 더 떠 그렇게 할 수 있다고 주장하기도 했다. 이것은 확실히 자유무역을 지도정신으로 하여 막부의 무역독점을 배제하고 널리 다이묘들까지도 무역에 참가시키려 한 영국의 정책과는 정면으로 대립되는 것이었다.

생사무역의 독점을 노리다

당시 프랑스에는 특히 생사가 필요한 이유가 있었다. 19세기 중엽부터 프랑스와 이탈리아를 포함한 유럽 잠업지대에는 미립자병이라는 누에병이 유행해 프랑스의 양잠업은 심각한 타격을 입었다. 그렇기 때문에 이를 회복하기 위해서 중국과 벵골산 잠종의 이식을 시도해 보았으나 실패했고, 1864년에 시작한 일본 잠종의 이식은 예상 밖으로 성공을 거두었다.

이런 특수한 상황을 고려해볼 때, 제2제정하의 자본주의 발전을 배경으로 프랑스의 아시아정책이 적극적으로 이루어지는 과정 속에서 프랑스의 아시아무역 중점이 생사의 직거래 확대로 옮겨지게 된 것은 필연적인 일이었다. 1864년 프랑스 농상상農商相 베익Armand Béhic은 중국에 있는 프랑스상회를 통합해 조합을 결성하고 모든 국내 견직물 업자의 주문을 독점함으로써 생사 획득의 면에서도 영국상회에 대항해 단번에 우위를 차지하려는 계획을 세웠다. 앞서 로슈가 막부에 제안한 생사 직수출 안은 이 베익의 구상을 일본에 연장한 것으로도 보인다.

또 1865년 3월 10일 *London & China Express*지는 프랑스 견직물로 소비되는 중국, 일본산 생사 중 5분의 1만이 직접 마르세유Marseille에 수송되고 나머지 5분의 4는 런던을 경유해 보내지므로 그 수수료와 손실을 줄이기 위해서 프랑스정부 관계자들은 생사무역의 거점을 마르세유로 옮기려고 한다고 보도했다. 이는 베익의 계획과 관련된 정보였을 것이다. 로슈는 이러한 본국 정부의 정책을 실현하기 위해 막부에 대한 군사적 원조를 강화한 대가로 생사의 직접적·독점적 획득이라고 하는 대일 특수경제관계의 설정을 추진한 것이다.

이렇게 해서 친프랑스파의 주도권하에 놓인 막부는 조슈번을 재정벌하기 위한 모험적 정책을 취하게 되지만, 이에 앞서 4국 연합함대의 시모노세키 공격 후 조슈번의 동향에 관해 살펴보기로 하자.

【2장】
조슈 재정벌

시모노세키해협에 정박한 4국 연합함대

1. 조슈번의 밀무역

4국 함대에 항복하다

조슈번의 양이 행동을 징벌하기 위해서 영국함대를 주력으로 한 영국·프랑스·미국·네덜란드 4국 연합함대는 1864년 8월 5일부터 시모노세키 포대를 공격하기 시작했다. 연합함대가 보유한 군함은 총 17척(영국 9척, 프랑스 3척, 네덜란드 4척, 미국 1척), 포는 288문이었으며 승선병력은 5,000여 명이었다. 이러한 대함대의 화력이 좁은 해협지역에 집중되었으므로 시모노세키 포대는 도저히 견뎌낼 수 없었다. 포격 개시 후 사흘 만에 모든 포대는 남김없이 점령되고 말았다. 이렇게 해서 양이를 외친 영웅들도 자본주의 국가가 소유하고 있는 근대적 화력 앞에는 도저히 대항할 수 없다는 것을 알게 되었으며 일본 지배자들에게 양이가 불가능하다는 사실을 깨닫게 만들려는 올콕의 의도는 제대로 달성되었다.

8월 8일, 조슈번에서는 다카스기 신사쿠高杉晋作를 연합함대의 총지휘관 쿠퍼Sir Augustus Leopold Kuper(1809~1885)제독[1]에게 보내 항복을 제의했다. 쿠퍼는 자신이 제출한 조건을 받아들이지 않으면 시모노세키 시가를 점령하고 전쟁을 속행續行하겠다고 위협했다. 결국 14일 쿠퍼가 제시한 조건에 기초해 정전협정이 체결되었다. 쿠퍼가 제시한 조건들은 첫째 외국선박들은 이후 자유로이 시모노세키해협

1 영국 해군장교. 1861년 태평천국의 난 진압에 참가했으며 1862년 요코하마에 왔을 때 발생한 나마무기 사건의 해결을 위해 1863년 가고시마를 포격했다. 1864년 시모노세키 사건 때 연합함대 사령관으로 활약했다.

을 통항通航할 수 있으며 우호적인 대우를 받을 것, 둘째 외국선박에게 석탄·물·식량 기타 필수품을 공급할 것, 셋째 외국선박이 풍파의 재난을 당했을 때는 선원들의 상륙을 허가할 것, 넷째 내해內海에 새로운 포대砲臺를 건설하지 않으며 이전의 포대를 재건하거나 새로운 포를 장치하지 않을 것, 다섯째 시모노세키 시가를 불태워 없애버리지 않는 대가와 전쟁비용을 지불할 것(단, 이 문제에 대해서는 에도에 있는 4국 대표의 최종적 결정을 기다린다) 등의 조항으로 되어 있었다. 배상금 지불에 단서가 붙어 있는 것은 다카스기가 조슈번에는 배상금을 지불할 능력이 없다는 사실을 밝히자 쿠퍼도 이 점을 인정하고, 조슈번이 천황·쇼군의 명령으로 싸웠을 경우 천황·쇼군이 전비戰費를 지불해야 한다는 사실을 인정했기 때문이었다.

조슈번, 개국으로 기울다

겨우 사흘간의 전쟁으로 끝난 시모노세키전쟁은 양이 행동을 주도하던 봉건영주 조슈번과 이러한 양이 행동을 중지시키고 조슈번을 개국론으로 '개종'시키려는 영국을 선두로 한 자본주의 국가 연합군의 전쟁이었다. 조슈번에 가해진 타격은 매우 뼈아픈 것이었으나 결코 조슈번을 괴멸하려는 것이 연합군의 의도는 아니었다. 지배계급의 존재가 외교·무역과 일치하는 한 그 존재를 부인하지 않는다는, 두 달 전 올콕 각서에 있는 말이 그대로 실현되었다.

따라서 시모노세키 정전협정도 승자가 패자에게 요구하는 항복조건 치고는 그다지 가혹한 편이 아니었다. 이 항복조건이 조슈번의 직접적 대외관계 발생의 실마리가 된 것은 사쓰마번과 영국 간의 강화조약〔薩英 講和條約〕의 경우와 동일했다. 특히 이 협정에서 외국선박의 물자보급에 대한 조항은 1854년에 체결된 미일강화조약에서도 볼 수 있었던 것인데, 이 조항은 결국 실질적인 무역관계를 발생시켰다. 정전협정이 성립되던 날, 조슈번은 외국선박에 대한 물자판매 장소를 시모노세키 서남부 지역의 해변이 돌출한 곳에 지정했다. 이렇게 해서 정전협정의 결과로 사실상 시모노세키가 개항되었다.

시모노세키전쟁에서 패하고 나서 조슈번의 공론은 개국으로 기울어져 시모노세키항이 개방될 거라는 기대가 커졌다. 이토 슌스케는 시모노세키해협에 정박하던 영국함선으로 가서 사토우를 만나 시모노세키에서는 조슈 산産 목면 · 밀랍 · 생사 · 지물紙物, 북부 지방과 오사카大阪에서 산출되는 모든 산물을 수출할 수 있다고 말하고, 번주는 개항을 몹시 바라고 있다고도 했다.

요코하마에 거주하던 영국인 리커비Charles Rickerby[2]는 전쟁이 끝난 후 시모노세키를 방문했는데 시모노세키에는 템스Thames 강처럼 삼사 백 척의 큰 배들이 운집해 번화하고 그곳 사람들은 외국무역항을 갖고 싶은 희망에 들떠 있었고 "우리는 가네킨金巾(옥양목)과 고로呉呂, 그로프 그레인grof grein[3]과 폭넓은 라사羅紗, 록사roxa[4]와 그 외 영국제품을 수입할 계약을 체결할 것인지에 대해서 그곳 사람들에게 질문을 받았다. 그리고 조슈번주와의 교섭이 성립될 때까지 이곳에 체재해달라는 간곡한 요청을 받았다"고 하면서 그곳 관헌들은 외국인에게 매우 친절했다고 전하고 있다. 전쟁 후 변모하는 시모노세키의 모습은 이러했다. 조슈번 양이의 거점이었던 시모노세키는 이제

2 영국의 은행가. 서인도 중앙은행 요코하마 지점장으로 일본에 왔으며 1865~1870년간 영자 주간지 *The Japan Times*를 발행했다.

3 grof는 네덜란드어로 '거칠다'는 의미이며, 에도시대에 질이 낮은 외래 모직물을 말한다.

4 양모로 두껍게 만든 모직물로 무로마치 말기에서 에도시대에 걸쳐 수입되었다.

대외 접촉의 거점이 되었다.

'정의당', 번정권을 탈환하다

이와 같은 상태가 순조롭게 진행되었다면 조슈번의 정책은 그대로 개국론으로 전환되었을 것이다. 하지만 이때 번은 커다란 혼란에 휩싸였다. 같은 해 7월(1864) 조슈번은, '8월 18일 정변(1863)'으로 인한 '실지失地' 회복을 위해 교토로 무모하게 쳐들어갔다가 대패('금문禁門의 변變'[5])했다. 게다가 4국 연합함대에게 심하게 공격을 받았다. 만신창이가 된 상황에서 막부는 조슈번의 군대가 금문을 범했다는 죄를 물어 조슈를 조적朝敵(조정의 적)으로 규정하고 토벌을 명령했다(제1차 조슈 정벌). 결국 조슈번 존양파尊攘派 정권이 궁지에 몰린 틈을 타서 '속론당俗論黨(보수파)'이 정권을 탈취한 후, 교토 진격의 책임자를 처형하고 막부에 항복했다. 이것이 1864년 12월 5일의 일이다.

그러자 그 달 16일에는 '정의당(개혁파)'의 지도자 다카스기 신사쿠가 이토 슌스케 등과 함께 시모노세키에서 속론당의 번정권에 반기를 들었다. 정의당의 군대는 세토 나이카이瀨戶內海 연안에 있는 호농豪農들의 지지를 받고, 또 이들을 통해서 일반 민중의 지지를 얻을 수 있었으므로 고립된 북부 지대를 근거로 한 속론당 정권을 순식간에 제압하고, 1865년 1월 말에는 정권을 완전히 되찾았다.

그러나 이 새로운 개혁파들은 지난날 존양파의 재생은 아니었다. 이들이 결정한 번론은 '무비공순武備恭順'이었다. 곧 번 내에 할거하면서 전쟁태세를 굳히고, 막부군의 진공을 기다린다는 작전으로 그

---

5 조슈번이 일으킨 존왕양이기병 사건. 1864년 공무합체파公武合體派 다이묘의 참예회의가 해체되자 교토로 병력을 출동시켜 하마구리고몬蛤御門 가까이까지 갔으나 아이즈會津와 사쓰마번의 군대에 패배한 사건. '하마구리고몬의 변'이라고도 한다.

내용은 부국강병이었다.

부국강병 중에서도 먼저 실행해야 하는 것이 군제 개혁으로, 1865년 5월 '서양진법西洋陣法'을 채용하여 전번全藩 일치의 군제를 정비할 것을 선언하였다. 서양진법의 내용은 화승총火繩銃 대신에 선조총旋條銃(라이플총)을 채용하고 장비의 근대화를 추진하려는 것이었다. 또 전번 일치의 군제라는 것은 번이 일원적으로 통솔하는 군대의 건설을 말하는 것이었다. 이를 위해서는 쇼타이諸隊[6]와 농병대農兵隊를 모두 번의 통솔하에 두고 사병을 완전히 없애며, 더 나아가 지번支藩[7]이나 거물 가신家臣의 군대도 모두 본번本藩 지휘하에 편입시켰다. 이와 같은 군제 개혁은 본래의 봉건적 군대를 대신하는 절대주의적 상비군의 건설을 의미한다. 이 개혁을 지도한 뛰어난 군정가軍政家가 바로 오무라 마스지로大村益次郎다.

군제 개혁과 병행해 번정청藩政廳의 '정사당政事黨'을 중심으로 행정기구가 간소화되었다. 앞서 말한 오무라 이외에 가쓰라 고고로桂小五郎, 다카스기 신사쿠, 히로사와 도우에몬廣澤藤右衛門(또는 히로사와 사네오미廣澤眞臣) 등의 유능한 인물이 요직에 등용되었다. 최고의 지위에 있었던 이는 가쓰라였지만 오히려 진짜 실력자는 다카스기였다고 할 수 있고, 그 기반은 이노우에·이토 등 차세대를 짊어지고 나아갈 인물들이 지탱하고 있었다.

그 외에도 뒤에 가서 살펴보겠지만 시모노세키 개항 계획과 결부

6 조슈에서 1863년 외국 함대의 포격 사건 이후 편성된 부대들을 일컫는 말. 부대마다 구성은 달랐으나 대개 사무라이와 평민이 섞여 있었으며, 기헤이타이奇兵隊와 유케키타이遊擊隊는 다카스기 신사쿠 등의 주도로 번정부가 편성한 것이지만 기유타이義勇隊나 슈키타이集義隊 등은 과격파 사무라이와 부유한 농민 등이 스스로 조직했다.

7 영지의 수확량이 1만 석 이상인 다이묘의 분가分家로서 쇼군이 다이묘로 인정했다.

된 대규모 식산흥업殖産興業계획이 입안되었다. 이상과 같은 일련의 개혁은 '일번一藩 절대주의'를 지향하는 것이었고, 이러한 개혁에서 조슈번은 막부보다도 한 발 앞서 나가고 있었다.

밀무역 기지로서의 시모노세키

'무비공순'이라는 번론에 따라 무비를 충실히 하려면 외국제 무기를 사들여 무장을 근대화해야 한다. 시모노세키 패전의 쓰라린 경험을 통해 전쟁의 승패를 결정하는 중요한 요인은 무기의 우열에 있다는 것을 알게 된 조슈번으로서는 이에 대한 욕구가 한층 더 절실했다.

그러나 막부에게 반도叛徒로 지탄받고 있는 조슈번으로서는 막부가 장악하고 있는 개항장에서 공공연하게 무기를 구입한다는 것은 생각조차 할 수 없는 일이었다. 그렇기 때문에 무기를 구입하려면 어떠한 방법으로든지 밀무역을 할 수밖에 없었다. 이렇게 해서 시모노세키는 이제 조슈번의 밀무역 기지가 되었다. 밀무역을 통해서 폭리를 취하고자 한 모험적인 외국상인들은, 개미가 사탕에 달라붙듯 시모노세키에 모여들었다. 이러한 모험적 상인 중 한 사람인 미국인 드레이크Drake, Edwin Lanrentin는 스스로 조슈에 와서 번 소유의 배인 진주쓰마루壬戌丸를 3만 5천 달러에 사들이는 계약을 체결했다. 이렇게 해서 1865년 2월 9일, 오무라 마스지로 이하 쉰 명이 진주쓰마루를 타고 드레이크가 소유하고 있는 피판호의 안내를 받아 상하이에 간 후 그곳에서 진주쓰마루를 팔아넘기고, 게베이르geweer 총[8] 등을 구입하고서는 4월 2일 피판호를 타고 시모노세키로 돌아왔다.

8 geweer는 네덜란드어로 소총을 의미하며, 서양식 총, 특히 네덜란드의 1777년식 보병총을 가리킨다. 부싯돌식 소총으로 18세기 유럽의 표준 소총이었다.

이 외에도 당시 시모노세키와 상하이 사이에는 왕복선박이 끊이지 않았으며 상하이에는 시모노세키에서 수출하는 상품이 많았고 시모노세키의 상점에는 외국상품이 범람했다. 이러한 기록들을 통해 시모노세키와 상하이를 무대로 삼아 모험적인 '죽음의 상인'들의 밀무역이 얼마나 성행하고 있었는지를 상상할 수 있다. 시모노세키-상하이 또는 시모노세키-나가사키長崎-상하이가 조슈번의 저항전력을 양성하는 밀수 경로였다. 이를 통해 사실상 시모노세키 개항이 실현되기 시작했다.

다카스기 신사쿠의 장대한 포부

오무라가 상하이에서 돌아오기 약 열흘 전인 3월 하순에 다카스기 신사쿠는 "아카마가세키赤間關(시모노세키)도 국체를 손상하지 않도록 개항해야 한다. 오대주五大洲 가운데 보초防長[9]의 배를 드러내놓고 큰 수술을 하지 않고는 대할거大割據는 성취될 수 없다"고 하면서 시모노세키 개항에 관한 장도壯圖를 피력하고, 이토와 함께 나가사키에 가서 영국 영사 가워Abel A. J. Gower의 집에서 며칠 동안 머물렀다.

'대할거'란 만일의 경우 유사시에 대비해 번 내에 진을 치고 버티면서 부강富强을 도모한다는 뜻이다. 이를 위해서는 스스로 시모노세키를 개항해 세계 속에 보슈防州와 나가토長門라는 요충지를 '배를 드러내듯' 개방하고 큰일을 해야만 한다는 것이었다. 그것은 결국 시모노세키를 개항해 외국의 우수한 무기를 수입하는 한편, 번의 산물을 수출해 번의 부강을 도모하자는 것이었다.

9 보초防長는 스오우周防(보슈防州라고도 한다)와 나가토長門 등 현재 야마구치 현의 동부와 서부의 요충지이다. 그래서 '배를 드러내다'라고 표현했다.

다카스기 등은 먼저 가워에게 시모노세키 개항에 관한 가장 좋은 방법을 협의하기 위해서 번주의 명령을 받고 왔다는 사실을 밝혔다. 그러고 나서 다카스기는 막부와의 분쟁에 대해서 번주는 막부의 제안을 모두 거부했다는 사실을 밝히는 한편, 특히 막부가 제안한 시모노세키의 막령화幕領化정책에 대해서는 절대로 동의할 수 없다고 말했다. 그 거부 이유로 시모노세키의 막령화는 막부의 무역독점을 강화시키는 결과를 가져오지만, 조슈번이 단독으로 시모노세키 개항에 성공한다면 사쓰마를 비롯한 다른 번들도 이를 따르게 될 것이기 때문이라고 설명했다. 이에 대해서 가워는, 영사의 입장에서는 다이묘와 직접 조약을 교섭할 수 있는지에 대해서는 회답할 수 있는 권한이 없으므로 대리공사 윈체스터에게 제안하라고 권고했다. 그러나 다카스기 등은 조슈번주가 시모노세키 개항을 목적으로 영국에 사절을 파견하는 일을, 윈체스터가 외상에게 권고하도록 가워가 윈체스터에게 비밀서간을 발송해줄 것을 요망했다. 가워는 시모노세키 개항에 관한 조슈번의 의향을 즉각 윈체스터에게 보고했다.

윈체스터는 가워가 조슈번사를 빈객으로 맞이한 행위를 신중하지 못한 것이라고 지적하면서도 오히려 그 점을 눈감아주며 가워의 모든 행위를 승인했다. 윈체스터는 가워가 기대한 이상으로 조슈번사의 시모노세키 개항 제안에 동정적이었다.

2. 시모노세키 개항에 대한 희망

시모노세키 개항에 대한 영국 대리공사의 의견

시모노세키를 개항하겠다는 의향이 가워에게서 윈체스터로 전달된 사실과 관련해 시모노세키 개항의 경과를 살펴볼 필요가 있다.

올콕이 시모노세키 개항을 고려하고 있었다는 사실은 시모노세키 원정 후의 대일정책에 대한 각서에 상세히 기록되어 있다. 1864년 9월 22일, 막부와 영국 · 프랑스 · 미국 · 네덜란드 4국 대표들 사이에 조인된 시모노세키 문제에 대한 결정서에는 막부가 네 나라에 지불할 배상금액은 300만 달러이고 연 4회에 걸쳐 50만 달러씩 지불해야 한다고 정해져 있었다. 그와 동시에 배상금을 받는 것이 결코 4국의 목적이 아니고 일본과의 관계개선을 주요 목적으로 하고 있는 이상 막부가 배상금을 지불하는 대신 시모노세키 또는 세토 나이카이의 다른 적당한 항구의 개항을 희망한다면 어느 쪽을 택할 것인지에 대해서는 각국 정부의 자유의사에 일임해야 한다고 기록되어 있다.

이에 따르면 관계국 대표들이 희망한 것은 300만 달러의 많은 배상금이 아니라 시모노세키 개항이라는 점은 명백했다. 이 점은 특히 시모노세키 원정과 그 후에 열린 담판의 전 과정을 주도한 올콕이 가장 바라던 것이기도 하였다. 오히려 300만 달러라는 큰 금액의 배상금을 첫머리에서 언급한 것은 재정난으로 어려움을 겪고 있던 막부가 이 금액을 지불할 수 없으리라고 미리 예견하고, 다른 선택조건으로 시모노세키 개항을 끌어내기 위한 방책이었다고 할 수 있다.

그러나 올콕은 후임자가 계승해야 할 대일정책의 기본만을 수립해놓고, 1864년 11월 26일 외상의 명령으로 귀국길에 올랐다. 시모노세키에 대한 그의 군사행동은 본국 외상의 훈령을 어기고 집행되었으므로 외상 쪽에서 직접 그동안의 상황을 상세하게 듣고자 한 것이었다. 그러나 귀국 후 외상이 그의 행동을 전면적으로 이해함에 따라 그는 청국淸國 주재공사로 영전榮轉되었다.

올콕이 귀국한 후 대리공사가 된 윈체스터도 각서의 택일조항에서 비롯된 시모노세키 개항 문제에 대해서는 전적으로 올콕의 정책을 승계했다. 윈체스터는 서일본 지방 다이묘들이 재정난을 타개하기 위한 최후의 방법으로 시모노세키 개항을 꾀하고 있다고 보고 이 지역의 개항을 통해 다이묘들을 만족시킴으로써 대외관계를 안정시킬 것을 기대했다. 윈체스터 외에도 미국 공사 프루인Robert Hewson Pruyn(1815~1882)[10]과 네덜란드 총영사 판 폴스브룩Dirk de Graeff van Polsbroeck도 같은 견해를 갖고 있었다. 다만 막부를 지지하는 태도를 보인 프랑스 공사 로슈만이 시모노세키 개항에 동의하지 않았다.

막부, 시모노세키 개항을 거부하다

그러나 시모노세키가 조슈번령으로 남아 있는 한 막부가 시모노세키 개항에 관한 제의를 받아들일 리가 없었다. 1865년 3월 10일 막부는 시모노세키 문제에 관한 결정서에 대해 시모노세키 개항이 아니라 배상금 쪽을 택하겠다는 뜻을 관계 4국 대표에게 통고했다. 그 이유로는 〔조슈를 다스리는〕 모리가毛利家가 국내의 한 다이묘에 불과하므로 각국과 직접 교섭하게 할 수 없다는 것이었다. 막부 당국은 '일본

10 미국 초대 공사 해리스의 후임으로 1862년 일본에 부임해 에도에 거주하면서 나마무기 사건, 시모노세키 사건의 해결에 진력했다.

정부'인 막부가 당연히 외교문제를 처리해야 하며 막부의 지배하에 있는 '국내의 한 다이묘'에 불과한 모리가 외교교섭을 할 권한은 없다는 입장을 견지하고 있었던 것이다.

이러한 막부의 통고를 받은 윈체스터는, 막부가 시모노세키를 개항하는 것은 외교관계를 통제하는 권한을 완전히 포기한다는 뜻으로서 막다른 상황에 몰렸을 경우에만 취하는 대책이며 막부가 이에 찬성할 것으로 기대하지는 않는다고 막부가 반대하는 이유를 흔쾌히 이해했다. 또 그는 규슈九州의 다이묘들이 우호적인 영지의 항구에서 외국인과 무역하고자 하는 것은 막부에게 무엇보다도 강한 시기심을 일으킬 것이 틀림없다고도 추측했다. 윈체스터도 지적했던 것처럼 시모노세키 개항은 확실히 막부 지배하에 있는 '기본법'의 벽을 깨뜨리지 않고는 실행할 수 없는 일이었다.

윈체스터는 막부가 최악의 상황이 아니면 시모노세키 개항에 동의하지 않을 것이라는 점을 인정하고 있었음에도 불구하고 이후에도 시모노세키 개항을 단념하지 않았다.

윈체스터와 시바타의 회담

막부가 배상금 쪽을 택하겠다는 취지의 통고를 하고 나서 약 한 달 후인 4월 8일, 윈체스터는 외국부교 시바타 다케나카柴田剛中와 회담했다. 윈체스터는 이제 사쓰마번과 조슈번을 비롯해서 일본의 다이묘들이 외국무역을 절실하게 바라고 있는 것이 더욱더 명백해졌다고 했다. 그는 앞서 피판호를 이용한 조슈번의 상하이 밀무역 사건과 막부가 생사를 매점하고 이를 유럽 어떤 나라에 수출하려 하고 있다는 소문을 언급하면서 다이묘는 항구를 개항하고자 하나 막부가 방해하고 있다는 사실과 함께 만약 이러한 소문이 본국에 전해진다면 어떤 인상을 주게 될지 고려해줄 것을 시바타에게 재촉했다.

시바타는 이와 같은 소문이나 사실을 모두 부인했다. 그런데 윈체스터는, 조약상으로는 영국정부가 다이묘와 통상협정通商協定을 맺는 것을 방해할 것은 아무것도 없지만 현재 이러한 정책을 성급하게 택함으로써 다이쿤정부(막부)를 힘들게 하는 것은 바라지 않는다고 하면서, 세토 나이카이 연안에 위치한 한 항구에 대한 조기개항을 실현하기 위해 막부 측을 견제했다. 이미 외상 러셀이 당시 대리공사 닐에게 훈령을 내려 영국정부는 다이묘와 통상협정을 체결할 자유가 있다는 견해를 1864년 초에 사쓰마번과 막부에 전달했다. 따라서 윈체스터는 외교적 언사를 충분히 구사하면서 이러한 견해를 표명했던 것이다.

그러나 윈체스터의 이러한 발언에 대해서 시바타는 격렬하게 반발했다. 시바타는 화를 내면서 "일본 전국의 권력은 모두 다이쿤(쇼군)의 손바닥 안에 있으며 크고 작은 다이묘들 모두 그 지배하에 있는데 정부의 허락도 없이 자의대로 행동하는 다이묘와 조약을 체결하는 것은 곧 막부의 권위를 무시하는 것일 뿐 아니라 국가의 근본 체제를 손상시키는 처사이다. 따라서 만일 이런 일을 하고자 하는 다이묘가 있다면 이는 막부의 명령에 따르지 않는 것이므로 즉시 토벌해야 한다. 그런데 이와 같은 사정을 개의치 않는 조약 체결국은 화친을 도모할 가치조차 없는 나라라고 개탄할 수밖에 없다"고 단언했다. 윈체스터는 시바타를 달래면서 더욱 집요하게 세토 나이카이 연안에 있는 한 항구를 개항할 것을 권고했으나 결국 시바타는 모든 것은 조슈 정벌이 끝날 때까지 기다려야 한다고 하면서 회담을 끝맺었다.

시바타가 여기에서 예고한 조슈 정벌에 관한 정식포고는 불과 열흘 후에 닥쳐왔다. 그리고 그 이유 중 하나로 조슈번의 밀무역을 들었다. 이와 같은 정세하에서 윈체스터가 아무리 열을 올리며 시모노세키 개항에 대해 끈질기게 설득했어도 당연히 막부 측의 심한 반발에 부딪쳤을 것이다. 더구나 회담 일주일 전인 4월 1일 프랑스 공사 로슈는 시바타에게 다른 나라 공사의 의견을 받아들여서 시모노세키 개항을 결행하면 막부의 위광威光이 손상되며 다이묘들에게 경멸당하게 된다고 설득했다. 막부의 강경한 태도는 로슈의 지원을 받고 있었던 셈이다.

조슈번 최대의 변호인

이와는 반대로 이 회담 후에 윈체스터가 외상에게 보고한 내용에 따르면 윈체스터는 조슈번에게 매우 동정적이었다. 그는 "막부가 하고자 하는 조건에 굴복하기보다 차라리 그 항구를 개항하고자 하는 조슈번의 결의는 의심할 여지가 없다"고 하면서 조슈번이 막부에 전달하려는 내용을 다음과 같이 소개하고 있다.

> 본인이 외국선박을 향해서 발포한 것은 1863년 4월 막부가 선포한 양이령攘夷令에 따른 결과였다. 그럼에도 불구하고 본인이 외국함대에 징벌당하는 것을 귀하는 방관하고 있었다. 또 귀하는 우리의 항구를 개항할 것인지, 아니면 300만 달러의 배상금을 지불할 것인지 양자택일 조항을 포함한 협약을 외국공사와 맺었으나 개항에 반대하였다. 그리고 귀하가 택한 배상금은 본인이 소유하고 있는 영지의 분할과 본인 집안의 파멸을 대가로 마련되고 있다. 본인은 단독적으로 시모노세키 개항을 받아들일 용

의가 있다. 본인의 지위는 아직 국내에서 가장 강력하다. 본인은 내해로 들어가는 열쇠를 쥐고 있다. 그러므로 굴복하기보다는 오히려 영내에 있는 항구를 즉시 개항하고 본인의 권리를 유지하기 위해서 외국인에게 원조를 구할 것이다.

이 글에는 양이행동에 관한 책임을 모두 막부에 돌리고, 시모노세키 개항이라는 단물만을 빨아들이려 하는 조슈번의 주장이 아무런 부연설명 없이 그대로 소개되고 있다. 그러나 사실 양이에 관한 칙령을 공포하게 한 것은 조슈번을 중심으로 한 존양파였으며 쇼군은 그 강압 때문에 양이령을 억지로 공포한 것이다. 이러한 점에 대해서는 한마디도 언급하지 않은 채 일방적으로 조슈번의 의견을 소개한 것을 보면 확실히 윈체스터는 조슈번의 변호인이었다.

윈체스터의 조정책

다음에 윈체스터는 피판호 사건을 비롯한 조슈번의 밀무역을 예로 들고 이와 같은 조슈의 행동과 시모노세키를 개항하려는 욕구를 거론함으로써 조슈번이 외국과의 관계를 가능한 한 이용해야 한다는 현실적 결론에 다다른 것이라며 만족의 뜻을 나타내고 있다. 조슈번의 결의는 확고했고 다른 다이묘들도 독립적 경향을 보이고 있는 정세하에서 "다이쿤(쇼군)정부가 웅번의 봉건영주와 타협함으로써 마찰을 피하지 않는다면 멀지 않은 장래에 세토 나이카이는 격렬한 투쟁무대가 될 것"을 예상하고, 그는 타협이 절대로 필요함을 강조했다. 그리고 그 타협의 기본 조건은 다이묘들의 무역참가를 인정하는 것이었다. 이렇게 되면 조슈번이 행하던 밀무역도 합법화되는 것이다. 그는 다이묘들이 무역에 참가한다는 점에 대해 "관대한 정책을 체현하고 미카도(천황)가 완전히 승인한 모종의 타협이 일본을 내란의 공포에서 구출해낼 수 있다는 확신"을 표명했다.

이러한 타협이란 조약 칙허를 토대로 다이묘들이 자유롭게 무역에 참가할 수 있는 조약의 개정이 기본 조건이 되어야 하는 것이다. 이는 예의 올콕 각서에 나타난 노선이며 단순한 조약의 개정뿐 아니라 필연적으로 정치형태의 개정까지도 내포한 것이다. 그러나 이러한 점에 대해서 윈체스터는 이렇다 할 명백한 의견을 제출하지 않고, '다이묘 회의'를 제창한 올콕만큼 적극성을 보이지도 않았다.

그러나 어쨌든 막부가 조슈번을 최대의 반역자로 보고 토벌하고자 시도한 시점에서 윈체스터는 조슈번 최대의 변호인이 되고자 했다. 이에 대해 조슈번에 대한 강압방침을 일관되게 유지하던 막부는 도저히 이러한 변호인의 의견을 받아들일 수 없었다.

3. 조슈번 봉쇄

조슈번에 대한 재정벌 포고

친프랑스파 주도하에 있었던 막부는 프랑스의 군사원조 강화책에 따라 막부 권위 진흥을 도모하기 위한 모험주의적 정책을 전개하게 되었다. 제1차 조슈 정벌군의 총사령관은 전 오와리尾張번주 도쿠가와 요시카쓰德川慶勝, 부사령관은 에치젠번주 마쓰다이라 모치아키松平茂昭였는데, 이들은 웅번번주들의 회의를 통해 조슈번 항복 후의 시국을 수습하고자 했으며 조슈 정벌군의 참모로 참가한 사이고 기치노스케西鄕吉之助도 이러한 방책을 택하고자 했다.

그러나 막부가 취하고 있던 강경한 태도 때문에 웅번회의를 통한 시국수습 같은 것은 생각하기 어려웠다. 한편 조슈번에서는 앞서 언급한 '무비공순' 정책에 따라 군사체제를 정비하고 있었으므로 윈체스터가 기대한 것과 같은 수준의 막부와 조슈번의 타협은 더욱더 곤란해지고 있을 뿐이었다. 1865년 4월 19일 드디어 막부는 조슈번이 "심상치 않은 계획을 짜고 있다는 소문을 들은 바 있어 더욱 후회하는 일이 없도록" 하기 위해 조슈 정벌을 명령하고, 그 다음 달 5월 16일을 기하여 쇼군이 '진발進發'할 뜻을 포고했다. 여기서 말하는 '심상치 않은 계획'이란 앞에서 오무라 마스지로 등이 상하이에 가서 밀무역을 시도하던 사건을 가리킨다.

조슈 재정벌과 로슈

조슈 재정벌은 프랑스에서 군사원조를 받을 것으로 기대하고 계획한 것이기 때문에 막부와 프랑스 공사 로슈의 관계는 더욱 밀접해져갔다. 조슈 재정벌을 포고한 후 로주는 곧 조슈 정벌에 관한 전략과 전술에 대해 로슈의 의견을 물었다. 로슈가 알제리에서 야전野戰에 참가한 사실을 알고 있던 로주는 자신은 오랫동안 평화로운 생활을 하고 있었기 때문에 전쟁에 대해 아는 것이 전혀 없다고 하면서 그의 의견을 구했던 것이었다. 이에 대해서 로슈는 막부의 강한 군사적 위용을 과시하며 조슈번의 근거지인 조정을 군대로 포위하되, 번 전체를 사지死地에 몰고 들어가는 강압책을 쓰지 말고 번주와 일문一門(번주의 집안사람들), 신하들을 따로따로 분리하는 정치공작을 전개해 전의를 잃게 해서 칼에 피를 묻히지 않고 정벌에 성공하는 방책을 일러주었다. 또 그는 막부 측이 꾸물대고 있으면 시코쿠와 규슈의 큰 번들 중에 조슈번에 동조하는 자가 나올지도 모르기 때문에 신속하게 결행하는 편이 좋겠다고 말했다.

그러나 막부에게 자신 있게 진언한 로슈가 심각하게 우려했던 것은 밀무역을 통해 조슈번의 군사력이 배양되어 가고 있는 상황이었다. 그는 프랑스를 제외한 여러 나라의 투기 상인들이 조슈번에 군수물자를 공급하기 위해 밀무역을 행하고 있다는 사실을 들며, 이 문제가 전쟁을 장기화시킨다는 점에서 막부에게 중대한 위협이 되고 있다는 사실을 인정했다. 더욱이 로슈가 유감으로 여기고 있는 것처럼 다른 나라의 대표들은 막부의 밀무역 금지 요구에 부응한 아무런 조치도 취하지 않았다.

각국 대표를 밀무역 금지책에 동조시키다

그러므로 조슈번의 밀무역을 효과적으로 금지하기 위해서는 각국 대표를 모두 이 금지 조치에 동조시켜야 했다. 그러나 이 경우 조슈번에 동정적인 태도를 보이고 있는 영국 대리공사 윈체스터의 동의를 얻어내는 일이 최대의 난관이었다. 이 때문에 로슈는 윈체스터에게, 특히 조슈 정벌에 관한 결정을 알리고 외국선박들이 조슈 연안에 정박하며 밀무역 등을 하지 않도록 간청할 것을 막부에 진언했다. 막부는 이 진언을 받아들여 와카도시요리若年寄인 다치바나 다네유키立花種恭를 윈체스터에게 보내어 조슈번과의 밀무역 금지를 요청하고, 조슈번이 포대를 재무장하지 않도록 감시하기 위해서 군함을 파견할 것을 요청했다. 이 요청이 윈체스터의 자존심을 만족시켜 윈체스터는 다치바나의 제의에 완전히 동의했다고 한다. 윈체스터는 막부에게 결정적 회답을 하기에 앞서 협의차 로슈를 찾아왔고, 그 결과 두 사람의 의견은 완전히 일치했다.

조슈번의 밀무역 문제를 세상에 알리는 계기가 된 피판호 사건이 사실임을 알게 되자 막부는 피판호가 미국 국적이었기 때문에 이 문제에 대해서 미국 대리공사 포트먼A.L.C. Portman[11]과 교섭하기 시작했다. 4월 27일, 외국부교 에즈레 다카노리江連堯則는 포트먼에게 조슈 정벌이 결정되었다는 소식을 전하면서 각국 공사가 협의해 조슈번과 밀무역 등을 하지 않도록 조치해주었으면 좋겠다고 의뢰하고, 각국이 막부를 지지하는 행동을 하면 자연히 막부의 위력도 증가되어 안심할 수 있다고 말했다. 이에 대해 포트먼은 다른 3국 대표와도 협의한 후에 무기 등을 조슈번에 밀매하는 일을 금지하는 것은 물론이거니와 막부에서도 시모노세키 대안對岸에 군함을 파견해 밀무역

11 미국의 주일대리공사. 1853년 페리와 함께 네덜란드어 통역으로 내일來日. 일단 귀국했다가 1861년에 다시 내일하여 미국 공사관 서기관이 되었다. 1865년 대리공사로 취임했다.

선을 발견하면 즉시 포획하여 각국 영사에게 넘겨서 처분해야 한다고 대답하며 막부 측을 만족시켰다.

영국 · 프랑스 · 미국 · 네덜란드 4국 대표의 공동각서

이렇게 해서 5월 28일, 지난해 시모노세키 공격에 참가한 영국 · 프랑스 · 미국 · 네덜란드 4국 대표는 막부와 조슈 간의 개전이 가까워졌다고 예상되는 상황에서 요코하마의 프랑스 공사관에서 회합을 갖고 그 대책을 협의한 결과 시모노세키해협에 있는 조슈번 포대의 재무장 반대, 정규 무역에 종사하는 외국선박에 대한 해협 통과의 자유 보장, 조슈번 영내에서의 불법무역의 금지, 해협에서 전투가 개시되었을 때의 처치, 막부와 조슈 간의 군사행동에 대한 엄정중립 등에 관해 공동 의견을 각서로 작성했다.

이 각서에서는 일본에서 일어나는 내전에 대한 엄정중립, 절대불간섭의 원칙이 강조되었다. 윈체스터는 포대의 재무장 금지에 대해 이 원칙의 내용이 일본 내란에 대한 간섭의 경향을 띠는 모든 행동을 금지한다는 원칙에서 결코 일탈하는 것은 아니며 밀무역 금지에 대해서도 막부의 선박이 그 틈을 타서 "권리와 인도적 한계를 넘는 행위를 막는 일"이라며 그 중요성을 지적하고 있다.

이러한 점에서 본다면 윈체스터는 각서의 규정을 실행하는 것이 조금이라도 막부 측에게 유리한 행동이 되지 않도록 세심한 주의를 기울이고 있었다는 사실을 알 수 있고, 이 점에서 로슈가 일본 내란에는 엄정중립을 지켜야 하지만 도의적으로 어느 쪽을 동정하는지는 완전히 명백하다고 하면서 조슈를 '해적'으로 부르고 있는 점과는 큰 차이가 있다. 이 공동각서에는 막부를 지지하는 로슈의 노선과 조슈번에 대해 융화정책을 취하는 윈체스터의 노선이 공존하고 있었다고 말할 수 있다.

윈체스터 대일정책의 한계

그럼에도 불구하고 이 각서의 근본정신은 일본의 합법정부로서 승인된 막부가 행사하는 정당한 권리(개항되지 않은 항구에서는 무역을 금지하는 일)에 대한 열국의 도의적인 지지였다. 조슈번의 주장에 동정적이며 조슈번에 대해 융화정책을 취할 것을 막부에게 권고하고 있었던 윈체스터로서도 막부를 '일본정부'로 인정하는 입장에서 이 각서의 작성에 참가한 것이었다. 또 그는 이러한 정신에서 영국선박이 무기·군수품을 공급함으로써 장래의 전쟁이 조장되는 것을 바라지 않고, "나가사키에 있는 한두 개의 영국상회商會가 시모노세키에서 적극적으로 무역에 종사하고 있음을 알게 되었으므로 영국국민에게 불법무역을 하지 않도록 경고하는 공시公示를 발표하는 것이 바람직하다고 생각한다"고 말했다. 이 한두 개의 상회 중에는 당연히 뒤에 언급하게 될 글로버Glover상회[12]도 있었을 것이다.

막부 측은 조슈 재정벌을 앞두고 조슈번과 외국의 결합을 심각하게 우려하고 있었으며 막부의 조슈 재정벌 방침을 지지하는 로슈가 우려하는 점도 바로 이 점이었다. 이러한 관점에서 볼 때 앞서의 공동각서가 결정된 것은 막부에게도 로슈에게도 일단 성공이었다.

그러나 공동각서의 근본정신이 막부에 대한 도의적 지지이면서

---

12 막부 말에서 메이지 초기에 이르는 기간에 나가사키를 거점으로 활동하던 영국 상인 토마스 글로버Thomas Glover(1833~1911)가 경영했던 무역상사로, 홍콩의 영국 상사 자딘·매티슨 상회의 나가사키 대리점이었다.

도 예상되는 내전에 대한 '엄정중립'이 표명되고 있는 점에는 주목할 필요가 있다. '중립'이란 국제법으로 말하자면, 내전에 즈음하여 정통 정부와 대립하는 세력이 단지 반도叛徒가 아니라 '교전단체'(준국가적 단체)로 인정되는 경우에 사용하는 용어다. 이에 따르면 조슈번은 오히려 교전단체로 대우받을 것이 예상되고 있었으며, 여기에 윈체스터의 융화정책이 나타나 있다고 말할 수 있다. 그리고 이 중립의 원칙은 일 년 후에 막부와 조슈번이 교전할 때 파크스Sir Harry Smith Parkes(1828~1885)[13]가 조슈번에 유리하게 운용하기에 이르렀다.

이 각서가 조인된 지 이틀 후, 윈체스터는 외국부교인 야마구치 나오키山口直毅와 메쓰케 구리모토 곤과 회견하여 막부가 여러 다이묘에 대해 관대한 정책을 취함으로써 내전을 방지하도록 '최후의 충고'를 시도했으나 거부되었다. 결국 윈체스터가 주장한 내분의 해결책은 "다이쿤이 외교관계를 통제하게 하면서 여러 다이묘가 무역에서 얻는 이익 분배에 자유롭게 참가할 수 있게 하는 협정을 채용한다"는 선에 머물렀다. 이는 조약의 전면적 개정을 위해서 다이묘회의를 개최한다는 올콕의 노선보다도 오히려 후퇴한 것이다.

13 영국의 외교관. 1865년에 주일공사로 내일來日하여 열국외교단을 주도하면서 강경한 대일정책을 추진했다. 막부의 권위가 쇠퇴하는 것을 파악하고 일찍부터 사쓰마번과 조슈번의 도막파倒幕派에 접근해 프랑스 공사 로슈와 대립하면서 반反막부 움직임을 도왔다.

【3장】

사쓰마-조슈연합의 성립

사쓰마번의 방적공장

1867년 사쓰마번이 가고시마에 설립한 일본 최초의 서양식 방적공장이다. 영국에서 기계를 구입하고 영국인의 기술 지도하에 운영되었다.

1. 막부를 떠나는 사쓰마번

할거부국책

조슈번의 밀무역 금지를 규정한 4국 대표들의 공동각서는 막부에게 매우 유리한 만큼 조슈번에는 불리했다. 조슈번은 이에 대처하기 위해 사쓰마번과의 연합에 나서게 되었다. 이 문제를 논하기에 앞서 지금까지의 사쓰마번 동향에 대해 살펴보기로 하자.

1864년 9월 사이고 다카모리가 가쓰 가이슈와의 첫 대면에서 '가쓰 선생'에게서 '현명한 다이묘회의'라는 시국수습책을 배웠다는 점은 이미 언급했는데, 그 직후 사이고는 가쓰와의 회견 내용을 매우 감격스럽게 오쿠보 이치조大久保一藏(또는 오쿠보 도시미치大久保利通)에게 알리면서, 만약 이 방책이 채택되지 않으면 "결연히 할거의 뜻을 나타내고, 나라[1]를 부강케 하는 방책을 낼 수밖에 없다"고 쓰고 있다.

사이고는 스스로 참모가 되었던 제1차 조슈 정벌이 조슈의 항복으로 끝나게 되자 곧 사쓰마번으로 돌아가 오쿠보와도 상담한 후 웅번연합책에 적극적으로 나서려고 했다. 그러나 막부가 강경책을 쓰면서 조슈 재정벌을 하려는 상황에서는 도저히 그 정책을 실행에 옮길 수 없었다. 따라서 사이고가 주장하는 '할거부국책割據富國策'이 채택될 수밖에 없는 단계에 들어서게 된다. 이 점은 바로 조슈번의 다카스기 신사쿠가 '대할거'라고 부른 것과 동일한 태세였다.

1 당시의 나라, 즉 구니國는 '번'을 의미한다.

'할거부국'이라고 하면 구체적으로는 어떠한 정책을 전개하는 것일까? 1863년에 전개된 사쓰에이전쟁을 계기로 사쓰마번이 개국론으로 대폭 전환하면서 막부가 독점하는 무역에 끼어들려고 하게 된 점에 대해서는 이미 언급했다. '할거부국'이 이러한 정책의 강화책이라는 사실은 두말할 나위도 없다.

자발적으로 포로가 된 고다이와 마쓰기

이 무렵에 사쓰마번에서 크게 문제가 된 부국강병책의 수단을 체계적으로 논의한 사람은 뒤에 큰 정상政商이 된 고다이 사이스케五代才助(또는 고다이 도모아쓰五代友厚)였다.

사이스케의 아버지는 류큐무역에 관계했고, 그도 1862년에 막부선박 지토세마루千歲丸를 타고 상하이에 가본 적이 있어서 일찍이 세계 대세를 꿰뚫고 있었다. 1863년 7월 2일 가고시마만으로 몰려 온 영국함대가 만 안에 정박하고 있던 세 척의 사쓰마번선인 아오다카青鷹, 하쿠호白鳳, 덴유天佑를 포획하기 시작했을 때 이 선대의 지휘관은 고다이와 뒤에 외무대신이 되었던 마쓰기 히로야스松木弘安(또는 데라지마 무네노리寺島宗則)였다. 그런데 뜻밖에도 이 배 세 척은 아무런 저항도 하지 못한 채 영국함대에 포획되어 영국함선 두 척의 뱃전에 묶이었다.

고다이는 나마무기 사건 이후 사쓰에이전쟁에 즈음해 나가사키에서 유명한 영국상인 글로버를 통해 화평공작和平工作을 세우고 있었다. 또 마쓰기는 번의 양의洋醫로서 한때 막부관리로 통역에 종사했고 1862년에는 막부의 구미사절단을 수행했으며 귀국 후에는 곧바로 사쓰마번으로 돌아갔다가 이번 분쟁에 즈음해 양쪽 조정을 위해서 분주한 나날을 보내고 있었다. 화평론자인 데다가 전쟁의 승산이 없는 것을 꿰뚫고 있던 이 두 사람은 다른 선원들을 상륙시킨 후 자신들은 그대로 배에 남아 있다가 자발적으로 포로가 되었다.

고다이, 양이책을 비난하다

전쟁이 끝난 후 고다이와 마쓰기 두 사람은 영국함선을 타고 요코하마로 돌아왔다. 그러나 당시는 번 내에 양이론이 한창인 때라 신변이 매우 위험했으므로 두 사람은 잠시 몸을 숨겨야 했다. 그러나 얼마 지나지 않아 사쓰마번과 영국이 급속도로 화해하고 번의 정책이 개국론으로 전환되는 등 번 내의 정세는 모두 두 사람의 예견대로 전개되었다. 1863년 12월 말, 군함 주문에 관한 문제 등으로 영국 대리공사 닐과 회담한 사쓰마 측 수석대표는 고다이였다. 그 후 나가사키로 몸을 옮긴 후 전부터 친분이 두터웠던 글로버에게 잠시 몸을 의탁하고 있다가 1864년 5, 6월경에 정식으로 허가를 받고 번으로 돌아갔다. 돌아가자마자 전부터 구상하고 있던 장문長文의 의견서를 제출했다. 고다이는 일찍이 세계 정세에 통달해 있었고, 번외 망명 중에 얻은 경험과 외국인들의 의견을 바탕으로 삼아 이 의견서를 작성한 것으로 추측된다.

고다이는 이 의견서에서, 먼저 근왕양이勤王攘夷를 주장하는 무리는 세계가 변해가는 대세에 어둡고 국가가 위험에 빠지도록 자초하고 있다고 비난하면서, 서양 국가들이 여러 가지 도리를 실험·연구한 결과로 부국강병의 열매를 맺게 되어 크게 문명이 열리고 세계를 횡행하게 된 사정을 설명했다. 더 나아가 이번 영국과의 전쟁으로 막대한 손실을 보고 있음에도 불구하고 이 전쟁을 통해서 세 번(사쓰마, 오스미, 휴가)[2]의 사민士民들의 무지가 계발된 것은 실로 하늘이 부여한 행운으로 천금과도 바꿀 수 없는 귀중한 것이라고 평가했다. 이에 이번 전쟁의 결과로 나라 안에서 양이운동은 할 수 없는 정세가 되었으므로 이제 번의 정책이 개국으로 결정되는 시기가 가까워 오고 있다는 예상하에 다른 다이묘들보다 앞서서 부국강병책을 전개해야 한다고 역설했다.

부국강병책의 큰 보따리

고다이는 이와 같은 전제하에 부국강병 정책에 관한 큰 보따리를 풀어놓기 시작했다. 그가 가장 먼저 착안한 것은 일찍이 가본 적이 있는 상하이와 직접 무역을 트는 일이었다. 상하이에 보낼 유망한 상품으로는 쌀·생사·차·버섯·다시마·오징어 등 해산물과 목재류 등이 고려되었다. 그중 생사는 무역이 금지되어 있다고 하니 에도 번저藩邸를 통해 간토關東에서 생산되는 생사를 모두 사들인다면 현재로서는 비교적 싸게 사들일 수 있으므로 상하이에서 얻는 이익은 막대할 것으로 예상했다. 차는 영내 생산이 가장 적합한 품목이므로 도로 양쪽에 가로수같이 심는다면 설탕 다음으로 중요 산물이 되어, 이를 홍차로 만들어 팔면 큰 이익을 얻을 수 있을 것으로 예상했다. 다시마는 마쓰마에松前[3]·하코다테에서 나가사키로 수송해 저장해두었다가 시기를 보아 상하이로 가져가 팔면 이것 역시 많은 이익을 보게 될 것으로 예상했다. 고다이는 의견서에서 모두가 이와 같은 방법으로 적절

2 사쓰마는 지금의 가고시마 현의 서반부, 오스미大隅는 지금의 가고시마 현의 동부이다. 휴가日向는 지금의 미야자키宮崎 현을 말한다.

3 홋카이도北海道 오시마大島반도의 서남부에 위치한다.

하게 투기하면 큰 이익을 볼 수 있다고 번을 설득했다. 그리고 특히 세 도(아마미오시마奄美大島, 도쿠노시마德之島, 기카이지마喜界島)에서 나는 설탕은 천하에 다시없는 상품이기 때문에 상하이에서 쌀을 판 이득으로 제당製糖 기계 스무 대를 서양에서 사들여 백설탕을 만들어 상하이에 팔면 실로 백만 냥 이상의 이익을 얻을 수 있다는 예상 결과를 제시하면서, 이 방법이야말로 개국함에 있어 가장 좋은 정책이므로 서둘러 실행에 옮길 것을 역설하고 있다.

무역으로 돈을 버는 이야기 다음으로 영·프 두 나라에 유학생을 파견하는 문제를 들고 있다. 고다이는 그 인원을 16명으로 정했다. 이들은 가로家老[4]·군부역軍賦役·양이론을 부르짖는 장사壯士·군부교郡奉行·축성가築城家·포술가砲術家·조사관造士館으로 일하고 있는 교사·기술자 중에서 일정 수의 인원을 선발해 그 인원에게 각각 할당된 분야를 시찰시킨다.

더 나아가서 이들 유학생에게 일본에서 필요하고 편리한 것이 어떤 기계들인지 조사하게 한다. 이외에도 유학생은 증기군함·신식대포·미니에 총[5] 같은 무기류와 조선기계·채광기계 등을 자세히 살펴보고 채광·고로반사로高爐反射爐[6] 제조·제약분석·제약기계 제조·조선기술자들을 고용해 오도록 해야 한다고 했다.

고다이는 이와 같은 유학생과는 별도로 조사관造士館 학생 중에서 우수한 학생 50~60명 정도와 연장자 중 20여 명을 뽑아 서양 나라들에 파견해 해륙병학海陸兵學·포술·천문·지리·화학 등을 연구

4 다이묘의 중신으로서 가신의 우두머리를 말한다.
5 1846년 프랑스에서 제작된 전장식 라이플총이다.
6 연료가 연소하며 생기는 고온의 불꽃과 가스를 노爐 안으로 보내 불꽃을 반사시켜 노상爐床 위의 광석 또는 금속을 가열하는 용광로의 하나다.

하게 하고, 그들이 귀국하면 여러 학교를 설립하고 가르치게 해 학문을 크게 일으킬 것을 역설하고 있다.

고다이와 마쓰기 등의 도영渡英

이러한 고다이의 의견은 이후 사쓰마번이 채용하고자 한 정책노선을 더욱 명백하고 대담하게 제시하고 있다. 실제로 생사무역 같은 것은 고다이가 역설한 것처럼 간토 지역 전체의 생사를 독점하는 등의 대규모적인 것은 아니되 이미 언급한 대로 요코하마에서 행해지고 있었으며 나가사키 무역에서는 면·차 등이 진출했다. 1864년 6월에는 개성소開成所가 설치되어 육해군의 포술·조련·병법·축성술·천문·지리·수학·측량·항해·기계·조선·물리·화학·의학 등을 가르쳤고, 그 목적은 "무비武備를 충분히 갖추는" 것이었으며 이 해부터 라이플총을 수입했다. 이렇게 해서 전前 번주 시마즈 나리아키라島津齊彬가 죽은 후 일시 후퇴한 것으로 여겨졌던 개화정책이 다시금 대규모로 추진되었다.

이러한 정세하에서 고다이가 주장한 유학생 파견에 관한 의견도 채택되었다. 고다이가 주장한 것처럼 대규모는 아니었지만 가로 니이로 교부新納刑部를 비롯해 고다이와 마쓰기가 감독이 되어 16명의 유학생을 데리고 영국으로 떠났다. 그 가운데에는 모리 아리노리森有禮도 있었다. 니이로는 그 지위 때문에 지휘자 격이었지만 사실상의 지도자는 고다이와 마쓰기, 그중에서도 고다이였다.

일행은 1865년 3월 22일, 글로버상회 소유 기선을 타고 가고시마에서 십 리 정도 떨어진 구시키노串木野의 포구 마을 하시마羽島에서 출발했다. 막부에게 정식 허가를 받지 않은 밀항이었다. 겨우 일 년 전인 1863년 12월 말 닐이 고다이 등과 회견했을 때 닐은 군함 주문 관계로 번 대표를 영국에 파견할 것을 권고했는데, 그때 고다이는 "그것은 매우 바라는 일이지만 막부는 이를 허가하지 않을 것"이라고 대답하면서 영국에 자유롭게 가지 못하는 상황을 탄식했다. 그러나 그 기회가 글로버의 호의에 의한 밀항이라는 형식으로 예상 밖으로 빨리 이루어졌다. 사쓰마번은 글로버에게 가장 큰 단골이었고, 사쓰마번과 글로버와의 거래를 절충하는 역할을 한 사람은 고다이였다.

일행은 하시마 포구를 출발한 지 두 달이 지난 5월 28일에 런던에 도착했다. 여기서 유학생들은 런던대학에 입학해 각자 목표에 맞는 학과에서 공부했다.

부국강병을 위해서 힘써야 한다

영국에 도착한 고다이는 영국에만 머물러 있지 않고, 8월부터 9월에 걸쳐서 벨기에·프로이센·네덜란드·프랑스 등 유럽 대륙을 두루 시찰했다. 그동안 각국의 정치·문화를 비교·연구하고 난 뒤 일본정세를 "우물 안 개구리가 우물 안에서 하늘을 바라보며 넓다고 하는 것과 같다"고 비판하면서, "나라를 개화하여 부국강병을 위해 힘써야 한다"고 외쳤다. 이를 위해서는 사쓰마라는 한 번을 개화하는 데 그치지 않고 "(개화가) 널리 황국 전반에 미치도록 해야" 한다며, "천하 모든 번들이 뜻을 하나로 하여 국정 전반에 걸친 대변혁에 착수하는 한편, 널리 완급의 순서를 두고 부국강병책의 기초를 튼튼히 하여 국정을 진작시키면 십여 년 안에 아시아를 크게 활보할 수 있다"고 역설했다. 이것이 고다이가 유럽 대륙에서 품고 있었던 꿈이었다.

여기서 '완급의 순서를 둔다'고 한 것은, 그가 프랑스 정치에 대해 갖고 있던 "아래로 내려갈수록 인재가 더욱 많아져 국정을 토론하는 일이 많아지게 되니 국정이 매우 어려워졌다"는 비판적인 의견과 관련해 생각할 수 있다. 고다이는 위에 있는 관리가 어리석으면 큰 사업을 이룰 수가 없고, "밑에서 위를 섬길 수도 없다"는 것이 정치의 기본적인 원칙이라고 생각하고 있었다. 다시 말해서 고다이가 갖고 있던 정치의 기본적인 원칙은 위로부터의 계몽, 위로부터의 개혁으로서, 실로 전형적인 절대주의적 개혁 노선이었다. 더욱이 그는 이 개혁을 사쓰마 한 번에만 국한시키지 않고 널리 일본 전국에 확산시키려고 했다. 그의 안목은 세계의 대세에 접하면서 점차 번의 좁은 테두리를 벗어나고 있었다. 따라서 한 번의 개혁은 전국적 개혁의 한 부분 또는 그 한 단계로서의 개혁이라는 의식을 갖게 되었다.

고다이는 전국적 개혁의 필요성을 의식하면서도 "여러 다이묘 중 큰 다이묘들은 모두 피폐하여 국가의 전력을 기울여 개국할 수 없다"는 벽에 부딪혔다. 그는 '재정 확보'의 곤란함을 탄식하면서 유럽이 특히 공업이 발전되어 있는 데 비해, 일본의 공업이 발달하지 못했음을 통감하며 "유럽에 와서 여러 제작소를 견학해보니 그 용도에 실로 놀라지 않을 수 없다. 우리 나라에도 사용하기에 편리한 대여섯 가지의 기계가 있거늘, 이를 잘 쓰면 일 년 내에 원금을 환수할 수 있다. 지금 삼사 천만 달러만 수중에 있다면 이것들을 사가지고 돌아가고 싶다"고 쓰고 있다.

고다이는 이미 전해에 제출한 의견서에서 부국강병책의 근본으로 서양의 기계·기술을 도입할 것을 주장했으나 직접 서양의 공업 발달을 경험함으로써 새삼 서양 기계공업의 도입이 재정 확보를 위한 필수불가결한 요소임을 알게 되었다.

국제적 사기꾼 몽블랑과 고다이

이즈음 프랑스의 귀족 출신으로 몽블랑Charles Montblanc이라고 하는 국제적 사기꾼이 있었다. 그는 그 전 해에 파리에 온 막부의 사절에게 잘 보여서 한 건 하려고 했으나 성사시키지 못했다. 그런데 이번에 사쓰마번 사람들이 나타나자 그는 니이로와 고다이를 설득했다. 얼마 후인 1865년 8월 26일, 니이로와 고다이 등이 유럽 대륙 시찰 도중 벨기에의 브뤼셀Brussel에 들렀을 때 몽블랑은 사쓰마번주의 대리인 두 사람과 상사 설립 계약을 체결했다. 이 계약은 유럽인과 함께 사쓰마번 내의 광산을 개발하고 철제 기기, 무기와 비단, 차, 밀랍, 담배 등을 제조하는 공장을 설립하며 유용한 유럽의 산물을 수입하는 것을 목적으로, 그 외에 오키나와沖繩나 오시마에 항구 세 개를 개항할 것과, 오사카와 교토 간 철도와 전신의 부설까지도 기획하고 있었다. 교토와 오사카 간의 철도와 전신 부설은 새로운 중앙정권 수립 후의 일로 예상했을 것이다.

그러나 이러한 대규모 상사의 설립구상도 고다이의 이상과 몽블랑의 사기꾼적인 기획의 결합이었을 뿐 실현단계에 이르지는 못했지만 어쨌든 고다이의 이상이 이러한 것이었다는 사실은 흥미를 끈다. 이는 전국적인 산업개발의 모델이자 사쓰마번의 모델이기도 했다.

이러한 고다이의 여러 가지 이상 가운데 실현되었던 것이 방적공장이었다. 그는 일본에 유용한 대여섯 가지의 기계를 구입하고 싶다고 말한 적이 있는데, 그중에 우선 맨체스터Manchester의 프라토사의 방직기계를 1만 파운드에 매입했다. 이것이 기반이 되어 1867년 5월, 일본 최초의 서양식 방적공장이 가고시마 한쪽에 건설되었다. 일본에서 가장 뒤처진 봉건 지역의 영주가 가장 근대적인 공장을 건설했다는 것은 아이러니이다.

고다이는 전국적 규모의 절대주의 정권 건설을 위한 계획을, 특히 근대적 공업의 이입을 그 재정적 기반으로 하는 각도에서 세웠다. 고다이는 사쓰마번사를 탈피해 절대주의 관료가 되고자 시도했다.

다이묘 · 대상들의 합체로 이루어진 상회

사쓰마번 유학생 중 또 한 사람의 지도자 마쓰기 히로야스의 경우도 마찬가지였다. 마쓰기는 번에 보낸 편지에서 인도나 중국이 서양 나라들에게 패배하게 된 발자취를 돌아본 후 다이묘들의 할거를 중지하고 "일본이 한 덩어리로 화목하여 한 주군의 지휘에 따라야" 하며, 더욱이 그 '국가 최상의 주군'은 완미頑迷함을 버리고 눈을 크게 떠서 "새로 태어난 신생아와 같이 되어야" 한다고 주장했다. 그리고 더 나아가 일본 전체가 하나로 뭉쳐도 크지 못할진대, 그 백분의 일밖에 안 되는 번이 각기 독립하여 유럽 방식의 개화를 채용하려는 것은 불가능하다고 단언하고 있다. 여기서 그가 서양을 성대하게 만든 것으로 착안한 것이 컴퍼니Company, 즉 '공상工商의 상회商會'였으며 그것을 결성하는 수단은 프로파간다propaganda라고 말하고 있다. 또 마쓰기 히로야스는 이제 이 프로파간다를 써서 제후와 구게公家[7]에 호소하고 동시에 '최상의 주군'(천황)을 받들어 그 명령을 오사카의 대상大商에게 전하며, 대상과 제후가 서로 합심해 컴퍼니를 결성하여 나라 안이 일치하면 장래에 일본은 아시아의 대영제국이 될 수 있을 것이라고 결론지었다.

---

7 원래는 천황 · 조정을 가리키는 말이었으나 헤이안平安 후기 이후에는 천황을 가까이 모시는 조신朝臣 일반을 가리킨다. 부케武家의 대칭어이다.

마쓰기도 고다이와 마찬가지로, 그가 의도하는 것은 비단 사쓰마에만 국한하지 않고, '최상의 주군' 통치하에 통일국가를 결성하는 일이고, 이를 기초로 할 때 비로소 서양문화를 받아들여 개혁을 할 수 있다고 했다. 그리고 그 사업의 근본 또는 사업 그 자체가 최상의 주군 지배하에 대상·제후들의 합체를 통한 컴퍼니의 결성에 있다고 주장했다. 이는 고다이가 주장하는 상공업 진흥법이기도 했다. 이 무렵에 고다이가 "다이묘들의 동지적 협력으로 이루어지는 상사를 열 것"을 제의하고 있는 것도 이와 동일한 구상이지만 마쓰기의 구상에 다이묘 외에 중요한 요소로서 '대상'이 포함되고 있는 것은 한층 더 현실적이다. 마쓰기 역시 고다이와 마찬가지로 단순한 사쓰마번사를 벗어나 절대주의적 관료를 지향하고 있었던 것이다.

이상으로 사쓰마번의 새로운 정책을 명확하게 밝혀낸 고다이의 의견서와 이에 기반을 둔 유학생의 파견에 대해 설명하는 가운데 고다이나 마쓰기의 일본개혁에 관한 의견이 너무 장황했는지 모르겠다. 그러나 설명이 길어진 것은 고다이나 마쓰기의 의견이야말로 사쓰마번을 지도한 것이라고 생각했기 때문이다.

부국강병책의 추진

고다이 등이 유학생을 인솔하고 영국으로 건너간 후의 사쓰마번 정책은 '할거부국'을 목표로 고다이가 제시한 대로 진행되어갔다.

사쓰마번의 무역 진출은 사쓰마번 강병책으로서의 무기 수입과 관련이 있다. 당시 사쓰마번이 어느 정도의 무기를 수입하고 있었는지 알 수 없지만 1865년에 사쓰마가 나가사키에서 사들인 함선은 37만 9,000 달러였다. 이 해에 막부와 여러 번이 나가사키에서 사들인 함선의 가격 69만 9,500 달러의 절반을 상회하고 있는 것을 보아도 사쓰마번이 나가사키 최대의 무기 구입자임을 알 수 있다. 무기의 대량 구입을 위해 국산품의 수출이 필요해지자 이를 위해 고다이가 제시한 것처럼 식산흥업정책이 추진되었다. 사쓰마에서는 그 당시 뽕나무 밭을 개간해 뽕나무 4만 그루를 심었다고 하며, 1866년부터 1867년까지 아마미오시마 네 곳에 서양식 기계를 들여놓은 제당공장을 지어 백설탕을 생산했다.

사쓰마번은 단지 번 자체에서 생산되는 산물만을 수출하는 것이 아니라 다른 번의 산물 중에서 무역에 적합한 것을 사들이는 것도 계획했다. 이렇게 해서 여기에 '번제藩際 무역'(번과 번의 무역)으로 볼 수 있는 무역 형태가 발전하는 경향이 생겨나게 되었다. 영국 공사 관원 폰 지볼트Alexander Georg Gustav von Siebold(1846~1911)[8]는, 사쓰마번이 규슈·시코쿠·주고쿠中國[9] 지방 다이묘들의 산물을 사들이고, 이 다이묘들의 산물을 팔 수 있는 특권을 얻으려 하고 있다고 했으나 이렇게 되면 고다이가 제의한 바 있는 "다이묘들의 동지적 결합으로 이루어진 상사" 또는 마쓰기가 말한 '컴퍼니'에 관한 구상에 접근하는 것이었다. 사쓰마번은 그 세력을 배경으로 번제 무역을 조직하여 그 중심이 된 후 외국무역에 적극적으로 진출하려고 했던 것으로 보인다.

사쓰마번의 지도자

이렇게 해서 1865년 초부터 막부를 떠나면서 강화되기 시작한 사쓰

8 네덜란드 라이덴에서 출생한 독일인이며 1859년 일본에 와서 1862년 영국 공사관의 통역을 맡았다. 1867년 막부의 유럽 파견 사절의 통역 등으로 활약했으며 1870년 이후에는 새로운 정부를 위해 활약했다.

9 일본의 산요山陽와 산인山陰 지방이다.

마번의 할거부국책은 단지 하나의 번 내에 머물러 독립성을 강화하는 데 멈추지 않고 서남 번들의 연맹조직을 통해 마침내 전국적 절대주의 정권을 목표로 삼았다.

이 시기에 사쓰마번의 정책을 수립하는 데 지도적 역할을 한 인물은 고다이와 마쓰기였다. 매우 뒤떨어진 봉건적 구조 위에 서 있는 사쓰마번을 번 내 할거에 멈추지 않고 전국적 절대주의 정권 수립의 구상 속으로 이끌어가는 계획을 만들어내기 위해서는 세계적 시야에 서서 사쓰마적 후진성을 벗어버린 고다이와 마쓰기 같은 개명적 인물의 출현을 기다려야 했다. 이와 같은 정책을 복잡한 현실 정세에 상응하도록 운용하는 데 탁월한 정치력을 발휘한 인물이 오쿠보 이치조였다. 사이고는 이 시기에 오쿠보에 비견되는 지도자였으나 현상을 냉철하게 판단하고 대책을 수립하는 데는 너무나 뒤떨어져 있었다. 그러한 점에서 그는 절대주의적 정치가로 탈바꿈하지 못한 봉건적인 사무라이의 '오야붕親分'에 머물러 있었다. 그렇지만 메이지 유신사의 일정한 단계에서 이 오야붕을 필요로 하였던 점은 무사단을 막부 타도에 폭넓게 동원해야 했던 일본의 후진성에서 발견할 수 있다. 현실 정세에 대응할 능력을 상실한 시마즈 히사미쓰는 그저 오쿠보나 사이고 등에 의해 떠받쳐지고 있을 뿐 지도력을 잃어가고 있었다.

2. 사쓰마-조슈연합의 실마리

가쓰라, 밀무역 금지대책에 대해서 글로버에게 묻다

앞서 언급한 조슈번의 밀무역을 금지하는 4국 대표의 공동각서는 1865년 4월부터 대규모적인 군제개혁을 추진하고, 이를 위해서 1만 정의 소총을 구입해야 하는 조슈번으로서는, 숨통이 끊길지도 모를 실로 중대한 문제였다. 마침내 음력 윤 5월에 사카모토 료마와 나카오카 신타로中岡愼太郎 두 사람이 잇달아 시모노세키를 방문했는데 이노우에 몬타와 이토 슌스케는, 이 두 사람과 상담해 조슈번이 사쓰마번의 명의를 빌려 기선汽船을 사들이는 방책을 마련했다. 기선에 대해서만 언급하고 소총에 대해서 언급하지 않은 것은 그때 아오키 군페이青木群平가 소총 천 정을 구입하라는 명을 받고 이미 나가사키에 가 있었기 때문이었다. 그런데 아오키는 나가사키에서 막부 관리들의 방해로 소총 구입에 대한 사명을 완수할 수 없었다.

그래서 가쓰라 고고로는 밀무역 금지에 대한 대책을 글로버에게 물었다. 글로버는 이에 대해 "막부가 영국에게 이 문제에 대해 매우 강하게 부탁을 한 것 같으며 그 진의는 결국 조슈번을 방해하는 것이 주목적이다. 어쨌든 막부는 조약을 체결한 상대이므로 어찌할 도리가 없다. 이 때문에 조슈번은 이후 무기를 구할 수단이 전혀 없어졌다. 대단히 유감스럽지만 어찌할 도리가 없다"고 하면서, 이어서 "조슈번주의 선박으로 상하이에 가서 구입한다면 아무런 지장이 없다. 만약 배가 없다면 상하이에 한두 사람이 밀항하여 기선을 구입하고 그 배에 소총을 몰래 실은 다음 수송하는 일은 어떠한 방법을 써서라도 협력해주겠다"는 방책을 전했다. 가쓰라는 이 무렵의 글로버가 매우 침통한 모습이었다고 한다. 글로버도 밀무역 금지로 거액을 벌 수 있는 대상을 잃게 되었으므로 그 역시 이 대책에 대해서는 매우 진지했던 것 같다.

이노우에와 이토, 나가사키로 향하다

글로버의 회답을 받은 가쓰라는 글로버가 가르쳐준 상하이 밀항론을 최후의 방책으로 삼고 우선은 "일찍이 사쓰마번에 은밀히 손을 써 둔 것도 있으므로 사쓰마번과 조금은 의사가 통할 수도 있을 것이다"라고 예측하고 독단으로 이노우에와 이토 두 사람을 나가사키에 파견하기로 결정했다. 그리고 만약 두 사람이 나가사키에서 소총과 기선 등을 구입하는 목적을 이루지 못할 경우에는 두 사람을 상하이에 밀항시키려고 했다.

이에 앞서 막부의 조슈 재정벌에 대항해 사쓰마와 조슈의 제휴를 도모하고자 사카모토와 나카오카가 각기 조슈와 사쓰마 두 번의 유력자인 가쓰라와 사이고를 설득시키고 있었다. 그런데 가쓰라는 그 교환조건으로 사카모토에게 사쓰마번의 명의로 조슈번을 위해서 함선과 무기 구입을 의뢰했다. 사카모토는 이를 흔쾌히 수락하고, 그가 주재하는 나가사키에 있는 가메야마龜山의 샤추社中[10]에게 그 주선을 부탁해둔 일이 있었다. 이것이 가쓰라가 말한 사쓰마에 은밀히 손을 써두었다고 말한 점이다. 이 점에서 보면, 이노우에와 이토는 나가사키에 가기 전에 사쓰마번을 통해서 무기를 구입할 가능성이 있었던 것이다.

10 샤추는 그룹, 동지를 의미한다. '가메야마 샤추'는 사카모토 료마가 만든 해운 회사.

글로버, 백만 달러 지원 용의

이노우에와 이토 두 사람은 1865년(慶應 원년) 7월 16일 시모노세키를 출발해 21일에 나가사키에 도착했다. 일찍이 사카모토가 손을 써 둔 일이 있었으므로 그들은 가메야마의 샤추인 다카마쓰 다로高松太郎와 치야 도라노스케千谷虎之助를 면회하고 함선과 무기 구입 주선을 의뢰했다. 그리고 이노우에와 이토는 다카마쓰 등의 도움으로 사쓰마번의 고마쓰 다테와키小松帶刀와 회견하여 장래 개국근왕의 방침을 밀고 나갈 것을 설명하고 소총과 군함 구입에 관해서 부탁하자 고마쓰도 이를 쾌히 승낙했다. 이노우에와 이토는 고마쓰의 호의로 나가사키의 사쓰마번저 내에 은신하면서 밤에 은밀하게 다카마쓰의 안내로 글로버와 만나 사쓰마번의 명의로 소총 구입에 관한 계약을 했다. 이에 따르면 미니에 총 4,300정(7만 7,400냥), 게벨 총 3,000정(1만 5,000냥), 합계 7,300정(9만 2,400냥)이었다. 이때 글로버는 이노우에와 이토에게 "두 사람이 거래를 시작한다면 백만 달러 정도의 금액은 언제든지 마련해줄 수 있으므로 걱정할 것 없다"고 말하면서 두 사람을 격려했다.

4국 대표의 밀무역 금지 공동각서로 조슈번과 무역이 불가능해질 것을 염려하던 글로버였으므로 사쓰마번의 명의로 조슈번과 무역이 가능해졌을 때 그의 기쁨은 각별했다. 이노우에와 이토는 상담이 성립되자 곧 가쓰라에게 글로버가 힘을 쏟은 모습을 전하면서 "이제부터는 어떠한 원조도 할 수 있다고 하니 걱정하실 필요가 없습니다"라고 적어 편지를 보냈다.

이노우에는 이렇게 글로버에게서 매입한 소총을 사쓰마번의 선박인 고초마루胡蝶丸에 실어 8월 27일 미타지리三田尻에 도착했다. 한편 이토는 사쓰마번에서 매입하도록 계약한 유니온호를 타고 하루 앞선 26일, 시모노세키에 도착했다.

조슈번이라고 하는 큰 고객을 얻게 된 글로버도 유니온호로 이토와 함께 시모노세키로 왔다. 글로버는 조슈번의 중요 관리(가쓰라 또는 다카스기였을 것이다)에게 "귀국이 필요로 하는 무기, 총포, 탄환, 화약은 얼마든지 수송할 것이므로 이에 대해서는 쌀과 보리, 소금 등으로 주로 지불하고 화폐로도 지불할 것"을 요구했으며 조슈번은 이를 흔쾌히 승낙했다. 그리고 그는 막부군이 쳐들어오면 어떻게 할 거냐고 물었다. 이에 조슈 측은 영내에 있는 모든 요새를 든든히 하고 부국에 대한 방책을 강구하면서 조용히 적을 기다리고 있다고 자신 있게 말하면서 "나라를 부강하게 하는 길은 무역을 성대하게 하는 것이 제일이다. 이러한 뜻에서 가까운 시일에 시모노세키를 개항할 방침이니 당신과 영국인을 위시해서 전 세계 사람들이 연이어 찾아올 것을 바란다"라고 했다. 다카스기가 말한 "오대주에 보초를 드러내어 놓겠다"는 장엄한 계획을 있는 그대로 시모노세키를 찾아온 글로버에게 숨김없이 털어놓은 것이었다.

그러나 마침내 무기를 사쓰마번의 배로 수송하려고 하자 조슈번은 억지로 시모노세키 개항을 요구할 필요가 없어졌다. 시모노세키는 직접 외국무역을 위해서 개항되는 대신에 나가사키와 연결되는 대對사쓰마 무역의 중요 거점이 되었다.

조슈번의 식산흥업정책

조슈번의 적극적인 무역정책은 대규모의 식산흥업정책과 결부되어 있었다. 1865년 10월 번 당국의 발표에 따르면, 먼저 특산물인 밀랍

제조 사업을 확장하고 밀랍제조국의 수를 늘려서 백랍白蠟제조장, 납촉蠟燭제조장, 제지국製紙局, 제유국製油局을 두고 이어서 제철소, 조함국造艦局, 직공국織工局, 염공국染工局도 건설하는 것이 주요 목표였다. 그 방법은 첫 해에 수차水車를 사용하는 밀랍제조장 한 곳을 설치하고 이후 30년 동안 이윤으로 공장을 순차적으로 증가시키며 개설 공장은 차례로 민간에게 불하하는 것이다. 또 운영자금을 번에서 빌려주고 이자를 챙기며 민간에게 불하한 것은 운상금運上金으로 납부하게 한다는 것이다.

이러한 조슈번의 대규모 산업육성계획은 다음 해 2월에 일부 실시되었으나 그 후 곧바로 막부와 전쟁상태에 들어선 사정도 있고 하여 그다지 실현되지 못한 것 같다. 그러나 1865년이라는 시점에 사쓰마와 조슈 두 번이 때를 같이하여 번 권력을 배경으로 한 자본주의적 생산양식의 육성을 기도했다는 것은 극히 주목할 만한 사실이기도 하다. 특히 조슈번의 정책에는 번이 운영하는 공장의 설치와 불하, 특권적 자본가의 육성 등 그 후 메이지 정부 산업정책의 원형이 그대로 나타나 있다. 단지 산업에 대한 번의 운영에 머물지 않고 민간에 대한 불하 문제까지 밝히고 있는 점에서 부르주아적 발전이 뒤떨어져 있는 사쓰마번과는 달리 호농豪農과 호상층豪商層이 번의 권력을 쥐고 있는 조슈번의 특성을 잘 보여주고 있다.

그러나 조슈번의 대할거와 부강화富强化는 다만 여기에만 머무는 것이 아니라 다카스기도 말한 것처럼 "근왕운동도 충분히 가능하게" 하기 위한 것이었다. 이는 고다이가 사쓰마번에만 개혁을 국한시키지 않고 "황국 일반에 미치게 한다"고 말하고 있는 것이나 마쓰기가 일본 전국이 '국가 최상의 군주'의 지휘하에 개혁을 수행한다고 말한 것과 완전히 일치한다. 사쓰마와 조슈 두 번의 지도자는 전국을 통일하는 절대주의 정권을 머릿속으로 구상하면서 먼저 그 모델로서 한 번을 규모로 하는 절대주의화를 시도했던 것이다. 그리고 이러한 사실은 그들이 번사의 신분에서 절대주의적 관료로 변신하고 있었음을 의미한다. 1865년 이후 강화되어온 사쓰마와 조슈 등 여러 번의 할거가 이 번들의 독립과 분열화로 치닫지 않고 그 연합으로부터 절대주의적 통일정권으로 방향이 전환되는 것은 각 번 내부에 이와 같은 공통적 요소들이 있었기 때문이다.

사카모토 료마의 역할

'8월 18일 정변' 이래 견원지간의 적대적 관계를 유지해오던 사쓰마와 조슈 두 번은 조슈번에 대한 밀무역 금압에 대항하기 위해 사쓰마번의 명의로 무기 구입을 하게 되는 것을 계기로 급속도로 제휴하게 되는데, 이때 두 번 관계를 중개한 인물로서 사카모토 료마의 모습이 크게 부각된다.

사카모토는 도사土佐 근왕당의 계보에 속한 농촌무사(鄕士) 출신으로 1862년 후반부터 가쓰 가이슈勝海舟의 문하생이 되어 1863년 10월에는 가쓰가 고베神戶에 설립한 해군조련소의 주쿠토塾頭[11]가 되었다. 그런데 다음 해인 1864년 10월 가쓰는 과격한 무리들을 양성했다는 죄로 막부의 미움을 사 에도로 소환되고 해군조련소도 해산되었다. 떠돌이 신세가 되어 번으로도 돌아갈 수 없게 된 사카모토를 눈여겨본 것이 사쓰마번이었다. 번의 가로 고마쓰 다테와키는 사이고와 함께 사카모토를 중심으로 한 조련소 그룹의 인물들을 오사카 번

11 숙생塾生의 우두머리를 말한다.

저에 숨겨두고 항해업무에 투입시키고자 했다. 1865년 5월 사카모토는 고마쓰와 함께 나가사키로 가서 가메야마를 본거지로 삼아 번선 항해에 종사하게 되었다. 본거지를 가메야마에 두었기 때문에 사카모토의 그룹을 '가메야마 샤추社中'라고 불렀다.

여기서 문제가 되는 것은 가메야마 샤추가 하고 있는 항해사업이었다. 이 무렵 사쓰마번은 외국무역에 진출함과 동시에 물자에 대한 국내교역도 활발하게 했다. 함선·무기 등을 사들이고 대외무역에서 판매할 상품을 다른 번에서 구해야 하는 사정이 있었기 때문이다. 이러한 국내 원격지방 간의 물자수송은 당연히 선박으로 행해졌다. 그러므로 항해라고 하는 것은 무엇보다도 먼저 물자의 수송을 의미했다. 해군조련소가 해산된 1864년 말부터 1865년 초라는 시점은 사쓰마번의 부국강병책이 강력하게 추진된 시기였다. 그러므로 사쓰마번은 할 일을 잃어버린 사카모토 료마 이하 해군조련소의 인원들이 갖고 있는 특기인 항해술을 살려 번의 물자를 해상수송하는 데 사용하고자 했다. 이 경우 가메야마 샤추는 국내 물자 거래를 중개하는 수수료를 받았을 것이며 더 나아가서 번의 깃발 아래 자신들의 장사도 했을 것이다.

앞서 본 것처럼 사쓰마번의 명의로 함선과 무기 구입을 가쓰라에게 약속한 것은 가메야마 샤추의 주재자 사카모토였다. 또 사카모토의 부탁으로 이노우에와 이토를 사쓰마의 고마쓰에게 소개한 사람도 그 그룹의 다카마쓰 등이었으며 이노우에와 이토를 글로버에게 안내한 사람도 다카마쓰였다. 이러한 번과 번 사이에 이루어지는 거래의 중개 또는 번과 외국인 사이에 이루어지는 거래의 중개야말로 가메야마 샤추의 본래 업무였다.

사쓰마-조슈의 항해무역과 가메야마 샤추

한편 조슈번에서도 1865년 7월에 함선 구입을 결의하면서 별 일이 없을 때는 국내무역을 위해서 쓰시마對馬·기타구니北國 등으로도 배를 돌리면 부국富國의 수단이 될 것을 기대하고 있었다. 이러한 조슈번의 의사에 맞춰 가메야마 샤추의 우에스기소지로上杉宋次郎는 사쓰마번을 설득해 드디어 사쓰마번의 명의로 글로버에게서 유니온호를 사들이고 그 대가는 조슈번에서 지출하도록 했다. 처음에 우에스기와 조슈의 이노우에 사이에 이루어진 비밀협약에 따르면, 배 이름을 사쿠라지마마루櫻島丸로 하고 사쓰마번의 기장을 달게 하여 샤추 사람이 배의 운용을 관리하고, 사쓰마번의 기장을 빌려 조슈번의 물자수송에 종사할 예정이었다. 그런데 조슈번에서는 이 배를 이쓰추마루乙丑丸로 명명하고 그 관할권을 주장해 분쟁이 일어났다. 그 결과 사카모토가 중개에 나서 협약이 개정되었다. 이로써 기장은 사쓰마의 것을 빌리고 사무는 가메야마 샤추 사람이 보도록 할 것, 중요한 사항은 조슈번 해군 총관과 협의할 것, 조슈번 고시니카타越荷方[12]의 한 사람이 승선해 무역 관련 사무를 처리하는 데 샤추 사람은 관여하지 않지만 '화물의 적하출입'에 관해서는 샤추 사람과 협의할 것, 더 나아가서 조슈번이 사용하지 않을 때는 사쓰마번 경비로 물자수송에 사용할 것 등이 결정되었다.

이에 따르면, 우에스기가 애초에 의도한 것과 거리가 있고 선박 운용에 관한 권한은 현저하게 조슈번 쪽으로 기울어졌으나 아직 조슈번과 가메야마 샤추와의 공동 관리 측면이 남아 있어서 운용 여하

12 에도 말기 조슈번이 시모노세키 등에 설치했다. 국내 연안무역에 종사하는 회선廻船을 대상으로 하던 금융기관이다.

에 따라서는 샤추가 주도권을 장악할 수 있는 부분도 있었다. 특히 '적하출입'에 대해서는 샤추와 협의한다고 되어 있는 점에 주선자와 중개자로서의 본래 업무가 잘 나타나 있는 것으로 보인다. 어쨌든 이 협정이 성립됨에 따라서 이노우에와 이토의 추천으로 우에스기는 조슈에서 많은 은상恩賞을 받았다.

이상 열거한 것은 가메야마 샤추의 많은 활동 가운데 한 예에 불과하다. 이와 같이 사카모토가 지도하는 가메야마 샤추는 사쓰마와 조슈 두 번의 화물 해상수송이 활성화되면서 자신들이 익힌 새 기술을 이용한 항해 관리와 상품 거래 중개에 종사했다. 이 번들은 그들을 길잡이로 사용해 멀리 떨어져 있는 지역과 직접 상품을 거래함으로써 지금까지 막부가 삼도三都(교토, 에도, 오사카)의 특권상인을 통해 장악해왔던 상품유통기구를 교란시키려 했다. 사카모토가 먼저 사쓰마와 조슈 간의 제휴를 중개할 수 있었던 것은 그가 주재하는 가메야마 샤추가 서남 번들의 국제시장 또는 국내시장에 대한 진출 기도와 관련된 중개업무를 취급하고 있었기 때문이다. 그리고 이와 같은 업무에 종사하고 있던 그들은 의식 면에서 번의 좁은 테두리를 넘어섰고, 또한 국제 정세에도 통달하고 있었다.

글로버, 사쓰마와 조슈의 제휴를 기뻐하다

조슈번이 사쓰마번의 명의로 소총을 구입했을 때 글로버는 진실로 두 번이 합치되었다고 생각하고 '조슈번 사람들'보다도 더 기뻐했다. 대다수의 사쓰마, 조슈 두 번의 번사들이 서로를 아직도 '원수처럼' 생각하고 있을 때, 글로버가 두 번의 제휴를 조슈번 사람들보다 기뻐했다는 것은 의미가 크다. 사쓰마번의 무역에서 글로버가 가장 큰 역할을 했다는 사실은 1865년에 같은 번의 함선구입액 37만 9,000 달러 가운데 20만 4,000 달러에 상당하는 양을 글로버에게서 사들인 사실로도 알 수 있다. 그리고 조슈번에 대해서도 번의 군사력을 배양하는 무기의 대부분은 글로버가 공급한 것이었다. 이와 같이 글로버 측에서 보면 사쓰마와 조슈 두 번에 무기 판매를 통해서 많은 투자를 하고 있었으므로 두 번이 제휴를 통해 관계가 강화되는 것을 크게 기뻐했던 것이다.

3. 막부의 곤경과 사쓰마번의 책모

파크스의 부임

조슈번의 밀무역 금지에 대한 4국 대표의 공동각서가 작성된 며칠 후인 1865년 음력 윤 5월 2일, 올콕의 후임자로 상하이 주재영사에서 일본 주재공사로 승진한 파크스가 나가사키에 도착했다. 그는 어릴 때부터 중국에 20여 년 동안 거주했으며, 특히 제2차 아편전쟁의 발단이 된 애로호 사건 때는 광둥廣東 주재영사로서 사건이 발발하는 데 불을 지르는 역할을 했다. 그에게 가장 신임을 받았던 부하 사토우E. Satow의 말에 따르면, 파크스는 "직무에 열중하고, 주위 사람의 정확한 견해를 얻으려고 끊임없이 노력하는 불굴의 활동가"였다. 그는 또한 37세의 장년으로 라이벌인 로슈보다 스무 살 남짓 젊었다.

파크스가 나가사키에 도착하자 이곳에 있던 다이묘의 대리인들은 다투어 그와 회견하기를 원했는데, 이 사실만 보아도 그가 일본에서 차지하게 될 지위가 대단했다는 사실을 엿볼 수가 있다. 파크스는 나가사키에서 해로로 요코하마로 향하는 도중 시모노세키에 들렀다. 가쓰라 · 이노우에 · 이토 등 조슈번의 지도자는 그를 응접관으로 초대해 환대했다. 파크스가 막부의 군사행동에 대한 조슈번의 태도를 묻자 조슈번 측은 단호히 방전防戰하겠다는 결의를 보이면서 시모노세키 포대를 재무장하려는 의도를 내비쳤다고 한다. 파크스가 도중에, 특히 시모노세키에서 조슈번의 의향을 타진한 것은 조슈 문제에 그가 얼마나 깊은 관심을 가지고 있는지를 보여준 것이었다.

파크스가 요코하마에 도착한 것은 음력 윤 5월 16일이었으나 그는 막부와 조슈의 개전이 가까운 장래에 예상되는 불안한 국내 상태에서 무역이 방해되고 수입품 시장이 좁아지는 것을 보고 불안을 느낄 수밖에 없었다. 파크스는 일본정국의 불안을 수습할 필요성을 통감하고 에도로 가서 로주 미즈노 다다키요를 만났다. 미즈노는 조슈가 막부를 상대로 반란을 일으켰으므로 멸망시키는 수밖에 다른 도리가 없다고 변함없이 강경한 태도를 보였으나 파크스는 조슈를 멸망시키는 것보다 조약에 있어 조정과 막부 간의 불일치 사항을 회담을 통해 해결하는 편이 좋겠다는 평화적 해결방안을 권고했다. 그러나 미즈노가 강경한 태도를 그대로 고집해 의견의 일치를 보지 못했다. 파크스가 권고한, 다이묘들이 무역에 참가하는 문제에 대해서도 미즈노는 망설이는 태도를 보였다.

외상 러셀의 훈령

사쓰마번선이 무기를 조슈 영내로 수송해줌으로써 사쓰마와 조슈의 제휴가 이루어진 지 얼마 되지 않은 9월 4일, 파크스는 외상 러셀이 보낸 중요 훈령을 접하게 되었다.

러셀은 이미 나마무기 사건 이후인 1863년 11월에, 자신의 영내에 개항을 희망하는 다이묘가 있으면 이를 인정하는 것은 조약상 아무런 지장이 없다는 의미의 훈령을 대리공사 닐에게 보냈다. 그런데 이번 훈령에서는 일보 전진하여 대외관계의 발생을 계기로, 수세기 동안 일본에 존재해오던 정치형태는 근본적 변화를 나타내어 쇼군이 일본의 실제 군주가 아니고 쇼군의 상위에는 천황이 존재하고 있으며, 또 반半독립적 대봉건 영주가 존재하고 있다는 사실을 명백하게 인정한 가운데 논의를 전개하고 있다.

러셀은 가고시마와 시모노세키전쟁 후, 사쓰마와 조슈번주들이 그들의 대리인을 외국대표에게 보내 "양이쇄국에 관한 주장은 다이쿤의 명령에 따른 것으로 실제로는 외교에 반대하는 것이 아니며, 오히려 영지 내의 항구를 개항할 의사를 가지고 있지만, 외국무역을 독점하여 다이묘가 무역에 참가하는 것을 배제하려는 다이쿤이 이를 방해하고 있다고 선언했다"는 점을 지적했다. 그리고 이미 영국정부는 조약에 열거된 항구를 모두 개항하는 것이 막부에게 위험하다고 믿어왔기 때문에 두 항구(효고와 니가타)의 개항과 두 도시(에도와 오사카)의 개시開市 연기를 인정한 것이었으나 지금이야말로 막부의 주장이 거짓이라는 사실이 명백해졌다고 하면서 "주요 다이묘들이 대외무역을 위해서 영지 내의 항구를 개항할 용의가 있으므로 영국정부는 영국국민이 충분한 이유 없이 다이묘들의 항구에서 이루어지는 무역에서 완전히 배제당하는 것을 바라지 않는다"고 했다. 이리하여 이상과 같은 견해가 현지에서 관찰한 것과 일치하는지 여부를 명확히 밝히라고 파크스에게 명했던 것이다.

여기서 러셀은 무력하고 무능한 막부에 대한 불신을 표명하면서 무역에 참가하기를 희망하고 있는 대번의 번주들에게 접근할 의사를 비쳤다. 러셀이 일본 사정에 대해 이처럼 예리한 인식을 갖게 된 것은 올콕이 귀국 후 일본 정세에 대해 직접 설명했고 또 윈체스터가 보고한 내용도 큰 영향을 미친 것으로 생각된다.

파크스, 효고 해상에 진출

파크스가 일본에 도착한 후 추진해야 할 중요한 임무는 조약 칙허, 1866년 1월 1일부터 효고 개항, 수입세율을 일률적으로 5퍼센트로 경감할 것 등의 세 조항을 막부에 요구하는 것이었다.

이보다 앞서 막부가 시모노세키 문제에 대한 결정서의 선택 조항 중에서 배상금 쪽을 택하겠다는 취지를 통고했을 당시 영국 대리공사 윈체스터는, 막부가 재정 궁핍에 허덕이고 있는 이때 배상금 지불 운운하는 것은 결국 무역에서 부가세를 징수하게 되는 결과가 될 것이라고 보고, 배상금의 3분의 2를 감면해주는 대가로 앞서 열거한 세 항목을 본국 외상에게 제의했던 것이다. 영국정부는 곧 이 제의를 받아들이기로 하고 외상 러셀은 미국 · 프랑스 · 네덜란드 주재 대사 공사들에게 훈령을 보내어 이 제의에 대한 각국 정부의 의사를 확인하게 했다. 미국 · 네덜란드 두 정부는 이 제의에 동의했지만 프랑스정부는 배상금과 개항 중 어느 쪽을 택할 것인가에 대한 권리는 막부에게 있으며 관계 제국에게는 단지 막부의 배상금 지불 연기에 관한 제의를 용납할 것인지 말 것인지만이 남은 문제라고 하면서 영국정부의 제의를 받아들이지 않았다.

파크스는 앞서 언급한 세 가지 조항을 막부에 요구하기 위한 구체적 대책을 협의하기 위해서 9월 7일, 프랑스 공사 로슈와 네덜란드 총영사 판 폴스브룩과 회합했다(미국 대리공사 포트맨은 결석). 로슈는 막부의 권력을 보증하는 수단으로서의 조약 칙허에 대해서는 크게 찬성했으나 사쓰마와 조슈 두 번에 접근하고 있는 파크스가 막부를 어려운 상태로 몰아넣으려는 의도에서 효고 개항을 주장하는 것으로 보고 있었다. 그러므로 이 회합에서도 로슈의 반대가 예상되었으나 의외로 그는 효고 개항은 어떠한 경우에도 막부에게 강요할 수는 없다는 조건을 붙여 파크스의 제의에 전면적으로 동의했다. 그는 파크스의 행동을 저지할 수 없음을 깨닫고 공동 행동에 참가하면서 그의 행동을 견제하려고 한 것이었다.

그래서 파크스의 발의로 쇼군과 막부 수뇌부의 대부분이 오사카로 이동하고 있는 상황에서 교섭을 효과적으로 진행시키기 위해서는 각국 대표가 함대의 호위를 받으면서 오사카로 가서 막부에 강하게 요구하기로 했다. 회합 당일 결석했던 포트먼도 뒤에 이 행동에 전면적으로 동의했다. 이렇게 해서 9월 13일, 4국 대표는 군함 9척의 호위를 받으면서 요코하마를 출발해서 같은 달 16일 효고 해안에 도착했다.

사쓰마번사의 웅번연합책

당시 사이고와 오쿠보 등 교토에 있던 사쓰마번사들은 막부의 의견만으로 효고 개항이나 조약 칙허가 행해지는 것에 반대하고, 다이묘를 소집해 '천하의 공론'으로 처리해야 한다고 생각하고 있었다. 다시 말해서 그들은 외국의 요구로 막부가 곤경에 처하게 되는 것에 편승해 이러한 중대한 외교문제를 막부에서 다이묘회의로 옮겨서 처리하고, 이를 통해서 정권을 막부에서 웅번연합으로 사실상 옮기고자 했다. 이는 첫 대면 때 가쓰가 사이고에게 말한 '현명한 다이묘회의'와 같은 노선의 방책이었다.

이렇게 해서 9월 24일, 사이고와 오쿠보 그리고 요시이 고스케吉井幸輔(요시이 도모자네吉井友實) 등은 또다시 대책을 협의하고 마쓰다이라 요시나가, 시마즈 히사미쓰, 다테 무네나리 등의 상경을 꾀해 웅번연합의 힘으로 목적을 관철하고자 했다. 그리고 사이고는 번으로 돌아가 시마즈 히사미쓰를 설득하고 요시이는 우와지마宇和島로 가서 다테 무네나리를 설득하고 오쿠보는 후쿠이福井로 가서 마쓰다이라 요시나가를 설득하기로 했다.

효고 해상 회담

그 전날인 9월 23일, 로주 아베 마사토阿部正外는 효고 해상에 정박 중인 영국함선 프린세스 로얄호Princess Royal로 가서 파크스를 비롯한 미국·네덜란드 대표와 회담을 가졌다(로슈와는 별도로 회담했다). 파크스는 세 조항의 제의를 받아들이면 배상금의 삼분의 이를 면제할 의사가 있음을 통고했다. 아베는 조슈 문제를 포함한 음모 때문에 조약이 아직 허가되지 않고 있는 사정과 지금 곧 효고를 개항했을 때 국내 분쟁이 더 격화될 것이라 말하고, 막부의 곤란한 처지를 외국대표들이 이해해줄 것을 희망했다. 파크스는 이에 대해 조슈를 비롯한 여러 번의 다이묘들은 이제는 외국에 우호적이기 때문에 막부 측이 제시하는 이유는 이해할 수 없다고 하면서 쇼군이 일본의 주권자임을 주장하고자 한다면 조약 준수를 국내에서 강제하는 것이 가능해야만 한다고 강조했다. 더 나아가서 막부가 다이묘에게 무역을 제한하는 등 조약을 파괴하고 있는 점에 대해 문책하고, 이러한 런던각서의 조항을 이행하지 않았기 때문에 배상금 문제와는 관계없이 효고와 그 외의 개항을 주장할 수 있을 것이라고 하는 등 다이묘와 밀착되어 있음도 암시하면서 막부를 견제하려고 했다. 파크스의 이러한 태도에는 막부에 대한 불신의 뜻이 명백하게 나타나 있었다.

파크스와 회담하면서 아베가 '음모'라든가 '국내분쟁'을 운운한 것은 조슈 문제 외에 앞서 언급한 사쓰마번의 음모를 가리킨 것으로 보인다. 이와 같이 막부가 중대 위기에 당면하고 있었으므로 아베는 조약 칙허나 효고 개항에 대해서는 아무 말도 할 수가 없었다.

효고 개항 문제를 둘러싼 막부 내의 대립

아베가 참가한 해상 회담이 끝나기를 기다려 막부의 중대 회의가 24, 25일 이틀 동안 오사카성에서 열렸다. 파크스의 태도를 직접 지켜본 아베는 막부의 권위를 보이기 위해서라도 효고 개항을 승인해야 할 필요성을 깨달았다. 그와 또 한 사람의 로주 마쓰마에 다카히로松前崇廣는 즉시 효고 개항을 승인해야 한다고 역설하며 그것으로 막의幕議를 결정케 했다.

그러나 막부 내부에는 일단 외국 측에 회답 기한을 늦춰달라고 해두고 그사이에 효고 개항에 관한 칙허를 얻어내야 한다는 신중론자도 상당히 있었다. 특히 교토에 있는 히토쓰바시 요시노부와 마쓰다이라 가타모리松平容保가 같은 의견을 가지고 있었다. 그 논거는 칙허를 얻지 못한 채 효고 개항을 승인하게 되면 국내의 반대를 막을 수 없다는 것이었다. 요컨대 막부 위기에 대한 대처방안의 차이였으나, 이는 막부 내부의 세력 다툼과 엉켜 있었다. 그해 초 아베는 교토에 가서 히토쓰바시와 그의 양 날개라고 할 수 있는 아이즈와 구와나桑名의 세력을 교토에서 추방하고 교토를 막부의 직접 지배하에 두려고 공작하다가 실패한 일이 있었다. 그 때문에 쇼군 직속인 아베는 교토에 오랫동안 머무르면서 에도막부를 적국敵國으로 보기까지 하는 요시노부와 사이가 좋지 않았다. 그 싸움이 효고 개항 문제를 계기로 재연되었던 것이다. 막의가 결정된 다음 날인 26일 아침, 오사카에 온 요시노부는 효고 개항에 관한 막의의 결정을 번복하려 했지만 실패했다.

그런데 의외로 26일, 효고 해상의 프린세스 로얄호에서 파크스 이하 미국과 네덜란드 대표들과 회견한 와카도시요리 다치바나 다네유키는 회답 기한을 열흘 뒤로 미루었다. 막의에서 효고 개항을 승인하기에 앞서 외국 대표를 오사카성에 초청해 쇼군이 접견한다는 의견이 있었다. 이 때문에 다치바나가 효고에 파견되었는데 다치바나를 수행한 오사카 마치 부교인 이노우에 요시아야井上義斐는 요시노부와 공모하고 있었기 때문에 다치바나를 설득해 열흘간의 답변 유예를 얻어낸 것이다.

요시노부는 오사카의 원수를 효고 해상에서 멋지게 갚았다. 아베와 마쓰마에 두 로주는 요시노부로부터 예측을 잘못했다며 책임을 추궁당한 뒤 자진해서 자택근신을 청원할 수밖에 없는 궁지에 몰리게 되었다. 그리고 쇼군은 칙허를 얻기 위해서 교토에 가기로 결정되었다. 그러나 요시노부가 교토로 돌아가자 오사카는 이전 상태로 돌아갔다. 쇼군이 교토에 가는 것은 취소되고 두 로주는 그대로 오사카성으로 출근했으며 오히려 히토쓰바시와 아이즈 세력을 제거하려는 음모를 꾀하고 있다는 말도 있었다.

요시노부는 이에 대항하기 위해서, 두 로주가 효고 개항에 대해 흑심을 품고 있다고 구게를 선동해 드디어 29일 두 로주를 파면하고 번으로 돌아가 근신하라는 조정의 명령을 얻어내는 데 성공했다. 조정이 막부 관리를 파면한 것은 전례가 없었으므로 이 소식을 듣고 오사카성은 들끓었다. 천황이 쇼군의 권력을 빼앗는 이러한 행동에 항의하기 위해 쇼군은 요시노부를 후임으로 추천하고 사직한 후 에도로 돌아가기로 결정하고 10월 3일 오사카를 출발했다. 이 사이에, 후다이다이묘譜代大名[13]나 하타모토旗本[14] 사이에는, 이번 일이 요시노부

13 에도시대 다이묘의 가격家格 중 하나. 세키가하라關ヶ原 전투(도쿠가와 이에야스가 도요토미 히데요시 세력을 물리친 싸움) 이전부터 신하였던 자와 그에 준하는 가격을 지닌 자를 가리킨다.

14 에도시대 쇼군 직속의 가신 중에서 봉록이 1만 석 미만인 직참直參으로, 오메미에御目見え

의 음모에서 비롯된 것이라고 격분해 요시노부를 습격하고자 하는 사람까지 나타나는 등 불온한 기운이 넘치고 있었다. 이제 사쓰마의 음모가 문제가 아니라 막부가 내부대립으로 자체 분해될 위기에 직면했다.

파급효과가 너무나 큰 데 놀란 요시노부는 두 측근인 마쓰다이라 가타모리와 마쓰다이라 사다아키松平定敬와 함께 쇼군을 후시미성伏見城에서 기다렸다가 사직하고 에도로 돌아가지 말라고 설득하고는 4일 쇼군을 교토로 데리고 돌아갔다.

사쓰마번사의 칙사, 효고 파견설

요시노부는 쇼군을 눌러 앉히는 데 성공하자 곧 입궐하여 조의朝議의 개최를 요청했다. 이리하여 조의는 4일 오후 6시부터 고고쇼小御所에서 열렸으며 이 회담의 중심인물은 요시노부였다. 그는 조약에 대한 칙허가 없을 때는 곧 전쟁이 일어나겠지만 서양국가들은 전쟁 기술에 능하고 무기도 우수하므로 일본은 백전백패해 외국의 속국이 되고 황실의 안녕도 보증할 수 없다며 소심한 구게를 위협해 속히 조약에 대한 칙허를 내리도록 촉구했다. 막부 측에서는 효고 개항은 어려울 것으로 보고 처음부터 이 문제에 대해서는 거론하지 않고 단지 조약 칙허만을 얻으려 했던 것 같다.

이에 대해 구게는 조약 칙허는 반대하지만 전쟁 같은 것은 치르지 않고 외국선박이 물러가기를 희망할 뿐 우물쭈물 당황하면서 의논으로 헛된 시간을 보냈다. 그런 가운데 밤이 깊어갔다. 이때 일찍부

(하타모토 중에서 직접 쇼군을 만날 수 있는 자격을 가진 자) 이상의 격식이 있었던 자를 말한다. 오메미에 이하는 고케닌御家人이라고 한다.

터 그런 절차를 짜놓았는지 조정 내의 사쓰마번 대변자 고노에 다다후사近衛忠房가 사쓰마번사를 불러 대책을 물었다. 이에 대해서 교토의 사쓰마번사들은 "효고 개항과 조약 칙허는 간단치 않은 국가 중대사입니다. 따라서 유력한 다이묘를 소집하고 천하공의天下公議를 통해서 신중히 결정해야 합니다. 그래서 다이묘들이 모임에 참석할 때까지 기한 연장에 대해 외국과 교섭하기 위해 조정에서 적절한 인물을 파견함에 있어 사쓰마번이 그 수행을 명령 받는다면 죽을힘을 다해 노력하여 십중팔구는 성공시키겠습니다"라고 대답했다.

이에 조의에서는 거의 그 안대로 결정되고 오하라 시게토미大原重德를 칙사로 효고에 파견하되 이와시타 사지에몬岩下佐次右衛門(이와시타 마사히라岩下方平)과 오쿠보 이치조[15]가 오하라 시게토미를 수행할 것으로 내정했다. 오하라는 이미 1862년 막정개혁에 대한 칙사로 시마즈 히사미쓰가 에도에 데려간 일도 있어 사쓰마번과는 깊은 관계를 갖고 있었으며 이 칙사 파견도 사쓰마가 준비한 것임을 알 수 있다. 만약 이 책략이 성공하면 일찍이 사이고 등이 생각하던 것처럼 이 중대한 외교문제에 대한 처리방법을 통해서 정권이 막부에서 웅번연합으로 이동하는 계기가 된다.

조약 칙허

이에 요시노부는 "만약 이번에 막부를 제쳐놓고 다른 번을 등용한다면 도쿠가와의 천하도 끝나게 된다. 그런 것을 강요하는 번이 있다면 내가 직접 조치를 취하겠다"라고 하면서 맹렬히 반대해 결국 칙사를 효고에 파견하지 못하도록 하는 데 성공했다. 그로부터 요시노부는

15 오쿠보 도시미치大久保利通를 가리킨다.

더욱더 공세적으로 구게를 협박했다. 조정 내에서 막부의 대표로 볼 수 있는 가야노미야賀陽宮(아사히코 친왕朝彦親王, 후의 구니노미야久邇宮)는 "조약 칙허 없이 개전이 되었을 경우는 어찌할 방책도 없게 되고, 교토는 순식간에 불바다가 되며 황실의 안태도 미덥지 못하게 되고 이세진구伊勢神宮도 잿더미가 될 것입니다. 속히 칙허를 내려주시기를"이라며 천황을 압박했다. 이로써 철저한 양이주의자인 고메이孝明 천황도 어쩔 수 없이 칙허를 결의할 수밖에 없게 되었다.

이렇게 종일 회의를 한 5일 오후 8시에야 조약을 허용한다는 취지의 명령서가 내려졌다. 여기에는 원래 요구한 조항에서 더 나아가 현행 조약을 조의朝意(조정의 의도)에 합당하도록 번들의 의견을 문의하여 개정할 것, 효고 개항을 취소할 것이 덧붙어 있었다. 조정은 조약을 승인한 대신 현행 조약을 '개악改惡'할 것, 효고 개항을 영구히 취소할 것 등을 표명했다. 특히 효고 개항의 취소는 뒤에서 언급하겠지만, 이후 사쓰마번 등이 막부를 괴롭히는 전술로 이용된다.

조약 칙허를 요구한 외국 측에서 본다면 영국의 파크스와 프랑스의 로슈는 대일정책에서 서로 대립하면서도 조약 칙허의 획득이라는 목적에서는 완전히 일치하고 있었다. 다만 그것이 일본의 내정에 미칠 영향에 대해서 두 사람은 완전히 대립하는 견해를 갖고 있었다. 파크스는 올콕의 정책을 계승하고 막부 권력의 퇴진이라는 객관적 정세 인식을 기반으로 조정·막부·번의 관계를 조정하는 정책의 중핵으로써 조약 칙허를 주장했다. 따라서 이로써 외교문제를 권력 투쟁의 도구로 사용할 수 없게 될 것이라고 예상은 하지만, 막부가 안정되리라고는 보지 않았다. 이에 대해서 로슈는 일본의 최고권위로 여겨지고 있는 천황의 승인을 통해 막부 쇼군의 권력을 확립하려는 견지에서 조약 칙허를 주장했다. 주로 조약에 대한 찬반의 각도에서 막부와 번들 사이의 투쟁을 보고 있었던 그는 이를 통해 번들이 막부에 반대하는 구실을 없앰으로써 쇼군의 지위가 최종적으로 안정, 확립될 것으로 기대했던 것이다.

4. 사쓰마-조슈 맹약

사쓰마와 조슈의 제휴가 진행되다

외국대표가 주장하는 조약 칙허와 효고 개항 요구에 대응해 웅번회의를 통해 막부의 권력 파괴를 시도했던 교토 사쓰마번사들의 책모는 조약 칙허로 붕괴되었으나 이를 계기로 사쓰마-조슈의 연합은 더욱 진척되었다.

그런데 웅번회의를 열기 위해서 시마즈 히사미쓰를 맞으러 시마로 돌아간 사이고는 조약 칙허와 외국선박 퇴거에 관한 보고를 듣고 히사미쓰의 상경을 보류시켰으나 그 대신 가로인 고마쓰 다테와키와 함께 번병藩兵 수백 명을 인솔하고 교토로 진군해 10월 하순에 도착했다. 막부에 무력 시위를 하고자 한 것이었다.

사쓰마번이 교토로 출병하면서 사이고는 군량을 사쓰마에서 수송하는 것보다 시모노세키에서 구하는 것이 편리하다고 생각하고, 사카모토 료마를 통해서 조슈번에 주선을 의뢰했다. 이에 사카모토는 10월 초에 조슈번으로 향해 시모노세키에서 기도 간지木戸貫治(또는 기도 다카요시木戸孝允 또는 가쓰라 고고로), 다카스기 신사쿠 등과 회견하고, 사쓰마번병에 대한 군량 보급에 대해서 동의를 얻고 더 나아가서 사쓰마-조슈 제휴책을 협의했다. 사쓰마번의 명의로 조슈번의 무기를 구입한 것이 사쓰마-조슈 제휴의 첫 단계였다고 한다면 조슈의 사쓰마번의 군량 보급은 그 두 번째 단계였다. 그리고 두 경우 모두 가메야마 샤추의 주재자 사카모토 료마가 중개역할을 했다.

사쓰마-조슈 맹약

고마쓰와 사이고는 교토에 도착한 후 교토의 정세가 절박해진 것을 보고, 사쓰마와 조슈가 제휴를 할 시기라고 판단하고 기도 간지를 교토로 초대했다. 조슈번에서는 병사들 사이에 반사쓰마 감정이 아직도 강하게 남아 있었기 때문에 기도도 주저하고 있었다. 그러나 다카스기와 이노우에 가오루가 분발을 촉구했으므로 기도도 드디어 행동을 시작해 12월 27일, 쇼타이諸隊의 병사를 인솔하고 미타지리를 출발해서는 다음 해인 1866년 1월 7일에 교토의 사쓰마번저에 도착했다.

교토에는 고마쓰, 사이고, 오쿠보 등 사쓰마번의 일류 인물들이 모여 있었다. 그들은 기도를 몹시 우대했으나 양쪽 모두 자기 번의 체면상 쉽게 연맹을 제안하지 않아 열흘 넘게 시간을 허비하고 말았다. 이런 상태에서 기도가 단념하고 돌아가려는 순간에 사카모토가 찾아왔다. 그가 두 번 사이에서 개개의 감정에 사로잡히지 말고 천하를 위해서 장래의 방침을 협의할 것을 역설하자 담판은 급작스럽게 진전되었다. 드디어 고마쓰와 사이고는 사카모토가 동석한 가운데 기도와 협의한 후 사쓰마-조슈 맹약을 맺었다. 1866년 1월 21일이었다.

이 맹약은 막부와 조슈 간 전투가 벌어질 경우 사쓰마번이 게이한京阪(교토와 오사카) 지방에 출병할 것을 위시해서 조슈의 패배와 막부 측 병력의 에도 회군 등 가능한 모든 경우를 상정하고, 결정된 두 번 사이의 군사적 상호원조 협약으로 "쌍방이 황국을 위해서 황실의 위광威光을 빛내며 황실의 회복"을 목표로 하여 진력할 것을 궁극적인 목표로 삼고 있었다. 이로써 막부 말기 일본의 정치지도가 크게 바뀐다. 되돌아보면 사쓰마와 조슈 두 번이 '8월 18일 정변' 이후 악

감정을 가지고 있는 상황에서 사쓰마-조슈 제휴의 도화선에 불을 당긴 후 이러한 중대한 맹약이 이루어질 때까지 두 번 연맹의 중개자로서 처음부터 끝까지 매우 중대한 역할을 한 사람이 바로 사카모토 료마다.

사카모토는 일찍이 가쓰 가이슈 밑에서 요코이 쇼난의 사상적 세례를 받고 막부와 여러 번 사이의 장벽을 깨고 개혁세력의 전국적 연합을 꾀했다. 그러나 가쓰는 막부의 요직을 떠나게 되었고 사카모토는 사쓰마번의 비호 아래 가메야마 샤추를 이끌게 되었으므로, 그런 지위를 이용해 앞서 시도한 연합 방식을 사쓰마-조슈 사이에 적용한 것이다. 후에 그는 이 연합을 도사번까지 확대시키려고 했다.

그런데 사쓰마-조슈 맹약의 제6조에는 "황국을 위해서"라고 명문화되어 있다. 이는 앞서 언급한 고다이가 "황국 일반에 미친다"고 한 '황국'이나 마쓰기가 "한 덩어리와 같이" 단결하여 "한 주군의 지휘에 따른다"고 한 '우리 나라'와 같은 의미이다. 다카스기의 '근왕'과도 통한다. 사쓰마-조슈의 지도자들은 절대주의적 관료로 탈피해 가는 과정에서 이와 같은 공통의 광장을 가질 수 있었던 것이다. 교토에 모인 사쓰마-조슈의 지도자들이 그와 같은 공통의 측면을 가지고 있으면서도 여전히 번 차원의 대립의식을 버리지 못한 채 고민하고 있을 때 이미 번 차원의 대립의식에서 벗어나 있던 사카모토가 "황국을 위해서"라는 목표를 내세워 이들의 단결을 이루어낼 수 있었던 것이다.

도막세력의 전국적 결성

일찍이 존양론자는 그 이론을 관철시키기 위해서는 막부를 부인하는 것도 서슴지 않았다. 그러나 그들이 주장하는 존왕과 양이는 막번제의 기반을 이루고 있는 구제도를 조금이라도 바꾸려는 것은 아니었다. 이렇게 변화하는 내외 정세에 대응하지 못한 존양파가 몰락의 길을 걷게 되었을 때, 이를 대신해 사쓰마-조슈 두 번의 지도자는 '할거부국'의 이름 아래 과도적으로는 하나의 번 차원에서 절대주의화를 시도하면서 궁극적으로는 전국적인 절대주의 정권의 수립을 목표로 했다.

그것이 마침 때를 같이 하여 나타난 '도쿠가와 절대주의' 노선과 대립할 때 여기에 종래의 존양파와는 질을 달리하는, 시세에 대응하는 도막倒幕세력이 태어나게 되는 것이다. 같은 과정을 겪은 사쓰마와 조슈의 연합은 이와 같은 도막세력의 전국적인 결성을 의미하는 것이었다. 일본 절대주의 형성의 두 개 과정, 곧 도쿠가와 절대주의와 천황제 절대주의의 대립이 여기서 발생한다.

사쓰마-조슈 연합과 파크스

여기서 조약 칙허 후부터 사쓰마-조슈 맹약이 성립할 때까지 영국의 동향을 살펴보자.

효고 해상에서 이루어진 교섭에 즈음해 파크스를 수행한 사토우는 효고에 정박하고 있는 사쓰마번의 기선汽船을 찾아가 요시이 고스케(또는 요시이 도모자네), 가와무라 요주로川村與十郎(또는 가와무라 스미요시川村純義) 등과 만났다. 또 당시 사쓰마번은 은밀히 영국인(아마도 사토우)에게 편지를 보내, 효고 개항을 사쓰마번에 의뢰하면 조정을 설득해서 성공시키겠으며, 이 점에 관해 막부를 압박해보면 그 무능함을 알 것이라 했다고 한다. 어쨌든 사쓰마번의 기선이 효고 해상에 정박하는 동안 영국 측과 사쓰마번 사이에는 상당히 긴밀한 접촉이 있었던 것으로 보아야 한다.

그런데 그 후 프랑스 측은 조정이 조약 칙허를 내릴 때 사쓰마번사가 조정에 대해 외국선박 퇴거를 건의한 사실과 관련해 이것이 사쓰마번의 배외적 경향을 나타내는 것으로 선전하고 사쓰마와 영국 사이를 이간시키려 했다. 그런데 사쓰마번사 가운데 가쓰라 에몬桂右衛門(또는 가쓰라 히사타케桂右久武)과 이와시타 사지에몬, 요시이 고스케 등은 교토로 향하는 도중인 1865년 12월 11일, 나가사키의 글로버 저택에서 영국 영사 가워와 회견했다. 그때 사쓰마번사들은 그 건백서建白書는 쇼군의 행동을 일시 정지시켜 놓고 조약문제를 다이묘회의에 회부하려는 것으로서 배외행동을 꾀하는 것은 아니라고 언명하고 더 나아가 여러 다이묘가 외국과 교섭하는 것에 대한 막부의 제한을 완화하도록 하려는 것이라고도 했다. 이로써 가워는 사쓰마번의 진의를 완전히 이해했다고 했지만 파크스는 여전히 사쓰마번에 대한 의혹을 풀지는 않았다. 그런데 다음 해인 1866년 1월 이와시타가 요코하마에서 파크스와 회견한 결과, 사쓰마번의 진의를 이해시키는 데 성공했다. 그리고 3월 중순에는 에도에서 이와시타 등 사쓰마번사와 파크스가 상호 방문을 하기에 이르게 된다.

이 시점에서 파크스는 사쓰마번에게는 외국을 이용해 막부를 공격하려는 계획을 중지하라고 권고함과 동시에 막부에게는 무역에 참가하려는 여러 다이묘의 요구사항을 들어주도록 정책을 바꾸라고 요구했다. 그리고 그러기 위해서 막부뿐 아니라 웅번과도 접촉할 필요를 통감해 그 첫걸음으로써 사쓰마 방문 계획도 이때 결정했다. 그는 일본정국의 앞날을 타진하기 위해 막부와 번들 양쪽과 모두 접촉한다는 대단히 신중한 태도를 취하고 있었으며 막부와 대립하는 사쓰마와 조슈의 연합을 적극적으로 지지하고 있었다고는 말할 수 없다. 이 점에서 보면, 주로 상업상 거래를 위해 사쓰마와 조슈의 접근을 환영하고 더 나아가 사쓰마-조슈의 연합에 열렬한 박수를 보냈을 상인 글로버와 공식 외교관 파크스 사이에는 커다란 차이가 있었다.

【4장】

파크스와 로슈의 대결

프랑스 공사 로슈(1809~1901년)

영국 공사 파크스(1828~1885년)

1. 마쓰기 제안과 『영국책론』

마쓰기의 제안

마쓰기 히로야스가 고다이 사이스케와 더불어 사쓰마번의 유학생을 데리고 영국으로 건너간 사실에 대해서는 앞서 언급했지만, 마쓰기는 영국에서 머무는 동안 사쓰마번을 위해서 중대한 외교활동을 했다. 그는 안면이 있는 하원의원 올리펀트Laurence Olipphant(1829~1888 일찍이 영국 공사관 서기관으로 에도에 주재하다가 제1차 도젠지東禪寺 사건으로 부상당했다)[1]에게 그리고 올리펀트에게 소개받은 외상 클래런던George William Frederick Villers, 4th earl of Clarendon(1800~1870)[2] 백작에게 사쓰마번의 정책을 설명했다. 그는 먼저 사쓰마는 물론 다른 다이묘들도 단지 외국인이라는 이유만으로 외국인과의 교제를 반대하는 것은 아니며 막부가 무역의 이익을 독점하려는 사실에 대해서 반대하는 것이라고 전제하면서 이를 저지할 대책에 대해 다음과 같이 진술했다.

> 다이묘들은 일본과 조약을 체결한 여러 나라가 천황에게, 고산케御三家[3]와 18명의 구니모치다이묘國持大名[4], 기타 천황이 조언을 얻고자 하는

---

1 영국의 여행가이자 저술가. 1861년 주 일본 공사관 일등서기관으로 부임했으나 며칠 후인 7월 5일 에도 다카나와高輪 도젠지에서 미토水戶번 출신 낭인무사의 습격을 받아 부상당했다. 1865~1867년까지 영국의 하원의원을 역임했다. 저서로는 『엘긴 백작의 중국·일본 사절기 *Narrative of the Earl of Elgin's Mission to China and Japan in the Years* 1857, 58, 59』(London: William Blackwood & Sons, 1860)가 있다.

2 영국의 정치가. 1853년 이후 크림전쟁 기간 등 네 명의 수상 밑에서 여러 차례 외상을 지냈다.

3 도쿠가와 이에야스의 아들들(9, 10, 11번째)을 시조로 하는 오와리尾張, 기이紀井, 미토水戶 등의 도쿠가와 집안. 도쿠가와 집안의 혈통을 유지하고 막부의 정치를 보좌했다.

4 에도시대에 한 나라(번) 이상을 영유한 다이묘. 후에는 일종의 가격家格이 되어 한 나라를 영유하지 않더라도 4품四品의 지위를 부여받고 구니모치다이묘를 칭하는 자도 있었다.

다이묘의 소집을 요구해주기를 바라고 있다. 그렇게 되면 다이묘는 교토에서 회합하고(이때 외국공사는 출석하지 않는다), 천황은 자신이 이미 승인한 조약에 다이묘들의 서명을 받도록 한다. 다이묘가 조약을 승인한 후 외국공사는 오사카에서 다이묘들로 이루어진 위원들과 만나서 비준교환을 한다. 그러나 교토에서 다이묘들의 회합이 열린 후 오사카에서 비준 교환이 이루어지기까지 다이묘, 천황, 쇼군 삼자 간의 협의를 진행시키기 위해서 적어도 석 달의 여유가 필요하다. 그 이유는 현재 대외문제에서 쇼군과 다이묘들 사이에 존재하는 여러 가지 관계를 조정하는 등의 새로운 규정을 첨부해야 하기 때문이다. 만약 이와 같은 조치가 취해지지 않고 쇼군 직할령 내에서 새로운 항구를 개항하게 되는 경우, 다이묘들이 또다시 무력에 의지하여 전국을 내란으로 휘몰아갈 것은 뻔한 일이다.

이는 조약비준권을 쇼군에서 웅번회의로 옮김으로써 정권을 막부에서 웅번연합으로 옮기는 방법이다. 교토에서 열릴 웅번회의의 의제는 당연히 여러 번이 무역에 자유롭게 참가하도록 조약을 개정하는 것이다. 조약 개정이 의결될 때 비로소 다이묘는 조약을 승인한다. 그러나 웅번회의와 조약비준 교환 사이에 상당한 기간을 둔다는 것은 대외문제에서 현재의 막부와 번의 관계를 변화시키는 것과 같은 조약 개정에 관해 협의하기 위한 것이다. 이렇게 하여 다이묘 위원과 외국공사의 비준 교환의 준비가 완료되어 모든 것은 완결된다.

다이묘회의의 소집이 외국이 제안해 이루어졌다는 점에서 이 개혁의 외세의존적 성격을 알 수 있다. 또 조약비준권의 이동을 통해 정권을 이동시키는 점에 이 개혁의 '평화혁명'적 성격이 있다. 더욱이 마쓰기 히로야스는 이와 같은 개혁이 이루어지지 않은 채 막령 내의 새로운 항구(효고)가 개항되는 경우, 다이묘들의 무력투쟁으로 내란이 일어날 것이라 하며 효고 개항 이전에 이 개혁을 단행할 것을 희망했다.

마쓰기 제안의 계열

마쓰기가 외상 클래런던에게 제안한 이 개혁 노선은 시모노세키 원정 후 1864년 8월 22일 올콕이 대일정책에 대한 각서에서 제시한 개혁노선까지 소급해갈 수 있다. 그것은 조약 개정을 협의하기 위한 다이묘회의를 통한 정권의 이동이라고 하는 점에서는 동일하며, 비준교환이 오사카에서 이루어지도록 되어 있는 점도 올콕이 다이묘회의는 오사카에서 개최되어야 한다고 하는 것과 관계가 없다고는 할 수 없다. 이처럼 올콕이 제시한 안은 가쓰가 사이고에게 가르친 외국선박이 효고 해상에 내습해 올 경우 시국수습책으로서의 '현명한 다이묘회의'와 같은 구상이고, '현명한 다이묘회의'는 곧 4국 대표들이 효고 해상으로 진출할 경우 교토에 있는 사쓰마번사가 책모한 웅번회의 소집과 연결된다. 마쓰기가 처음으로 클래런던과 회견한 것은 1866년 3월 20일경으로 추측되므로 그는 고향에서 앞서 말한 사쓰마번사의 책모를 통지받은 뒤 그 자신의 외교적 지식으로 체계화해 클래런던에게 제안했을 것이다.

『영국책론』에서의 정세 인식

여기서 이야기를 바꿔, 사토우의 『영국책론英國策論』을 보면 매우 흥미롭다. 『영국책론』이란 당시 영국 요코하마 영사관 소속 통역관이었던 사토우가 요코하마에서 발행되고 있는 영자신문 *The Japan Times*에 발표한 논설을 일본어로 옮긴 것인데, 훗날 일본의 어떤 출판사가 사토우와는 아무런 상의도 없이 마음대로 이러한 제목을 붙여서 출간했다.

사토우가 『영국책론』에서 조약개정론의 근거로 삼고 있는 두 가지 중요한 사실은 쇼군의 권력 쇠퇴와 다이묘들의 무역 요구이다.

쇼군의 권력의 본질에 대해서는, 다이쿤은 일본의 통일 군주인 것처럼 처음 조약을 체결할 때 말했으나 그는 단지 '번주연합의 수석'으로서 일본의 일부분만 차지하고 있음에도 불구하고 스스로 '다이쿤'이라는 일국의 통치자 칭호를 주창하는 것은 지극히 주제넘은 것이며, 일본에서 '다이쿤'의 호칭을 가질 수 있는 것은 오직 천황뿐이라고 단정하고 있다. 이것은 그가 일본의 정치형태를 번주연합이라고 보고 있었다는 사실을 알려준다.

다음으로 사토우는 여러 번주의 무역 요구에 관해서도 많은 관심을 갖고 있으며 원래 『영국책론』을 쓰게 된 것도 요코하마에 입항한 사쓰마번 선박이 외국인에게 싣고 있던 물건을 팔려고 했을 때 막부 관리가 이를 인가하지 않았기 때문이었다. 다이묘들이 원래 무역을 싫어하는 것이 아니라 막부가 모든 것을 그들과 전혀 상의하지 않은 채 조약을 체결했기 때문에 그들은 조약을 승인하지 않고, 또 쇼군과 외국인들을 적대시하게 되었다고 그는 보고 있다. 그런데 그 후 다이묘는 무기를 사들일 뿐 아니라 무기 대금을 마련하기 위해 영내 산물을 팔아야 하는데, 현행 조약에 따르면 무기는 막부만이 사들일 수 있게 되어 있고, 번주의 무역을 막부가 감시하는 것도 현행 조약상으로는 안 된다고 할 수는 없다. 또 현재 다이묘들은 영내 항구를 개항하고 싶은 의사가 명백해 보이는데, 이에 대응하기 위해서는 다이묘 영내에서 무역에 아주 편리한 한두 개의 장소를 개항하면 좋을 것이라는 의견을 제시했다. 또 사토우는 이와 같은 정세하에서 일본의 모든 다이묘들을 제외한 채 쇼군과 체결한 조약을 다이묘들을 상대로 시행하려고 해도 이는 불가능하며, 이 점에서도 현행 조약을 개정할 필요가 있다고 주장했다.

조약 개정 제안

사토우는 이와 같은 사실을 토대로 하여 조약 개정에 관한 중대한 제안을 했다.

> 우리는 단지 한 다이묘(쇼군)와 조약을 체결하려는 것이 아니라 일본의 모든 사람에게 구속력을 갖고 더욱이 모든 사람에게 이익이 되는 조약을 맺기를 바란다. 우리는 지금 다이쿤을 일본의 유일한 통치자로 인정하는 낡은 설을 모두 버리고 그와 동등한 권력을 갖는 다른 여러 다이묘의 존재를 고려해야만 한다. 곧 일본 번주연합과의 조약을 통해 현재의 조약을 보완하거나 그 조약으로 현재의 조약을 대신하든지 해야 하는 것이다. 최근의 사태를 보고 있으면 천황의 재가 없이 다이묘가 조약을 승인하지 않는 것은 명확해졌다. 여러 다이묘와의 사이에 체결된 조약에 천황의 재가가 필요하다는 것은 말할 것도 없으나 명목뿐인 황제에 지나지 않는 천황은 조약을 실시할 힘이 없으므로 천황과 단독으로 조약을 체결할 수는 없다. 이제부터 효고 개항 기일인 1868년 1월 1일까지 현재의 조약 중에서 문제가 되는 점들에 대해 논의한다든가, 새로운 항구를 어느 다이묘의 영지에서 열 것인지, 기타 일반적으로 대일관계를 영구히 안정시키기 위해서는 어떻게 하면 좋은지에 관하여 여러 다이묘와 교섭하는 데 아직 충분한 시간이 있다. 그러나 만약 이 기일 이전에 어떤 종류의 결정이 이루어지지 않으면 강압과 유혈에 호소하지 않고 효고에 거주할 수 있을지 불안하다.

> 이러한 불행을 회피하려면 우리는 다이쿤과 동등하게 책임 있는 일본의 통치자인 여러 다이묘와 협의해야만 한다. …… 이상과 같은 개혁은 일본국에 커다란 이익을 가져다줄 뿐 아니라 대일무역의 발전을 크게 자극할 것으로 믿으므로 이에 대해 일본과 조약을 체결한 여러 나라 공사의 숙고를 당부하는 바이다.

여기서 사토우는 중심적 논점을 주로 조약의 개정에 집중하고 있다. 그 전제는 쇼군은 일본의 통일군주가 아니고 한 사람의 다이묘에 불과하다는 것이다. 따라서 조약 개정론은 필연적으로 쇼군이 하나의 대大봉건영주 본래의 지위로 물러나고, 천황의 주권하에 다이묘들의 합의체를 만들어 지금까지의 쇼군의 지위에 대신해야 한다는 것이다. 이러한 논리는 일본의 정치형태 변혁에 대한 주장마저 하게 되는 것이었다. 조약 개정은 이와 같은 정치형태 변혁을 위한 하나의 수단으로 생각할 수 있는 것이다.

「영국책론」과 마쓰기 제안의 유사성

여기에 이르면 『영국책론』에서 사토우가 제안한 내용과 앞서 언급한 마쓰기가 클래런던 외상에게 한 제안은 이상할 정도로 유사하다는 점을 알 수 있을 것이다. 마쓰기는 조약이 개정되지 않은 채 효고가 개항될 경우 일본은 내란의 위기에 휩싸일 것이라고 말했는데, 사토우 역시 효고 개항의 기일까지 조약 개정을 위한 적당한 조치를 취하지 않으면 유혈 없는 외국인의 효고 거주는 불가능해질 것이라고 말하고 있다. 두 사람 모두 조약 개정의 기한 혹은 심지어 개정의 기회를 효고 개항에 두고 있다는 점에서 일치한다. 또 마쓰기의 경우 다이묘회의에 참가하는 사람은 고산케御三家와 구니모치다이묘 등 큰 번의 다이묘들인데, 사토우의 경우에도 조약 개정에 대해서 협의의 대상으로 삼고 있는 것은 "다이쿤과 동일하게 일본의 책임 있는 통치자인 다이묘들", 즉 구니모치다이묘들이다. 그러므로 마쓰기가 조약 체결 국가들이 천황에게 다이묘회의의 소집을 요구하는 것을 희망한 데 비해 사토우는 조약 개정을 위해서 유력한 다이묘와 협의할 것을 조약 체결국의 공사들에게 제안하고 있다.

사토우의 논설(『영국책론』) 중에서 최초의 부분이 *The Japan Times*에 게재된 것이 1866년 3월 16일이었다. 한편 마쓰기가 클래런던 외상과 처음으로 회견한 것은 3월 20일경으로 추정된다. 즉 사토우 논설의 발표는 마쓰기의 제안보다 겨우 며칠 빨랐던 것이 되는데 당시의 통신상황으로 보면 양자가 직접적 관계를 가지고 있었다는 가정은 성립될 여지가 없다. 그런데도 두 제안의 내용이 너무도 흡사해서 어떤 공통의 원천으로부터 나온 것이라고 추정해야 한다.

그렇다면 공통의 원천은 앞서 말한 1864년 8월에 발표된 올콕의 각서 이외에는 생각할 수가 없다. 이 각서에서는 조약의 근본적인 개정을 목적으로 한 번주회의와 동시에 외국대표와 로주나 지도적 번주와의 자유토의가 제안되어 있는데, 그러한 외교문제를 통한 국내개혁 방식이 『영국책론』의 내용과 마쓰기 제안의 공통점이다. 그러나 올콕 각서가 곧바로 『영국책론』 또는 마쓰기의 제안이 된 것은 아니었으며 매개 과정이 있었다.

그 매개 과정은 바로 1865년 9월에서 10월 사이에 효고에서 사쓰마번사들이 전개한 책모이다. 당시 사쓰마번사들은 조약 칙허 · 효고 개항과 같은 외교문제를 웅번회의에서 결정하려고 했다. 즉 외교문제의 처리방식을 바꿈으로써 정권을 막부에서 웅번연합으로 옮기려고 꾀했던 것이다. 이 책모는 가쓰 가이슈가 사이고 다카모리에게 제시한 '현명한 다이묘회의' 론의 흐름을 이어받는 것으로 추측된다.

당시 사토우를 비롯한 영국 공사관원과 사쓰마번사의 접촉은 빈번히 이루어졌던 것으로 보이므로, 이런 번사들의 책모는 곧바로 영국 측에 알려졌을 것이다. 효고 개항은 결국 칙허를 얻지 못했으므로 사쓰마번에는 여전히 효고 개항 문제에 이 책모를 활용할 여지가 남아 있었다. 이렇게 올콕의 각서를 원천으로 하면서 사쓰마번사의 책모를 경과한 공통의 기반 위에서 『영국책론』과 마쓰기 제안이 탄생된 것으로 추측된다.

영국의 대일정책

사토우의 논설이 『영국책론』이라는 제목으로 번역, 간행되자 영국의 대일정책을 나타내주는 것으로 여겨져 전국에 유포되었다. 하지만 확실히 『영국책론』은 올콕 각서의 흐름을 이어받고 있다는 점에서 영국의 대일정책을 반영하고는 있으나 어디까지나 사토우 개인의 의견이기 때문에 그대로 파크스의 대일정책을 대변한다고 보는 것은 잘못이다.

1866년 4월, 파크스는 마쓰기 제안에 대해 외국대표가 천황에게 다이묘회의를 소집하도록 요청하는 것을 막부가 좋아하지 않으리라고 예상하고 천황, 쇼군과 다이묘는 외국의 간섭을 받지 않고 자주적으로 그 세력관계를 조정하는 것이 바람직하다고 했다. 마쓰기의 제안이 『영국책론』과 본질적으로 같은 것이라는 점에서 보면, 그는 『영국책론』에 표현되어 있는 사토우의 의견에는 오히려 비판적이었다.

사토우의 의견은 올콕 각서에서 나온 것으로, 파크스의 대일정책에 관한 견해는 올콕의 견해에 비해 신중했던 것이다.

이어서 5월 초부터 중순에 걸쳐 파크스는 영국의 대일정책을 나타내는 중요한 훈령을 받았다. 최초의 것은 1866년 4월 9일부의 클래런던 외상의 훈령으로, 사쓰마와 조슈가 연합해 반막부적 행동을 취하고 있다는 파크스의 보고에 대해 보낸 것이다. 훈령은 첫째 내전에 대한 엄정중립을 준수할 것, 둘째 일본에서 정치적 세력을 추구하지 말고 무역의 발전만을 추구할 것, 셋째 막부의 무역독점 폐지를 축으로 하는 국내 여러 세력 간의 관계를 조정할 것 등의 항목으로 구성되어 있다. 그러나 국내 여러 세력 간의 관계조정은 첫 번째 엄정중립의 준수라는 원칙과 미묘하게 어긋난다.

그래서 4월 26일부로 외무차관 해먼드Edmund Hammond[5]가 파크스에게 사신私信의 형태로 보낸 제2의 훈령은 지난번 외상의 훈령을 보완하는 것이라는 의미에서 주목된다. 이 편지에서는 먼저 예의 마쓰기 제안에 관해 언급하면서 일본의 여러 세력 관계를 조정하는 데는 천황·다이쿤·다이묘 삼자에게 모두 이익이 되도록 무역을 최대한 발전시키는 최선의 수단을 확보하기 위해 삼자 간에 모든 문제를 자유롭게 토의하는 것이 좋다고 했다. 그런데 엄정중립을 지킨다는 원칙에서 보면 삼자 간의 토의를 촉진하는 시기에 대해서는 "외국인은 적극적 또는 표면적인 역할을 해서는 안 된다"라고 되어 있다. 그래서 다이묘는 토의를 바라고 있고 막부는 이를 바라지 않고 있으므로 파크스가 막부 각료와의 회담 석상을 이용해 무역의 독점을 포기하는 것이 좋다고 '시사示唆'하는 방법을 제시한 것이다. 그리고 마지

5 영국의 외교관으로 1854년부터 1873년까지 외무성 사무차관을 지냈다.

막으로 해몬드는 "일본의 국내 문제에 대한 지나친 간섭"을 경계하고 "일본에서의 체제 변화는 일본인들에 의해 이루어지는 듯한 모습을 보여야 하며, 어디까지나 일본적 성격을 지니고 있다는 인상을 주어야 한다"라고 결론짓고 있다.

이상 두 가지의 중요한 훈령은 일본 국내의 대립이 점점 격화되어가는 가운데 파크스가 취해야 하는 행동을 규정했다. 엄정중립을 지키는 가운데 국내 여러 세력 간의 문제를 조정을 해나가는 데는 '시사'라는 방법이 사용되었다. 물론 파크스도 이러한 역할을 했지만 파크스의 유능한 보좌관으로서 번 측에 자주 '시사'를 전개한 것은 사토우였다.

2. 파크스의 가고시마 방문

중개자 글로버

파크스가 앞서 말한 중요한 훈령을 접한 전후인 5월 13일, 에도협약(가이제이야쿠쇼改稅約書)이 조인되었다. 파크스를 포함한 4국 대표들의 요구에는 조약 칙허와 효고 개항 외에 수입세율 경감이 들어 있었다. 세율 경감에 관한 문제는 막부가 단독으로 이 일을 맡아 1866년 1월(1865년 음력 11월 하순)부터 에도에서 담판이 시작되었다. 파크스는 막 성립된 요코하마 상업회담소(여기서는 당연히 영국 상인들이 지도권을 장악하고 있었다)의 의견을 들은 후, 스스로 원안을 작성하고 이를 막부에 강요했다. 이 에도협약에 따라 수출입관세는 원칙적으로 당시 평균가격의 5퍼센트를 기준으로 하는 종량세(상품의 수량에 따라서 부과하는 세)가 되어 영국이 오랫동안 기대하고 있었던 중국과 같은 비율의 세율을 쟁취할 수 있었다. 그리고 이 외에 통상조약에서는 그 원칙이 제창되면서도 쉽게 실행되지 않았던 무역의 자유 보장, 무역에 대한 제한 철폐가 구체적으로 규정되고 일본인의 해외 도항도 공인되었다.

에도협약이 조인되는 데는 영국 부르주아계급의 대표자인 파크스의 공이 컸다. 에도협약이 조인된 지 겨우 5일이 지난 5월 18일, 파크스는 요코하마를 출발해 사쓰마 방문 길에 나섰다. 파크스는 이미 제2차 훈령(해먼드 서간)도 접하고 있었으므로 그 훈령의 정신을 실행에 옮길 최초의 기회였다.

파크스의 가고시마 방문에 관한 이야기는 갑자기 이루어진 것은 아니었다. 이미 1865년 12월, 나가사키에서 가로家老 이와시타 사지에몬 등 사쓰마번사가 글로버, 가워와 만났을 때 사쓰마번주와의 회담을 바란다는 파크스의 의향이 사쓰마 측에 전해졌다. 그 후 1866년 2월, 글로버는 가고시마에 가서 번주 시마즈 모치히사島津茂久(시마즈 다다요시島津忠義)와 회견했다. 그때 파크스를 초대하려는 번의 의견이 글로버에게 전해졌다. 그리고 3월이 되자 글로버는 요코하마에 가서 파크스에게 사쓰마번의 의향을 전했다. 이렇게 해서 파크스는 곧 글로버와 함께 에도에 가서 이와시타와 회담하고 여기서 파크스의 사쓰마 방문이 정식으로 결정되었다.

이상과 같은 경위에서도 알 수 있듯이, 파크스가 가고시마를 방문하는 데 중개자로서 가장 중요한 역할을 한 사람은 바로 글로버였다. 그는 사쓰마를 비롯해 서남 번들을 중요한 거래처로 삼고 있었고, 그러한 이해관계 때문에 일찍이 서남 번에 대한 지지를 파크스에게 설득하고 있었다. 파크스의 가고시마 방문 당시 글로버가 중개적 역할을 수행한 것은 글로버의 직접적 이해관계 때문이었다.

파크스, 가고시마에 오다

그런데 요코하마를 출항한 파크스는 도중에 시모노세키에 기항寄港했다. 다카스기 신사쿠와 이토 슌스케가 영국함선에서 파크스와 회담하고 돌아오는 길에 번주와 정식회담을 가질 것을 약속했으며 파크스는 그대로 나가사키로 향했다. 이에 앞서 조슈번에서도 막부와 프랑스의 교제가 날로 두터워져가는 것에 대항해 영국과의 접근에 열을 올렸다. 이에 4월 초에는 다카스기와 이토의 의견에 따라 번주와 파크스의 회담에 관한 번의 의견이 결정되어 있었다.

그 후 파크스는 잠시 나가사키에서 지내면서 정세를 살핀 후 먼저 출발한 킹 제독 지휘하에 있는 함대와 합류한다. 글로버도 일행에 합류한 후 군함 세 척의 호송을 받으면서 6월 16일 가고시마항에 닻을 내렸다. 마침내 육상과 해상에서 일제히 울려 퍼지는 예포禮砲의 소리는 남국의 천지를 진동시켰다. 꼭 3년 전에 거칠게 일렁이는 풍파와 포연탄우砲煙彈雨 속에서 양측이 서로 만났던 것과 비교할 때 얼마나 큰 변화인가?

이날 오후, 파크스 부부와 킹 일행은 가고시마 시내를 구경했다. 다음 날 번주 시마즈 모치히사와 번의 실권자인 그의 아버지 시마즈 히사미쓰 등은 프린세스 로얄호로 파크스와 킹을 방문했다. "번주는 신체가 장대하고 골격이 강장하므로 저절로 군공君公의 위광을 갖추고 있다. 히사미쓰는 번주보다 신체가 단소하고 비대해 그 거동은 번주만큼 위의威儀를 갖추지 못했으나 용무勇武로 군주의 위풍을 갖추고 있다"라는 것이 영국인이 본 번주 부자의 모습이었다.

그리고 파크스와 킹 일행은 상륙한 뒤 시마즈번주의 해변가 저택을 방문했다. 번주 부자는 파크스, 킹, 통역 시볼트만을 상좌上座에 앉히고 "과거 일은 물로 씻어 흘려보내고 장래에는 서로 사이좋게 사귀고 싶다"라고 인사했다. 마침내 서양식 연회장에서 다섯 시간에 걸친 성대한 연회가 열렸다.

사이고·파크스 회담

그 후 18일부터 21일까지 꽉 짜인 계획에 따라 사쓰마와 영국 간의 즐거운 교제가 계속되었다. 그러나 이 성대한 교제의 막후에 영국함선 프린세스 로얄호 선상에서 18일에 행해진 파크스와 회담은 매우 주목할 만한 것이다. 이 회담에는 중대한 사명을 수행하고 막 귀국한

마쓰기 히로야스도 참석했다.

먼저 사이고 다카모리는 "효고의 개항은 위로는 천자天子에서부터 아래로는 만백성을 기만하고 외국과 협정했으므로 세계에 널리 통용되는 조약이라고 말할 수 없다"라고 막부를 책망했으나, 이에 대해 파크스는 "일본 국내의 분쟁은 결코 외국인이 간섭할 일이 아니며 물론 칙허도 바라고 있지 않다"라고 주장했다. 사이고의 눈에는 파크스에게서 '막부 냄새가 몹시 난다'고 보여 교섭이 결렬될 형세가 되었다고 한다. 이는 마쓰기 제안에서도 보이는 것처럼 사쓰마번의 파크스에 대한 과도한 기대와 파크스의 '중립' 정책의 차이를 단적으로 나타내주는 것이었다. 그리하여 사이고가 한발 물러서 일본의 정세를 자세히 설명하고 막부의 실패에 대해서도 자세히 설명한 후에야 회담은 궤도에 들어섰다.

그 후 화제는 파크스 등 4국 대표가 효고 해상에 있을 때 벌어진 일로 옮겨갔다. 파크스는 그때 사쓰마번이 칙사를 외국대표에게 파견하려던 목적을 물었다. 사이고는, 사쓰마번사가 칙사직을 수행하여 외국선박에 올라 외국 측으로부터 회답 기일을 연기시켜 놓고 그 사이에 다이묘를 교토에 집합시켜 조약 칙허나 효고 개항 등의 외교문제를 막부 손에서 떼어 조정에서 처리하도록 한 것이었다고 대답했다. 계속해서 파크스는 사쓰마의 계획이 실패한 이유를 물었다. 사이고는 "막부의 맹렬한 반대로 드디어 칙사 파견도 중지되고 예상이 완전히 빗나가버려 매우 유감스러운 일이었다"라고 말했다. 파크스는 "그것은 매우 유감스러운 일입니다"라고 응답하면서도 일찍이 구게公家가 국제정세에 어둡다는 것을 잘 알고 있었으므로 외교문제를 조정이 처리하게 되면 막부관리 대신에 조정朝廷 구게와 담판해서는 안 되겠다고 생각했으며 실제로 어떻게 처리하면 좋겠는지 사이고에게 따져물었다.

사이고 : 그때는 조정에서 대여섯 번의 다이묘들에게 위임하여 책임을 지고 수행하게 하고, 효고항의 관세를 조정에 납부토록 하며 공정한 조약을 다시 한 번 맺도록 하면 됩니다. 그렇게 되면 지금과 같은 부패한 막부관리들이 부정하게 처리하는 것과는 커다란 차이가 생겨 외국도 편리해질 것이고 일본도 점점 더 열리게 될 것입니다.
파크스 : 참으로 타당한 논의입니다. 그러나 그와 같은 이야기를 외국인 쪽에서 끄집어내면, 일본인도 불만을 갖게 되어 크게 불편해질 것입니다. 그러므로 어쨌든 그 문제에 관해서는 급하게 손을 대면 좋지 않으므로 기회를 보아 힘써 주셨으면 합니다. 그리고 관세 삼분의 일만은 꼭 천황에게 바치도록 이쪽에서 막부에 여러 번 말해두었습니다. 그렇지 않으면 천황을 일본의 군주라고 할 수 없게 될 것입니다. 현재 일본에는 미카도帝와 다이쿤 두 사람의 군주가 있는 것 같은데, 외국에서는 결코 없는 일입니다. 언젠가는 일본도 국왕이 한 사람이 되어야 할 것으로 생각하고 있습니다.

사이고 다카모리의 의견은 가쓰 가이슈와의 첫 대면 때 가쓰 가이슈가 제시했던 '현명한 다이묘' 네다섯 명 회합의 연장선에 있었다. 이에 대해 파크스는 내정 간섭이라는 비난을 받을 것을 신중하게 피하면서 왕정복고에 대한 필요성을 시사했다. 그러자 오히려 사이고가 수세에 몰렸다.

참으로 외국인에게는 면목이 없는 일입니다. 일본과 조약을 맺고 있는 여러 나라는 여러 번과 마음대로 교제할 수 있도록 막부에 요구해주셨으면 합니다. 그렇게 되면 막부도 크게 난처해질 것이고, 또 막부가 속임수도 못 쓰게 되어 자연히 막부의 부조리가 외국인에게 알려지게 될 것입니다.

사이고와의 회담에서 파크스의 언동은, 그가 출발 직전에 받은 훈령(해먼드 서간)의 노선을 충실히 실천한 것이었다. 곧 일본 국내 문제에 대한 발언은 '시사'에 그치고 일본의 개혁안은 일본인에게서 나온 것처럼 보이도록 애써 유의한 것이다.

파크스 일행은 체재 일주일 만에 다시 나가사키로 향해 출발했다. 파크스가 작별을 고하자 시마즈 히사미쓰는 파크스의 손을 단단히 잡고 이별을 아쉬워하며 항로의 안전을 빌고 재회를 기약했다. 사쓰마번은 접대비에 2만 냥 또는 3만 냥을 썼다고 전해질 정도로 성대하게 파크스 일행을 환대했다고 한다.

3. 프랑스의 막부 원조 지속

일 · 프조합상법 결성에 대한 계획

파크스가 실제로 막부와 전쟁을 시작한 조슈번과 동맹관계에 있는 사쓰마번의 환대를 받고 있을 때, 그의 라이벌 로슈는 어떻게 움직이고 있었을까?

막부가 로슈의 원조로 조슈 재정벌을 강행했다는 것은 이미 언급했다. 그 후 그의 노력으로 막부와 프랑스의 관계는 더욱 가까워졌다. 막부와 프랑스의 경제관계를 긴밀하게 체계화하고자 하는 계획도 진척되었다. 1865년 8월, 오구리 다다마사 등 간조부교는 일찍이 로슈가 오구리에게 제안한 것에 기초해 두 나라 상인의 '조합상법組合商法' 제정 계획을 막부에 건의했다. 개항장에서 벌어지는 밀무역의 폐해를 제거하고 수출입 무역에 대한 규제를 강화하기 위해서 조합상법을 만들자는 것이 목적이었다. 예를 들어 일본 거상 몇 사람과 프랑스 거상 몇 사람으로 '교역조합'을 설립하고, 그 대리인으로 일본인 한 사람을 파리에, 프랑스인 한 사람을 요코하마에 각각 머물게 해 때때로 시세를 서로 통보하고, 이익이 되는 상품을 양쪽의 교역조합에서 출자해 수출입하고 손익도 평등하게 나누어 갖는다는 것이었다.

막부는 마침내 오구리 다다마사 등의 건의를 승인했고, 오구리와 외국부교 호시노 치유키星野千之(빗추국의 장관備中守)를 통해 파리의 플뢰리-에라르Paul Fleury-Herard에게 서간을 보냈다. 그리고 일 · 프 양국 간의 무역을 왕성하게 하기 위해 두 나라 상인들 사이에 컴퍼니(조합상법)를 결성하기로 하고 그 방법을 잘 알고 있는 인물의 파견을 요청했다. 또 이 서간에 따르면, 프랑스에서 제철소 건설용 자재를 구입하고 이에 대해 일본에서는 생사 수출이 고려되고 있어 1864년 12월 로슈가 로주에게 보인 구상과 맥을 같이 하고 있다. 1865년 2월 윈체스터 등이 항의했던 막부의 계획은 드디어 그 실현의 첫걸음을 내딛게 되었다.

여기에 나오는 플뢰리-에라르는 파리의 은행가로서 일찍이 프랑스 정부로부터 막부에 대한 물자 공급을 중개하고 있었다. 뒤에 로슈의 진언을 통해서 다음 해 1866년 1월, 막부는 그를 막부에 무기 · 군수품 지급을 중개하는 프랑스 자본가의 자격으로 일본 명예 총영사에 임명했다. 따라서 플뢰리-에라르가 조합상법 제정 계획에 관해 막부 측에게 의뢰를 받은 것은 당연한 일이었다.

경제사절 쿠레의 도래

이 조합상법 제정 계획은 로슈가 외상 드루잉 드뤼스Édouard Drouyn de Lhuys(1805~1881)[6]에게 보고했다. 물론 외상은 곧 승인하고 농상상農商相 베익Armand Béhic도 이 계획을 지지하겠다고 약속했다. 그 결과 프랑스의 자본가연합은 두 장관의 보호하에 프랑스제국 우편선郵便船 회사의 중역 쿠레M. Coullet를 일본에 파견했다. 쿠레가 일본에 도착한 것은 아마도 1866년 5월 말이거나 6월 초가 될 것으로 추측된다.

그런데 당시 프랑스에서는 소시에테 제네랄Banque Société Générale이라는 대은행의 출자로 극동무역 진출을 목적으로 하는 '프랑스 수출입회사' 설립이 계획되고 있었다. 쿠레는 정부 후원하에 프랑스 수출입회사의 창립준비위원회의 대표로, 즉 "일본 상인과의 협정의

6 1862년 10월 1일부터 1866년 9월 1일까지 프랑스 외상을 지냈다.

기초를 정하고, 일본정부와 특수한 모종의 사항을 상담하기 위한" 전권이 부여된 경제사절로 일본에 파견된 것이다.

쿠레의 방문을 통해 막부와 프랑스의 결합관계는 새로운 단계에 접어들었다. 아마도 쿠레가 방문하기 직전인 5월 28일, 가쓰 가이슈가 로주의 명에 따라 오랜만에 성에 출근하자 오구리 다다마사 등은 "정부는 프랑스에 부탁하여 금화金貨 약간과 군함 몇척을 수중에 넣도록 한다. 군함 도착 즉시 가장 먼저 조슈를 토벌하고, 또 사쓰마도 적절한 시기에 토벌하고자 한다. 그러면 나라 안에도 이렇다 하게 시비를 일삼을 큰 번주들은 없을 것이다. 이러한 기세를 타고 모든 번주를 삭감 또는 축소해 군현제도郡縣制度로 개혁하고자 한다"는 등 "가장 중대한 비밀의결"을 털어놓았다고 한다. 먼저 조슈를 정벌한 뒤 사쓰마를 정벌하고 궁극적으로는 도쿠가와를 중심으로 한 '폐번치현廢藩置縣'을 실행한다는 '도쿠가와 절대주의' 계획이다. 더욱이 이와 같은 장대한 계획은 프랑스에서 재정적 · 군사적 원조를 얻어낼 수 있다는 기대감이 바탕에 있었기 때문에 가능했다.

이에 대해서 당시 막부 내에서 가쓰 가이슈의 동지였던 오쿠보 다다히로大久保忠寬(또는 오쿠보 이치오大保一翁)는 "가장 지식이 뛰어나다고 일컬어지던 오구리 다다마사 등이 조슈 정벌이 완수될 때까지 드는 비용은 얼마든지 변통할 수 있다고 했으니 실로 무시무시한 일이다"라고 비평했다. 프랑스의 원조로 '도쿠가와 절대주의'의 건설이라는 엄청난 계획의 첫걸음이 조슈 재정벌의 결행이었다.

로슈, 파크스를 비난하다

파크스가 서쪽으로 배를 타고 떠나자 그가 반막부적인 서남의 번주들과 교섭을 시작하고 있다는 것을 알아낸 로주는, 이 번주들의 악의에 찬 언동이 파크스의 마음에 나쁜 영향을 끼치게 될까 두렵다고 하면서 로슈에게 파크스를 뒤쫓아 갈 것을 요청했다. 로주는 로슈가 이 서남의 번주들에게 보여줄 언동을 통해 번주들에게 위압을 가해줄 것을 원하고 있었다.

당시 로슈는 파크스와 서로 전혀 용납될 수 없는 대일인식을 가지고 있었다. 그는 쇼군을 "조약에 조인하고 이를 실시할 의사가 있다고 인정되는 군주"로 간주하는 한편, 다이묘들을 여전히 조약의 파괴자로 보는 태도를 고집했다. 따라서 조약은 쇼군의 권력하에서만 보호되는 것이며 그 권력의 붕괴는 외국인을 또다시 조약을 부인하는 세력과 맞서게 만드는 것으로 생각했다. 또 로슈는 여러 번이 막부의 무역 독점을 공격하는 것을 막부에서 독립하기 위한 책모로 여기고 그 성의를 부인할 뿐 아니라 이와 같은 번들의 이반離反 경향은 일본을 다시 전국시대戰國時代로 되돌리려 하는 반동적인 것으로 보았다. 따라서 그는 "다이쿤에게 가장 위험한 적"인 사쓰마-조슈와 직접적인 관계를 갖는 것에 대해 "다이쿤을 곤란하게 만들고 신하들의 반란을 부추기는" 행위로 여겨 날카롭게 공격했다. 그는 "다이묘령과의 직접무역으로 이익을 얻을 것이라는 상인들의 설득에 여러 다이묘에게 호의를 나타내는 동료들이 있어 매일같이 싸우고 있다"면서 파크스와의 대결에 투지를 불태웠다.

이와 같이 대일정책에서 상반되는 두 사람의 대결은 막부와 조슈 간의 결전이 개시되려고 하는 바로 그때, 서일본에서 전개되려 하고 있었다.

4. 시모노세키해협의 로슈와 파크스

로슈와 파크스, 시모노세키해협에 나타나다

로슈가 나가사키에 도착한 것은 파크스가 가고시마에 도착한 것보다 하루 늦은 6월 17일이었다. 마침내 파크스가 나가사키에 나타나자 기다리고 있던 로슈는 조속히 파크스와 만났다. 로슈는 현재와 같은 상황에서 영국 대표가 쇼군에게 가장 강한 적으로 간주되는 다이묘를 방문하는 일은 그 참뜻을 이해하기 어렵다면서 파크스의 행동을 비난했다. 그러나 이러한 일에 두 사람의 견해가 일치할 수는 없었다. 이에 두 사람은 조슈 문제가 외국무역에 손해를 끼치고 있는 사태에 대해 협의한 결과, 서로 협력해 막부-조슈 분쟁의 평화적 해결을 도모하기 위해서 시모노세키를 방문하게 되었다. 그러나 두 사람의 당면 목적은 같아도 궁극적인 의도는 전혀 달랐다. 파크스는 조슈번과 막부를 대등한 조건으로 강화시킨 후 웅번연합 정권 수립의 방향으로 몰고 가려고 했지만, 막부에게 아직도 조슈를 압도할 만한 힘이 없는 것으로 보고 있던 로슈는 먼저 관대한 조건으로 조슈를 항복시키고 그사이에 막부에게 실력을 쌓게 하려고 했다.

이렇게 해서 두 사람은 24일, 전운이 감도는 시모노세키해협에 나타나 개별적으로 조슈 측과 접촉하면서 평화문제를 타진했다. 그러나 조슈 측은 쇼군과 대등한 조건으로 교섭에 임하려 했고, 더군다나 조슈 정벌에 대해 막부에 변명(사죄)을 요구할 권리가 있다고 하면서 매우 강경한 태도를 취하고 있었다. 이 때문에 로슈는, 조슈가 막부와 화해하도록 설득하는 것을 단념해야 했다.

이로써 로슈가 시모노세키를 방문한 목적도 사라졌다. 그 후 두 사람은 고쿠라小倉에서 규슈 방면의 막부군 지휘관인 로주 오가사와라 나가미치小笠原長行와 회담을 가졌다. 오가사와라는 1863년 쿠데타의 수령으로서 당시에 가장 유능한 로주였다. 로슈는 파크스의 가고시마 방문으로 막부가 받은 악영향을 얼마간 완화하기 위해 파크스로 하여금 이 오가사와라를 방문하게 했던 것이다. 이 두 사람이 오가사와라와 회담하는 장면은 매우 대조적이었다.

로슈 · 오가사와라 회담

다음 날인 25일, 로슈는 오가사와라에게 말하기를 조슈번주에게 항복하라고 설득하기 위해서 파크스와 같이 왔으며, 파크스 혼자 오면 어떤 이야기를 할지 걱정이 되어 함께 왔다고 했다. 그러나 조슈가 항복하지 않을 것은 명백했으므로 화제는 공격 방법이었다. 로슈는 후지不二와 쇼카쿠翔鶴 두 함정을 시모노세키해협에 회항시켜 후지함으로 동쪽을 포격하고 쇼카쿠함으로 히키시마引島를 공격, 점령하게 한 다음 병사 1만 명이 이곳을 수비하도록 했다. 더 나아가서 외국 선박의 무기 밀매를 방지하고 요소에 포대를 건설할 것을 지시하며 오시마가 아닌 고쿠라에서 시모노세키로 진공할 것을 권고했다. 또 "먼저 시모노세키 부근을 신속하게 점령해야 한다. 그렇지 않으면 선박이 제멋대로 해협을 통과하게 된다. 그러면 〔외국이〕 조슈를 돕고 있다는 등의 소문도 생겨날 것이다"라고 했다. 시모노세키해협은 조슈번에 대한 무기 수송 경로로 조슈번의 항전능력 배양에 큰 역할을 하고 있었다. 로슈는 앞서 이곳의 밀무역 금지를 위한 국제적 협정을 성립시키는 데 힘써온 일도 있었으므로 조슈를 공격할 때 먼저 이 급소를 장악해야 한다는 지시는 전적으로 당연한 것이었다.

그러나 막부 측이 조슈 정벌을 완수하기 위해서는 더 많은 군함과 무기가 필요했다. 오가사와라는 군함이나 대포를 사들이는 일을 플뢰리-에라르가 주선해주도록 로슈에게 의뢰했다. 그렇다 하더라도 오가사와라에게는 그 때문에 막대한 경비를 일시에 지불해야 한다는 것이 걱정이었다. 로슈는 극비에 부치고 있었으나 일본과 서양이 서로 조합융통의 규약을 체결할 것이며 그 방법도 곧 정해질 것으로 생각되므로 요코하마에서 얼마든지 경비를 빌릴 수 있다고 말했다. 여기서 '조합융통의 규약'이라고 한 것은 당시 경제사절 쿠레와 오구리 다다마사 사이에서 교섭이 진척되고 있는 차관 문제를 가리킨다.

회담 내용은 또다시 조슈 처리 문제로 전환되었다. 로슈는 조슈가 항복했을 경우, 막부가 취할 조치에 대해 물었다. 오가사와라는 제1차 조슈 정벌 때의 판결로 10만 석 감봉 · 인쿄隱居[7] · 칫쿄蟄居[8] 등의 벌로 다스리고자 했으나 조슈가 앞에서 재결裁決한 것을 배반해 재정벌하게 되었기 때문에 앞의 재결한 내용으로 끝낼 수는 없다고 했다. 로슈는 연해의 영지를 모두 몰수하고, 번주 모리 다카치카毛利敬親의 손자를 번주로 앉히며 모리 다카치카를 추방하는 방법을 제시했다. 이어 오가사와라가 모리 다카치카보다 완강한 그의 후계인 모리 히로아쓰廣封(모리 모토노리毛利元德)의 처리 방법에 대해 묻자 로슈는 히로아쓰가 죄를 순순히 인정하려 하지 않는다면 죽음에 이를 수밖에 없다고 답변했다.

---

7 에도시대에 구게나 무사에게 가하는 형벌의 하나로, 지위에서 물러나고 가록家祿을 그 자손에게 물려주도록 하는 것이다.

8 에도시대에 구게나 무사에게 가하는 형벌의 하나로, 출사出仕와 외출을 금지하고 방에서 근신하도록 하는 것이다.

일 년 전쯤 로슈는 막부 측 자문에 응해 칼에 피를 묻히지 않고 조슈를 굴복시키는 방법을 가르쳐준 적이 있었다. 그런데 드디어 개전이 다가오자 전후 처리 방법까지 로슈에게 문의하고 있어 로슈는 이제 막부의 최고 고문이 되어버렸다.

파크스·오가사와라 회담

그런데 다음 날 파크스와의 회담이 시작되자 상황이 전혀 다르게 전개되었다. 가장 큰 문제는 전에 나가사키부교가 통고한, 전쟁 중 외국 함선의 시모노세키해협 통행정지에 관한 문제였다. 파크스는 개전이 되어도 항상 전쟁을 하는 것이 아니기 때문에 대기하고 있다가 포격이 없는 동안 통항通航하면 지장이 없을 것이라고 못을 박고 막부 측의 조슈 정벌에 대한 결의를 물었다. 오가사와라는 조슈가 조정과 막부의 명령을 위반한 죄가 있기 때문에 반드시 토벌하겠다는 강경한 결의를 표명했다.

다음으로 파크스는 조슈에 어떻게 들어갈지 물었다. 진입 방면에 따라서는 해협 통항에 큰 영향이 있기 때문이다. 이에 대해 오가사와라가 어느 방면에서 공격을 시작하는 것이 좋은지 묻자 파크스가 오히려 전쟁을 해서는 안 될 장소를 지적하겠다고 하면서 다음과 같은 대화가 이루어졌다.

> 파크스 : 제 생각으로는 시모노세키에서 전쟁이 일어나지 않도록 하는 것이 좋겠습니다. 시모노세키에서만 전쟁이 없으면 외국선박의 통항에는 지장이 없습니다. 통항에 지장이 생기면 토지가 황폐화되기 때문에 시모노세키로 쳐들어가는 일은 보류해두고 다른 장소에서 쳐들어갈 수는 없겠습

니까?

오가사와라 : 그건 걱정할 필요 없습니다. 되도록 방화 같은 것은 하지 않도록 할 생각입니다. 설사 시모노세키에서 공격해 들어가더라도 후일 토지가 황폐해지는 일은 없을 것입니다.

파크스 : 거듭 말씀드리지만 전쟁 중에 시모노세키의 통항에는 지장이 없겠습니까?

오가사와라 : 지장 없습니다. 다만 포격 중에는 통항할 수 없습니다.

파크스 : 고쿠라 방면에서 다노우라田ノ浦해로를 거쳐 쳐들어가지 않도록 부탁합니다.

오가사와라 : 그렇게는 안 될 것입니다. 경우에 따라서는 그 방면으로부터 진격할지도 모릅니다.

파크스 : 조슈가 앞서 언급한 장소에서 전쟁하지 않는다고만 한다면, 그 방면으로부터의 진격은 당분간 유보해두어도 괜찮다고 봅니다. 조슈는 대국大國이니까 굳이 시모노세키 부근에서 진격하지 않아도 지장이 없다고 생각합니다. 그 외에도 공격 장소는 얼마든지 많이 있을 것입니다.

오가사와라 : 어느 경우든 사정에 따른 것이니까 미리 공격 방면을 정해둘 수는 없습니다.

파크스 : 몇 번이나 말씀드리지만 외국선박의 시모노세키 통항이 전쟁 중에도 지장이 없다는 것을 보증할 수 있습니까?

오가사와라 : 그것은 에도에 있는 외국 담당 가쿠로閣老[9]의 책임 아래 결정해야 하므로 저 혼자서 받아들일 수는 없습니다. 포격이 없을 때는 통항에 지장 없습니다.

파크스 : 잘 알겠습니다. 포격 중에 외국선이 통항할 때 발견하신다면 알려주시리라 믿습니다. 그래도 개의치 않고 통항하려고 한다면 어떻게 조치하시겠습니까?

9 에도시대 로주의 별칭.

오가사와라 : 일단 금지시켜도 굳이 통항하겠다고 한다면 어쩔 수 없습니다. 만일 포탄 때문에 손상을 입어도 그건 통항한 배의 과실이니까 어쩔 수 없습니다. 그래도 그런 일이 일어나지 않게 하기 위해 전쟁 중에는 통항하지 않도록 미리 나가사키 부교가 주의를 해둔 것입니다. 이쪽의 정지 요구도 받아들이지 않고, 만일 실수가 있어서 약간의 일로 친교를 해치게 되는 일이 있어서는 안 되므로 미리 말해둔 것입니다.

파크스 : 알겠습니다. 그 경우는 배의 과실입니다. 양국 간에 분쟁이 시작되는 것은 제게도 유감입니다. 그러므로 신속하게 전쟁이 끝나기를 바랍니다.

두 사람이 주고받은 격한 대화의 험악한 분위기가 눈에 보이는 듯하다. 그 전날 로슈가 먼저 시모노세키를 제압하라고 말했듯이, 시모노세키는 조슈번의 전투력 배양에서 인후咽喉의 역할을 하고 있다. 그런데 파크스는 외국선박 통항의 자유를 명목으로 조슈와 전쟁을 할 경우에도 꼭 이 급소만은 피해가라고 했으므로 이는 순전히 막부의 군사행동을 방해하는 요구라고 할 수밖에 없었다.

이에 앞서 이토 슌스케는 전쟁이 시작되었을 때 시모노세키 경비는 영국선박에게 맡기는 방법도 있다고 말했는데, 파크스의 행동은 이러한 조슈 측의 기대에 부응하는 것이었다.

그 후의 파크스와 로슈

파크스와 오가사와라가 회견한 26일, 조슈번의 사자使者는 파크스와 로슈에게 야마구치山口[10]로 가서 번주를 방문할 것을 권유했다. 단 여기에는 번주와의 회견 때 쇼군에게 항복하도록 설득하지 않는다는

10 조슈번의 조카마치城下町를 말한다.

중요한 조건이 붙어 있었다. 그래서 로슈는 물론 이를 거부했다. 파크스는 이전부터 다카스기 신사쿠, 이토 슌스케 등과 연고가 있는 통역관인 라우다를 통해 조슈 측과 접촉하게 했다. 라우다는 파크스가 온 목적이 막부와 조슈 간의 평화공작을 꾀하는 것만이 아니라 우호를 두텁게 하기 위해서 조슈번주와 회견하는 것이라고 말했다. 라우다를 통해 이러한 파크스의 태도를 알게 된 조슈번 당국은 안심했다. 라우다의 반응을 보고 기도 간지 등은 "막부와의 화의和議가 불가능하다 해도 외국이 막부를 원조할 것이라는 걱정을 할 필요는 없다. 부디 모든 방면에서 진격 준비를 진행해주었으면 한다"라고 야마구치번(조슈번) 당국에 보고했다. 그러나 파크스와 조슈번주와의 정식회견이 실현되지 않았다는 것은, 후에 이노우에의 말에 의하면, 로슈가 오해하는 것을 막기 위한 것이었다고 한다. 여기에서 파크스와 로슈는 앞으로 취할 행동을 서로 알리지 않은 채 의혹 속에서 절교한다.

파크스는 27일, 우와지마 해상에 나타났다. 우와지마번은 생산량이 10만 석으로, 사쓰마와 조슈에 비교하면 작은 번이다. 그러나 이 번은 그 산물을 사쓰마번의 대리인을 통해 나가사키에서 수출하고 있었기 때문에 사쓰마번과 가깝고, 또 우와지마번의 실권자인 전前 번주 다테 무네나리는 '현명한 다이묘회의'의 구성원이었다. 그리고 이번에는 가로家老 마쓰네 즈쇼松根圖書를 나가사키에 보내 우와지마에 초청했기 때문에 파크스도 이에 응한 것이었다. 번에서는 파크스를 우와지마 성으로 초대해 크게 환영했다. 7월 2일 우와지마를 출항한 파크스가 요코하마로 돌아간 것은 출발한 후 한 달 반 만인 7월 4일이었다.

파크스가 귀환한 지 닷새가 지난 7월 9일에 발행된 『니혼신문日

本新聞』은 그의 가고시마 · 우와지마 방문에 대해 보고하고, 남방의 연합을 기대하며 지금까지 막부의 무역 독점이 일변해 자유 무역의 기회가 도래했다고 득의양양하게 표현했다. 상인들은 파크스의 이러한 행동을 통해 무역이 여러 번령藩領으로 확대될 것이라 생각하고 환영했다. 또 파크스의 가고시마 방문을 알선한 글로버도 "무역을 다이묘의 영지로 확대하는 단계가 되었다는 의미에서 이번 일을 파크스가 일본에서 한 일 가운데 보기 드문 명책名策이다"라고 자화자찬했다.

그 후 파크스는 에도로 가서 로주와 회견하고, 고쿠라에서 한 것과 마찬가지로 시모노세키해협의 통항권을 강력히 주장해 이를 승인받았다. 그는 다만 시모노세키해협에서 선박의 정박 금지만을 인정했다. 1862년 5월에 4국 대표가 작성한 공동 각서는 외국선박의 해협 자유통항을 보증했다. 그러나 그것은 평시에 정상적인 무역에 종사하는 선박에 대해서만이고, 해협에서 전투가 개시될 경우 각국 해군 지휘관은 각국의 선박에게 전투구역이 아닌 지역으로 통과할 필요성을 경고하고 더 나아가 통항이 외국선박에게 현실적인 위험이 되지 않도록 외국선박으로 하여금 해협에 들어오지 못하도록 요구할 것을 규정하고 있다. 그런데 파크스는 이러한 것을 모두 무시하고 해협의 자유통항을 주장해 이를 관철한 것이었다.

그뿐 아니라 파크스는 '중립'을 준수한다는 이유로 영국선이 막부의 군사수송에 참가하는 것을 금지했다. 당시 조슈번은 막부군의 공격에 대비해 시모노세키해협의 포대를 재무장하려고 했다. 파크스는 그것이 1864년의 정전협정에 위반됨에도 불구하고 막부와 조슈의 분쟁에 대한 '중립'이라는 이유로 묵인했다. 막부와 조슈 전쟁 중 파크스가 취한 이러한 행동은 모두 막부군의 진공을 방해하기 위한 것이었다. 막부와 조슈 간의 전쟁이 지속될 경우 국내 여러 세력 간의 균형이 깨지는 것을 두려워했기 때문이지만 이러한 행동은 파크스의 주관적인 의도를 넘어서 국내 정국을 도막세력에게 유리하게 전개시켰다.

한편 로슈는 귀환 도중 효고에서 로주 이타쿠라 가쓰키요板倉勝靜와 만나 조슈와 화해할 것을 권고했으나 거부당했다. 그는 일찍이 막부의 전력이 여전히 충실하지 못한 것을 보고 조슈와의 화해를 희망하고 있었으나 이제 서전緒戰에서 막부군의 패색을 보고 더욱더 그 필요성을 통감했을 것이다. 이렇게 해서 로슈는 파크스와 같은 날 요코하마에 돌아왔다. 그러고는 곧바로 그는 에도로 로주를 방문해 먼저 막부와 조슈 전쟁에 조정을 제의했으나 거부당하자 이번에는 전쟁에 대한 원조를 제안했다. 그러나 막부 측은 내전에 외국의 원조를 받는 것은 좋지 않은 일이라는 이유로 이를 거절했다고 한다.

【5장】

쇼군 요시노부의 반격

쇼군 도쿠가와 요시노부

프랑스 황제 나폴레옹 3세가 선물한 군장을 요시노부가 착용한 모습이다. 막부와 프랑스 간의 긴밀한 관계를 나타내고 있다.

1. 친프랑스 정책의 강화

강경 노선으로 치닫다

파크스가 서일본을 여행한 한 달 반이라는 기간은 막부 말기의 정국을 결정한 가장 중요한 시기였다. 그가 가고시마로 가는 도중 나가사키에 체재하는 사이에 막부와 조슈 간에 전쟁의 불꽃이 튀기 시작하고, 가고시마로부터 시모노세키 그리고 우와지마 등 해상여행을 계속하는 동안 전국戰局은 점점 조슈 측에 유리하게 전개되었다. 그런 가운데 1866년 7월 20일, 젊은 쇼군 도쿠가와 이에모치는 오사카 성내에서 병사했다. 1858년 어린 나이에 쇼군직에 오른 이래 계속된 난국, 조정을 옹호하는 반막부 세력의 압박, 라이벌 요시노부와의 암투 그리고 마지막으로 조슈 재정벌의 대패가 이 불운한 쇼군의 수명을 단축한 것이다.

이보다 먼저 막부는 조슈와의 전쟁에 대비해 군량미를 비축해 두었고, 종군 명령을 받은 다이묘와 하타모토들도 식량을 비축했다. 직접 전쟁에 참가하지 않는 번들도 내란이 확대되어 오랜 기간 지속될까 봐 쌀이 영외領外로 유출되는 것을 막았다. 조슈와의 전쟁이 닥쳐오자 소비지의 쌀값은 천정부지로 급등하고, 다른 필수품의 물가도 덩달아 올랐다. 민중은 살기 위해 일어날 수밖에 없었다.

5월에서 6월이라는, 조슈와의 개전을 전후한 가장 중대한 시기에 그것도 오사카, 에도와 그 주변부라는 막부에게 매우 중요한 장소에서 민중들이 일제히 봉기했다. 이 봉기는 방방곡곡에서 봉건적 지배를 마비상태로 몰아넣어 막부로 하여금 전쟁을 수행할 자신감을 잃게 했다. 만약 이때 반막부세력이 민중의 거대한 힘을 이용했다면 단번에 막부를 쓰러뜨리는 일도 불가능하지는 않았을 것이다. 그러나 민중의 봉기에 충격을 받은 것은 반막파도 마찬가지였다. 조슈번은 이와미石見의 점령지대에서 일어난 민중봉기를 철저히 탄압했다. 사쓰마번은 이대로 전쟁을 계속한다면 지배기구가 해체되는 것은 필연적이므로 조슈번을 용서하고 정체政體를 개혁해야 한다고 조정에 의견서를 제출했다.

이러한 막부에서 미증유의 난국을 감당해나갈 수 있는 사람은 누가 보더라도 도쿠가와 일문 중에는 요시노부밖에 없었다. 정치적 입장에서 요시노부와 대립하던 마쓰다이라 요시나가도 요시노부를 추천했다. 요시노부는 사양했으나 7월 27일, 쇼군 취임과는 일단 별개의 문제로 도쿠가와 본가의 상속을 수락했다. 그러나 일단 상속이 결정되자 휴전론에는 귀를 기울이지 않고 '대토벌'이라고 칭하며 스스로 정벌의 진두에 서서 야마구치까지 돌진하겠다고 호언했다.

그러나 출진 전날 고쿠라가 함락되었다는 나쁜 소식이 들어왔다. 요시노부는 곧 출진을 중지하고 8월 21일, 쇼군의 죽음을 구실로 조슈에 대한 전쟁을 일시 멈춘다는 조정의 명령을 받아냈다. 그리고 온건파인 가쓰 가이슈를 히로시마에 파견해 조슈와의 휴전을 교섭하게 했다. 그러나 요시노부는 요시나가의 의견에 따라 마쓰다이라 가이슈, 오쿠보 이치오 등 온건파를 등용하지 않고 친프랑스정책을 강화한다는 강경 노선으로 치달았다.

차관의 성립

요시노부의 상속 후, 쿠레가 도래한 뒤로 진행되던 프랑스의 막부 원조 교섭이 겉으로 드러났다. 로슈가 오가사와라 나가미치와 회견할 때 낙관하던 차관계약은 8월 20일에 성립되었다. 차관의 총액은 600만 달러고, 그중에 100만 달러는 오리엔탈뱅크Oriental Bank의 본점과 관계없이 특별 취급에 속해 일본정부의 편의에 따라 동행 대리인과 거래가 가능했다. 또 나머지 500만 달러는 프랑스의 소시에테 제네랄이라는 은행과 오리엔탈뱅크가 공동 출자한다는 계획이었던 것 같다. 차관의 주체는 물론 소시에테 제네랄이지만, 당시 프랑스는 일본에 은행이 없고 금융상의 거래는 모두 영국의 은행을 통해야 했기 때문에, 이러한 점을 고려해 오리엔탈뱅크를 추가했을 것이다. 이 차관의 대부분은 병기·군수품·군함의 구입이나 요코스카橫須賀 제철소의 건설 등 군사적 용도로 쓰였다.

조슈와의 휴전이 포고된 이후인 8월 27일, 요시노부는 막부의 근본을 강화하기 위해 솔선수범해 군제개혁을 결정했다는 사실을 알리고 보병, 기병, 포병 등 세 병과의 훈련은 물론 군함과 기타 해군이 필요로 하는 기재, 대포와 소포의 매입에 관해 로슈에게 주선해달라고 요청했다. 그 결과 일본에 와 있던 쿠레와 교섭해 9월 초순에는 무기, 군수품 구입 계약이 성립되었던 것으로 보인다.

차관계약과 무기, 군수품 구입 계약의 성립에 이어 9월 하순, '프랑스 회사와 관계를 가져야 할 일본의 상업-항해대회사'의 조직에 관한 계약도 성사되었다. 이때에도 막부 측의 당사자로 교섭에 임한 사람은 오구리 다다마사였다. '일본의 상업-항해대회사'라는 것은 업종별 또는 지역별로 설립되는 다수 회사의 복합체였던 것 같다. 그리고 '프랑스 회사'는 쿠레가 그 창립준비위원회로부터 파견된 '프랑스 수출입회사'일 것이다. 그렇다면 일본의 상업-항해대회사가 프랑스

회사와 관계한다는 것은 이 일본 회사가 프랑스의 수출입회사의 지배를 받고 있음을 의미한다. 이렇게 해서 소시에테 제네랄— '프랑스 수출입회사' — '일본의 상업-항해대회사' 라는 계열이 생기는 것이다.

일 년여 전에 오구리 다다마사 등이 막부에 건의한, 프랑스와 일본의 거상들을 중심으로 한 조합상법의 설립안은 '프랑스 수출입회사' 에 대응하는 '일본의 상업-항해대회사' 의 결성으로 구체화된 것이었다. 차관이 성립하고, 이 자금 풀pool에서 막부에 무기, 군수품이 공여되면 그 대가로 프랑스 측이 요구하는 것은 대일무역의 독점이었다. 특히 프랑스가 가장 바라는 것은 앞에서도 언급했듯이 생사무역의 독점이었다. 그러한 무역독점을 위한 기구가 바로 일본의 '상업-항해대회사' 인 것이다. 차관의 성립으로 막부에 대한 무기, 군수품의 공급이 증가되어 막부의 군사력 강화에 도움이 되었지만 프랑스 자본이 일본의 상업과 무역을 지배하는 형태로 되돌아왔다. 막부의 군사력은 강화되었어도 일본의 반半식민지화는 심화되었다.

쇼군이 되다

이와 같이 요시노부의 상속 이래 프랑스와의 결합 관계는 더욱 강해졌다. 11월이 되자 요시노부는 중요한 정치문제에 대해 자문하기 위해 히라야마 요시타다平山敬忠, 가와가쓰 히로미치川勝廣道 두 외국부교를 아타미熱海에서 쉬고 있던 로슈에게 보냈다. 당시 로슈는 요시노부를 "과단성 있고 총명"하고 진보적인 이상적 군주라고 극찬했다. 요시노부가 로슈에게 건 기대가 컸던 것처럼 로슈가 얼마나 요시노부에게 기대하고 있었는지를 알 수 있는 대목이다.

요시노부가 순조롭게 지반을 굳혀가고 있는 데 대항해 오쿠보 이치조를 중심으로 하는 교토의 사쓰마번사는 쇼군이 아직 결정되지 않은 정치적 공백 기간을 이용해 열번회의를 열고, 막부의 권력을 파괴해 왕정복고까지도 달성할 것을 도모하고 있었다. 라쿠호쿠洛北[1] 은거 중에 천하의 형세를 보고 사쓰마번과 결탁한 이와쿠라 도모미岩倉具視는 나카미카도 쓰네유키中御門經之·오하라 시게토미 등 22명의 구게를 선동해 조정의 쇄신을 고메이 천황에게 호소하게 했으나 천황은 대단히 화를 내며 이를 거절했다. 요시노부는 천황을 비롯해 니조 나리유키二條齊敬·아사히코 친왕 등 좌막파佐幕派[2] 구게와 결탁해서는 10월 27일 반反막파의 구게를 처벌하고 쇼군 취임의 지반을 확고히 다져 12월 5일 천황으로부터 쇼군 취임에 관한 허락까지 얻어냈다. 천황이 정치적 음모에 희생된 것은 이로부터 20일 후의 일이었다. 조정에서 좌막세력의 중심인 천황은 막부와 도막倒幕세력의 대결이 최고조에 달하려고 할 때, 약속이라도 한 듯이 사라져버린 것이다.[3]

1 교토의 북쪽에 있는 교외.

2 존왕양이, 도막倒幕에 반대해 막부의 정책을 시인하고 이를 지지한 집단이다.

3 고메이 천황의 사망을 말한다.

2. 사토우의 정세 타진

파크스, 사토우를 서일본으로 파견하다

쇼군이 의연하게 주권을 유지할지, 아니면 주권이 천황에게 갈지 모르는 중대한 시기인 11월 초에 파크스는 사토우를 정치적 태풍의 중심인 서일본의 정세를 살피게 할 목적으로 군함 아가스호에 태워 출항시켰다. 그는 먼저 나가사키로 가서 그곳에서 당면한 정세를 타진한 후 11월 27일 가고시마로 갔다. 체재하는 닷새 동안 가로 니이로케이부 등과 회견하고, 조슈 문제 등에 대한 사쓰마번의 의견을 들었다.

사토우와 다테 무네나리의 회담

가고시마를 떠난 사토우는 12월 1일 우와지마로 출항했다. 하루건너 3일, 번에서는 사토우와 아가스호의 함장 라운드 중령 등을 초대해 성대한 연회를 펼치고, 전 번주 다테 무네나리 · 번주 다테 무네伊達宗德 등이 출석했다. 번의 실권자인 다테 무네나리와 사토우 사이에는 중요한 정치문제에 대한 의견 교환이 있었다.

다테 무네나리는 먼저 효고 개항 문제에 대해 프랑스보다도 오히려 영국과 협정을 맺고 싶어 한다면서 회담의 실마리를 열었다. 다른 번과 같이 중신 등에게 맡기지 않고 직접 회담에 나온 다테 무네나리의 태도에는 그가 명실공히 번의 실권자임이 잘 나타나 있다. 무네나리의 대영對英 접근 움직임에 대해 사토우는 "프랑스는 쇼군과 조약을 맺었으므로 가능한 한 쇼군을 강화시키자는 의견을 가지고 있다고 생각되는데, 우리 나라의 정책은 이와는 다릅니다. 조약은 일본과 체결된 것으로, 특별히 쇼군을 상대로 한 것이 아니라고 보고 있습니다. 만약 쇼군이 상대라고 한다면, 현재 실제 쇼군이 없으므로 조약은 중지 상태에 있다고 생각해야 합니다. 우리는 군이 내정에 간섭하기를 원치 않으므로 일본인 스스로 국내 분쟁을 해결해준다면 다른 이의는 없습니다"라고 영국의 정책을 설명했다. 그것은 앞서 파크스가 가고시마에서 사이고에게 보여준 것과 같은 노선이었다.

그러나 이 불간섭 정책에 다테 무네나리는 불만족스러운 모습이었다. "만약 내란이 길어지면 귀국의 무역은 손해를 보게 되므로 귀국 자신을 위해서도 내란이 수습되어야 합니다"라면서 내란의 조기 종식을 위해 영국의 개입을 바라는 듯한 어조였다. 사토우는 "우리가 개입한다면, 사태는 열 배나 더 복잡해질 것이고, 외국무역도 완전히 끝장나게 될 것입니다"라고 대답했다. 뒤에서는 열심히 충동질해놓고는 겉으로는 어디까지나 일본인이 스스로 국내 문제를 해결하게 하는 태도를 버리지 않았다.

더 나아가 다테 무네나리가 일본이 천황을 군주로 하는 연방제국이 되는 것이 이상이며 사쓰마번, 조슈번도 같은 견해라고 하자 사토우도 "현재의 어려움을 해결하는 길은 그 이외에는 없습니다. 저는 이전에 요코하마의 신문에 그런 의견의 논설을 쓴 적이 있습니다"라고 대답했다. 그러자 다테 무네나리는 그 논설의 일본어 번역본 『영국책론』을 가리키면서 "아, 나도 읽었습니다"라고 하면서 득의양양했다. 두 사람의 의견은 『영국책론』에 표현되어 있는 정치구상의 노선에서 완전히 일치했던 것이다.

이로써 이야기는 끝나고 성대한 연회가 계속되었다. 술에 취한 사토우는 그날 밤 가로인 마쓰네 즈쇼의 집에 묵었고, 다음 날 아침 일찍 아가스호의 포성 소리에 잠에서 깨어나 서둘러 배에 올라탔다.

사토우와 사이고의 회담

12월 6일, 사토우는 효고에 도착했다. 당시 고마쓰, 사이고, 오쿠보 등 사쓰마번의 실력자가 교토·오사카 지방에 모여 있었기 때문에 사토우는 이들과 접촉하기 위해 효고에 온 것이었다.

이윽고 사이고가 오사카에서 도착했다. 지난해 사토우는 효고 항에 정박해 있는 사쓰마의 배 안에서 자는 사이고를 본 적이 있었지만 직접 면담하는 것은 처음이었다. "틀에 박힌 인사를 주고받은 후에도 그 인물은 완전히 느림보여서 말을 하려고도 하지 않아 나는 약간 곤란했다. 하지만 커다란 검정 다이아몬드처럼 빛나는 눈을 하고 있었고 입을 열 때 떠오르는 미소에는 친근감이 있어 보였다." 이때 사토우가 받은 사이고의 인상이었다.

여기에서 처음으로 사토우는 사이고에게서 요시노부가 쇼군으로 임명되었다는 사실을 들었다. 교토에서 오쿠보 등이 획책하고 있는 다이묘회의가 성공해 쇼군제가 폐지되기를 기대하던 사토우에게는 의외의 소식이었다. 마침내 두 사람의 대화는 요시노부가 쇼군으로 임명된 사정에 관한 이야기 끝에, 조슈 정벌 후의 수습 방법과 효고 개항 등 중요한 정치문제에 관한 이야기로 진전했다. 사토우는 유창한 일본어로 당당하게 이야기했다.

> 일본의 내분은 올해 안에 해결하는 것이 가장 중요하므로 다이묘회의가 개최되지 못한 것은 매우 유감입니다. 우리는 일본과 조약을 맺었기 때문에 특별한 개인을 상대하고 있는 것이 아닙니다. 또 우리는 귀국의 내분

해결에 간섭할 생각은 없습니다. 일본을 천황이 지배하든 막부가 지배하든 또는 개개의 영방領邦이 집합한 연방이 되든 우리로서는 어찌 되든 상관없지만 누가 실제 주권자인지 알고 싶습니다.

그 후 사토우는 나마무기 사건과 시모노세키해협에서 있었던 외국함선 포격 사건 그리고 끝으로 막부-조슈전쟁에서 조슈의 승리를 들어 막부의 권위에 중대한 의혹을 갖고 있음을 이야기한 후 다음과 같이 말했다.

이러한 상황으로 우리는 막부의 주권을 믿을 수 없게 되었고, 다이묘회의가 이 난국을 타개할 것을 기대하고 있었습니다. 외국 측이 예정대로 내년 효고 개항을 요구할 경우, 다이묘가 이에 반대한다면 막부는 다시 곤경에 빠지게 될 것입니다.

그는 일본의 내분에 간섭할 생각은 없다고 하면서 외국의 효고 개항 요구를 신호로 다이묘가 일어나서 막부를 곤경에 빠뜨리는 전술을 제시했다. 무대 뒤에서는 활발히 지도하면서 무대에는 일본인을 세운다는 것이 외상의 훈령에도 있듯이 영국의 대일정책이었다.

효고 개항 문제에 대해 사이고는 다음과 같이 대답했다.

제 주인은 효고 개항 그 자체는 반대하지 않지만 막부만의 이익을 위해 개항하는 것에는 반대합니다. 효고에 관한 모든 문제를 대여섯 명의 다이묘 위원회에 맡기면 막부가 자신의 사복私腹을 채우기 위해 멋대로 행동하지 않도록 할 수 있을 것입니다. 효고는 우리에게 대단히 중요합니다.

우리는 모두 오사카 상인에게 빚이 있기 때문에 이 빚을 갚기 위해 매년 번의 산품을 보내야 합니다. 따라서 만약 효고가 요코하마와 똑같은 방법으로 개항된다면 우리의 재정은 매우 혼란스러워질 것입니다.

대여섯 명의 다이묘 위원회라는 안案은 가고시마에서 이루어졌던 파크스와의 회담에서 사이고가 제시한 것과 같다. 거슬러 올라가면 가쓰 가이슈가 사이고 다카모리에게 가르쳐준 '현명한 다이묘회의'와 관련된 듯하다. 사쓰마번은 서남 번에게 매우 중요한 효고항을 이 위원회의 감리監理하에 두고, 그곳에서의 무역이 막부의 독점으로부터 벗어나도록 했던 것이다.

그렇군요. 이로써 여러분이 효고 개항을 중시하는 이유를 잘 알겠습니다. 효고는 여러분의 마지막 카드군요. 효고 개항 이전에 귀국의 내분이 해결되지 않는 것이 매우 유감입니다.

사토우는 내분 해결 방법에 대해 한 번 더 다짐을 했다. 이것이야말로 바로 『영국책론』에 나오는 평화적인 막부 해소책이었다.

이렇게해서 사토우는 파크스의 촉수觸手로서의 역할을 완수하고 사이고와의 회담 다음 날 효고를 출항해 요코하마로 향했다.

3. 외국대표에 대한 시위

외국대표 접견의 목적

사쓰마번이 외국 측의 효고 개항 요구를 계기로 막부를 궁지에 몰아넣으려는 책모가 진행되고 있을 때, 막부가 가장 중요하게 여긴 것은 막부의 주권을 외국에 과시하는 일이었다. 새로운 쇼군이 각국 대표를 접견하는 방법이 요시노부가 쇼군으로 정식 취임하기 이전부터 고려되고 있었다. 1866년 11월 24일, 외국부교는 사토우의 『영국책론』에서 막부의 권위를 부인하고, '제후회맹의정諸侯會盟議政'(제후의 합의정치)의 정체를 만들어야 한다고 주장하고 있다면서 이에 대항하기 위해서는 막부가 전국 통치의 권위를 보이고 '중흥유신中興維新'을 단행하려는 의지를 보여주기 위해 각국 공사들과 만나야 한다고 보고했다. '중흥유신'이란 '도쿠가와 절대주의' 수립의 계획을 가리키는 것으로 보인다. 여기에서 막부가 요시노부 신정新政의 초기에 각국을 서둘러 접견하려던 정치적 의도를 엿볼 수 있다. 이러한 이유로 요시노부가 아직 쇼군에 임명되지 않은 12월 2일, 막부는 오사카성에서 거행되는 알현 식전式典에 참석하도록 영국, 프랑스, 미국, 네덜란드 대표에게 미리 초대장을 보냈다.

파크스의 억지

12월 7일, 네 나라의 대표는 알현 문제 때문에 회합했다. 요시노부가 아직 쇼군에 임명되지 않았다고 생각하고 있던 파크스는, 요시노부는 일본의 군주가 아니라 타국의 수석 대신(다이묘)과 동등하다고 주장하면서 알현을 거부하려고 했다. 그러나 로슈는 요시노부가 도쿠가와 이에야스德川家康 이래의 병마권을 계승한 자로서, 그 권한은 외국인이 간섭할 일이 아니라며 요시노부가 가까운 시일에 쇼군으로 임명될 것이라고 알렸다(실은 이미 임명되어 있었다). 자신의 예측이 빗나간 파크스는 번들이 막부에 의심을 갖고 있으므로 각국 대표가 막부의 초대에 응하는 일은 쇼군을 지지하는 것이 된다면서 그 대신 효고 개항을 강요해 이 문제로 막부를 곤란하게 만들려고 했으므로 다시 로슈와 격론이 벌어졌다. 일시적으로는 파크스가 자리를 박차고 일어설 정도로 격한 장면이 전개되었으나 결국 노련한 로슈의 설득으로 모두 막부의 초대에 응해 오사카로 가기로 했다.

그러나 파크스가 효고 개항으로 막부를 궁지에 몰아넣을 생각을 단념한 것은 아니었다. 파크스는 12월 9일 로주 이나바 마사쿠니稲葉正邦를 방문해 알현할 때 단순한 예의적 접대만이 아니라 효고 개항 칙허의 통고를 바란다고 말했다. 파크스는 로슈에게서도 효고 개항에 대한 확약을 받지 않으면 오사카에는 가지 않겠다는 말을 들었고 막부는 때마침 고메이 천황의 사망을 이유로 1867년 1월 10일 알현 기일을 연기하겠다는 뜻을 각국 대표에게 알렸다.

한편 로슈는 파크스가 사쓰마번과 공모한 뒤 효고 개항 문제로 막부를 곤란하게 만들려고 하는 것에 대항해 직접 오사카로 가서 2월 6일, 7일 이틀 동안 쇼군 요시노부와 비밀회담을 갖고 내외의 중요 정책에 의견을 표명했다. 로슈는 그 가운데 효고 개항 문제에 대해 다이묘들과 외국에 막부의 권위를 보여주기 위해서는 예정된 기한에 맞추어 개항할 것을 포고해야 한다고 주장했다.

파크스는 로슈가 오사카로 향해 쇼군과 비밀회담을 가진 것에 애를 태우며 2월 하순에는 매우 강경한 태도로 3월 10일까지는 오사카에 가겠다고 막부에 전했다. 입장이 난처해진 로주들이 로슈에게 파크스의 출발을 만류해달라고 요청하자 로슈는 아무리 만류해도 심술궂은 파크스이므로 말을 듣지 않을 테니 선수를 쳐서 막부에서 초청하는 것이 좋고 자신도 같이 갈 것이니까 결코 상황을 나쁘게 하지는 않을 것이라고 했다. 이에 막부도 결국 뜻을 정해 4월 상순, 오사카성에서 알현식을 거행하기로 하고 네 나라 대표에게 통고했다.

파크스는 예정대로 3월 14일, 오사카에 도착했다. 그는 효고 개항을 6개월 이전에 포고하는 것은 일본인에게는 충분히 여유를 주는 것이지만 외국인에게는 너무 늦다고 하면서 개항 포고를 재촉해 막부 측을 곤란하게 했다. 이에 대응해 막부 측에서도 가능한 한 빨리 효고 개항의 칙허를 받아야 했다. 3월 5일, 요시노부는 효고 개항의 칙허를 요청하는 상소를 조정에 제출했다. 그러나 사쓰마의 오쿠보 이치조는 시마즈 히사미쓰가 상경할 때까지 기다리게 하기 위해 끊임없이 고노에近衛 가를 설득해 방해공작을 시도했고 19일, 조정은 효고 개항을 승인하지 않는다는 명령서를 막부에 내려 보냈다. 그럼에도 불구하고 요시노부는 이미 이때 칙허를 얻지 못해도 독단으로 효고를 개항하고 도쿠가와 가의 존망을 일거에 결정할 각오를 하고 있었다. 그리고 22일, 다시 효고 개항의 칙허를 요청하는 상소를 제출해놓고 오사카로 향했다.

정권장악 성명을 내다

오사카성에서 거행된 알현의식은 로슈가 제시한 각국 일반 의식에 따라 내內알현과 정식알현으로 나누어 거행되었는데, 유례가 없을 정도로 정중했다. 정식알현은 3월 28일(영국, 네덜란드, 프랑스)과 4월 1일(미국) 이틀에 걸쳐 거행되었다. 그때 쇼군이 파크스와 네덜란드 총영사 판 폴스브룩에게 전한 말 중에 조약이행의 결의를 언급하고, 특히 효고를 기일대로 연다는 결의를 표명하고 있는 점이 주목할 만하다. 또 파크스에게 처음 한 말 중에 "우리 나라의 대법을 준봉遵奉하고 조종 이래의 전권을 장악"했다고 엄숙하게 선언하고 있는 것은 쇼군의 권위를 무시하려고 하는 파크스에게 다시 한번 쇼군이 전국의 지배권을 장악하고 있음을 보여준 것이었다. 그러나 다른 세 나라 대표가 쇼군에게 마제스티Majesty(폐하)라는 경칭을 사용한 데 비해 파크스는 혼자서 하이니스Highness(전하)라는 칭호를 사용하며 신임장도 제출하지 않았다. 이는 쇼군을 일본의 원수로 인정하지 않는다는 의향을 표명한 것이다. 파크스가 쇼군에 대한 경칭을 바꾼 것이 막부 측을 언짢게 했다고는 하지만 알현 때 요시노부가 보인 태도는 파크스에게 대단히 좋은 인상을 주었다.

어쨌든 각국 대표 알현이 원만하게 끝난 것은 요시노부 정권 초기의 커다란 외교적 성공이었다. 쇼군이 전국의 지배권을 장악하고 있음을 세계에 보여주었을 뿐 아니라 효고 개항의 결의를 과감하게 언명한 것은 사쓰마번이 외국의 힘을 빌려 막부를 괴롭히려는 수단을 잃어버리게 한 것으로써 특히 큰 성공이었다. 더욱이 이러한 외교적 성공은 모두 로슈의 지도하에서 이루어진 것이었다.

4. 비장의 카드를 되찾는 요시노부

사쓰마번의 사번회의 소집

1867년 1월 13일 사쓰마번사 고마쓰 다테와키는 오사카에서 영국 공사관원 미트포드Alger non Bertram Freeman-Mitford(1837~1916)[4], 사토우 두 사람과 회견했을 때, 파크스가 천황과 조약을 체결할 것을 제의하면 마침 교토에 모이는 사쓰마 · 에치젠 · 도사 · 우와지마를 비롯한 유력한 제후는 이 제의를 지지하고 쇼군의 '위장군주권'을 타파할 것이라고 말했다. 이에 대해 미트포드는 영국은 타국의 내분에 관여하지 않는다고 언명했다. 이것은 마쓰기 제안이나 『영국책론』의 노선을 실천하려는 사쓰마번에게는 예상과 크게 어긋난 반응이었다.

그러나 교토의 사쓰마번사는 쇼군의 4국 대표 접견에 대항해 '현명한 다이묘회의'를 개최할 계획을 추진했다. 그 때문에 사이고는 1867년 1월 하순, 교토를 출발해 번에 돌아가 시마즈 히사미쓰를 설득하고, 2월에는 고치高知, 우와지마로 향해 야마노우치 도요시게山內豊信(야마노우치 요도山內容堂)와 다테 무네나리를 설득했다. 또 이와는 별도로 고마쓰 다테와키는 마쓰다이라 요시나가의 상경을 권했다. 그 결과 히사미쓰는 4월 12일, 무네나리는 15일, 요시나가는 16일에 각각 잇달아 교토에 도착했고 도요시게는 조금 늦은 5월 1일에 교토에 도착했다.

그런데 교토의 사쓰마번사가 사번四藩회의에서 의도한 것은 첫

4 영국 외교관. 1863년 러시아 상트 페테르부르크, 1865년 베이징 주재를 거쳐 1866년 일본에 부임했으며 1873년에 귀국해 국회의원이 되었다.

째 조정에 인재를 등용하고 효고 개항을 조정의 조약으로 할 것, 둘째 조슈번의 죄를 사면해줄 것, 셋째 쇼군이 칙허가 없는데도 이를 무시하고 효고 개항을 외국에 표명한 책임을 추궁해 쇼군직을 박탈하고 감봉한 후 다이묘 반열에 놓을 것 등이었다. 그중에서도 가장 중요한 것은 세 번째로, 이를 통해 정권을 막부에서 웅번연합으로 옮기려 했던 것이다. 파크스의 효고 개항 요구와 보조를 맞추어 웅번회의를 열려고 했던 사쓰마번 본래의 책모는 막부의 민첩한 효고 개항의 결의 표명으로 좋은 기회를 놓쳐버렸지만 여전히 효고 개항은 칙허를 얻지 못했다. 이에 이번에는 오로지 국내적으로 '교칙矯勅'(칙허가 없음에도 불구하고 효고 개항의 결의를 외국에 표명한 것)을 이유로 막부를 추궁하려고 한 것이었다. 그러나 이때는 이미 막부가 효고 개항을 외국 측에 언명한 후였으므로 공격의 강도가 떨어진 것은 사실이었다.

파크스는 쇼군과 회견을 마치고 나서도 얼마 동안 오사카에 머무르고 있었으므로 그사이에도 사번회의를 획책한 사쓰마번사와 계속 연락했다. 4월 10일, 고마쓰, 사이고, 오쿠보 등은 오사카만에 정박 중인 영국함선으로 찾아가 아침부터 저녁까지 파크스와 그의 부하들과 회담했다. 그때 사쓰마번사들은 쇼군이 일본의 정당한 군주가 아님을 역설했다. 고마쓰가 파크스로부터 막부가 효고 개항을 언명했다는 사실을 전해들은 것은 이때였을 것이다. 사토우는 오사카 체재 중 "혁명의 기회를 잃어버린 것은 아니다. 단, 일단 효고가 개항되는 날에는 그때야말로 다이묘에게 좋은 기회는 영영 없어지고 만다"라고 사이고에게 말했다고 하는데, 이때의 일일지도 모른다. 이렇게 해서 사쓰마번사들은 파크스와 사토우를 통해 막부가 정식 칙허도 얻지 않은 채 효고 개항에 관해 언명했다는 확실한 증거를 얻었다.

막부에게 얕보인 시마즈 히사미쓰

이렇게 해서 야마노우치 도요시게가 도착하자 5월 초순부터 사번회의가 시작되었다. 사이고 다카모리와 오쿠보 이치조에게 조종당하고 있다고는 하지만 어쨌든 사쓰마번을 대표하는 시마즈 히사미쓰가 가장 강경한 태도를 취했고 다테 무네나리도 이에 동조했다. 이에 대해 번 내의 근왕당을 심하게 탄압한 야마노우치 도요시게는 가장 좌막적佐幕的이었고 친번의 마쓰다이라 요시나가는 당연히 이에 동조했다. 그러므로 사번회의가 열린다 해도 노선은 처음부터 일치할 수 없었다.

처음에 히사미쓰는 작년 10월 고메이 천황이 처벌한 반막파 구게의 거두인 나카미카도 쓰네유키, 오하라 시게토미를 기소議奏[5]로 등용해 효고 개항 문제를 사쓰마번에 유리하게 전환시킬 수 있도록 조정의 개혁을 획책했다. 무네나리는 이에 동조했지만 도요시게, 요시나가는 이를 지지하지 않고 섭정 니조 나리유키도 반대했기 때문에 사쓰마번의 조정 개혁의 책모는 성공하지 못했다. 단, 겨우 오기마치산조 사네나루正親町三條實愛의 기소 임명만으로 간신히 체면을 세웠다.

14일 히사미쓰, 무네나리, 요시나가, 도요시게 네 사람은 니죠성二條城에 입성해 쇼군과 회견했다. 여기서 가장 큰 문제는 당시의 2대 정치 문제인 효고 개항과 조슈 처분 중 어느 쪽을 선결해야 하느냐는 것이었다. 효고 개항을 마지막 카드로 삼고 있는 사쓰마번은 효고 개항을 미결 상태로 두고 막부를 끌려오게 하면서 그사이 조슈번을 관대히 처분해 경우에 따라서는 조슈번도 끌어들여 내정 개혁에 동참시키려는 계획을 세웠다. 이에 대해 막부는 효고 개항을 선

5 정무를 상주上奏하기 위해 조정에 설치된 직책.

결함으로써 사쓰마번의 카드를 빼앗으려고 했던 것이다. 요시노부와 히사미쓰는 선결 문제에 관해 첨예하게 대립했다.

그럼에도 불구하고 이 회담에서 히사미쓰의 태도는 강력하지 않았다. 회담에 앞서 사이고와 오쿠보는, 막부는 정권을 조정에 반납하고 하나의 큰 제후가 되어 다른 제후들과 함께 조정을 보좌하고 외국과의 조약도 조정의 처분으로 바꾸도록 쇼군을 설득해야 한다고 히사미쓰에게 강력하게 진언했다. 그러나 회담에서 시마즈 히사미쓰는 그런 말은 조금도 입 밖에 내지 않았다. 히사미쓰는 말을 조리 있게 하지 못했고 호인으로 보이나 사실은 야심 있는 부하들에게 휘둘려 일을 일으키는 것이라 도리어 막부 측에 얕보인 상황이어서 막부 측에서는 크게 어려운 문제가 되지 않을 것이라며 안심했다. 회담이 끝나고 요시노부는 네 사람과 연회를 갖고 앞 정원으로 안내해 기념촬영을 했다. 역시 요시노부의 용의주도함을 보여주는 일이었다.

사번회의의 해체

이후에도 선결 문제에 대해서 요시노부와 히사미쓰, 무네나리 사이에 의견이 일치하지 않았다. 이에 요시나가는 이 두 문제의 동시해결이라는 타협안을 내놓았고 요시노부는 이에 동의했지만 히사미쓰와 무네나리의 동의를 얻지는 못했다. 결국 21일 요시나가, 히사미쓰, 무네나리 세 명이 이타쿠라 가쓰키요, 이나바 마사쿠니 두 로주와 회견한 결과 다음과 같은 원칙을 세웠다. 첫째 먼저 조슈에 대한 처분을 결정한 후 효고 개항에 이르며 조슈의 처분은 관대하게 할 것, 둘째 효고 개항은 조정의 뜻으로 명할 것이었다. 이로써 겉으로는 조슈 문제를 선결한다는 사쓰마번의 주장은 관철된 것 같았으나 형식적으로만 그러했으며 그 실행방법은 막부 측에 맡겨져 있었다. 막부 측은 단지 형식적으로만 조슈 문제를 선결하고 실질적으로는 두 문제를 동시에 결정하려고 했다. 두 문제를 실질적으로 동시에 해결하는 한 효고 개항을 연기해 막부를 곤란하게 하려는 사쓰마번의 책모는 실행될 여지가 없어졌다.

이에 고마쓰, 사이고, 오쿠보 등 사쓰마번사는 조슈 문제의 실질적 선결을 확보하려는 최후의 노력을 기울였다. 이를 위해 건백서를 작성하여 23일 요시나가가 로주 이타쿠라 가쓰키요에게 제출했다. 이 건백서에는, 현재의 사태는 막부가 요즘에 와서 체면을 잃어버렸고 이는 특히 조슈 정벌에서부터 일어난 것이므로 조슈 처분과 효고 개항 두 건의 해결을 동시에 조정에 주문하는 것을 그만두고 조슈 처분을 선결해야 한다는 뜻이 들어 있었다. 이 건백서는 네 명의 연명으로 되어 있었으나 실은 무네나리가 기초하고 고마쓰가 수정한 것이었다. 도요시게는 이 건백서 작성에는 전혀 관여하지 않았고 후에 무네나리가 사과했다고 할 정도였으며 또 요시나가도 단지 제출하는 역할을 맡았을 뿐이었다. 따라서 이 건백서는 실제로 사번회의에 적극적이었던 사쓰마와 우와지마 두 번의 것이었다.

이 한 편의 건백서가 사번회의의 유일한 성과였다. 사번회의는 해체되고 사이고, 오쿠보 등의 사쓰마번사가 효고 개항 문제로 막부를 몰아세워 권력을 탈취하려고 했던 책모는 좌절되었다. 사번회의는 시작부터 해체의 가능성을 품고 있었지만 이 회의를 해체시키는 데 가장 적극적인 역할을 담당한 것은 도요시게였다. 도사번사인 데라무라 사젠寺村左膳이 말하기를, 처음에는 사쓰마가 앞장서고 도사가 뒤따랐지만, 4개번 번사의 등성 이후에는 도사가 앞장서고 사쓰마가 뒤따랐다고 지적했다. 히사미쓰의 공격이 별로 화려하지 않았던 것에 비해, 사번회의를 해체시키기 위해 도요시게가 한 공격은 결정적이었다. 사번회의의 운명은 사이고, 오쿠보 등 사쓰마번의 반막파가 외압을 이용하고 번주급 인물을 통해 비무력적인 수단으로 도막倒幕을 꾀했을 때 부딪히게 되는 한계를 보여주었다.

사쓰마번이 사번회의를 개최하는 전제로서 파크스가 천황과 조약을 체결할 것을 제의한 것은 커다란 오산이었으며, 게다가 쇼군은 네 나라 대표를 접견할 즈음에 서둘러 효고 개항의 결의를 표명해버리고 말았다. 회의가 열리고 보니 '현명한 다이묘'들은 막부와 대결할 의욕도 힘도 없었으며 더욱이 그들끼리도 대립했다.

효고 개항의 칙허

사번회의의 결말은 요시노부에게 큰 자신감을 안겨주었다. 예상대로 그는 이 호기를 잡아 공세에 나섰다. 5월 23일, 요시노부는 쇼시다이所司代[6]와 로주 등을 이끌고 참내參內[7]했고, 조의朝議는 오후 8시부터 개시되었다. 요시노부는 조슈에 대한 관대한 처분과 효고 개항을 순서대로 말하고 동시에 두 가지에 대한 칙허를 받고 싶다고 요청했다. 그는 며칠 밤을 새우더라도 칙허를 받기 전에는 물러가지 않겠다는 강경한 결의를 표명하고 유창한 능변으로 연설했으며 연설을 끝내고는 책을 읽기 시작하는 대담무쌍한 태도를 보였다.

이에 대해 우유부단한 섭정 니조 나리유키는 어떠한 결단도 내리

6 정식 명칭은 교토쇼시다이京都所司代. 에도막부의 직명으로, 교토에 체재하면서 조정과 구게에 관한 일을 관장하며 교토, 후시미, 나라奈良의 마치부교를 감독했다.

7 천황을 알현하는 것.

지 못했다. 조의는 다음 날 아침까지 이어졌다. 24일이 되자 모두 천황을 알현하라는 명에 따라 구게들이 속속 모여들었고 다양한 '명론名論'이 나왔다. 그중에서도 반막파의 거두 나카미카도 쓰네유키와 오하라 시게토미의 효고 개항 반대론은 강경했다. 이러한 논쟁에 대해 요시노부는 '『니혼쇼키日本書紀』나 『고지키古事記』에서 발췌한 것과 같은 여러분의 의견은 지금 세상에는 조금도 도움이 되지 않는다'고 상대를 가볍게 책하면서, 혼자서 여러 사람의 공격에 잘 대처하며 분투하는 모습이었다. 그리고 그는 천하의 대정大政을 위임받은 쇼군으로서 다이묘의 의견이나 구게의 의견도 모두 자기 혼자서 결재한다는 태도를 견지했다.

조정에서는 강경파의 의견도 받아들여 조슈 처분은 관대하게 하겠지만 효고 개항은 네 번과 협의해 안심할 수 있는 좋은 방법을 세운 후가 아니면 승인할 수 없다는 명령서를 내는 것으로 내정하고 있었다. 이때 요시노부는 이를 조금도 듣지 않고, 효고 개항은 기한도 있으므로 오늘 중으로 결정하고, 네 번과 협의한다는 문구는 취소했으면 좋겠다고 강경하게 주장해 마침내 앞서의 명령서를 취소했다. 그러던 중 24일 저녁이 되자 참석자들은 철야회의에 완전히 지쳐버리고 말았다. 이때 갑자기 요시노부는 이렇게까지 조의朝議가 결정되지 않는다면 여기에서 물러나겠다고 분연하게 발언했다. 강경파 구게는 요시노부의 협박에 굴하지 않고 이것으로 회의를 끝내라고 주장했지만 앞서 막부 측과 통모하고 있던 전 간파쿠關白[8] 다카쓰카사 스케히로鷹司輔熙와 그의 아들 스케마사輔政는 쇼군을 퇴출시키면 조정-막부 관계는 파열되어 큰일이 난다며 맹렬하게 반대했고, 유명한 좌막

8 천황을 보좌하여 정무를 총리하던 직책.

파인 아사히코 친왕도 이에 응해 요시노부의 요구를 모두 받아들이라고 니조 섭정에게 요구했다. 이렇게 해서 오후 8시가 되어 지령서가 나왔다.

이 지령서에는 먼저 조슈를 관대하게 처분할 것 그리고 효고 개항을 승인한다는 것을 내세우고, 1865년 조약 칙허 때의 명령서에 있었던 효고 개항 정지와 장래의 조약 개정을 취소했다. 즉 효고 개항과 조슈 처분의 동시 결정이라는 원칙은 사실상 관철되고 후일 다이묘의 조약 개정 요구의 발판이 될 만한 항목은 삭제되었다.

요시노부의 큰 승리

앞서의 지령서가 내려오자 뜻있는 구게들이 비분탄식하는 가운데 요시노부는 유유히 니죠성으로 돌아갔다고 한다. 이 하루 밤낮의 조의에서 보여준 요시노부의 분투만큼 그의 정치적 능력을 잘 보여주는 일은 없다. 게다가 이 분투를 통해 얻은 승리는 그가 지금까지 얻은 어떤 승리보다도 컸다. 한 해 전 9월, 효고 개항 문제는 사쓰마번이 영국 공사와 결탁해 막부 타도에 사용하려고 했던 '최후의 결정적 카드'였다. 그러나 이제 그 카드를 보기 좋게 요시노부에게 빼앗겼다. 그가 획득한 승리가 위대한 이유는 바로 이 때문이다.

막부 측이 조슈의 처분을 관대하게 했다는 취지를 로슈에게 전했더니 그는 춤이라도 출 듯 감탄하며 "쇼군의 과감한 결단은 범상한 사고로는 미치지 못한다"라고 말했다고 한다. 조슈를 일시적으로 관대하게 처분해두고, 먼저 효고 개항 문제를 해결한다는 술책은 로슈가 이미 요시노부에게 권고해두었던 것이므로 이 권고를 요시노부가 그대로 실행해 성공한 것을 자신의 일처럼 기뻐한 것이다. 로슈는 모든 장애물을 처리한 요시노부가 앞으로 막부의 실력 강화를 더욱더 적극적으로 추진할 것으로 기대하고 있었다.

5. 로슈의 막부개혁 지도

로슈의 자문을 구하다

요시노부는 반대파에 대해 정력적으로 반격을 가하는 한편, 명확한 계획을 세워 내정개혁을 단행하고자 했다. 여기에는 로슈의 지도가 매우 큰 역할을 담당하고 있었다.

요시노부가 도쿠가와 가를 상속한 뒤 중대한 문제를 로슈에게 자문해온 것은 앞에서도 언급했으며 또 쇼군 취임 후인 1867년 1월 하순, 밀사를 로슈에게 파견해 정치적 개혁을 행할 결의를 드러내고 그 방법을 물어보았다. 이미 요시노부에게 많은 기대를 걸고 있던 로슈는 곧 그 중대 자문에 대답하기 위해 오사카에 가서 2월 6일과 7일 이틀 동안 쇼군과 회견했다. 그는 "앞으로는 다이쿤도 안 계시고 프랑스 공사도 없고, 단지 일본을 생각하는 한 사람의 외국인이 있다고 여기고 신하처럼 생각하시어 마음을 터놓고 물어보시기 바랍니다"라고 매혹적인 말을 했다. 그는 비밀이 새어나가지 않도록 특별히 아랍어 메모를 준비해 일본개혁안을 장황하게 늘어놓았다. 이 회견 때 표명된 견해를 중심으로 로슈의 일본개혁안을 살펴보도록 하자.

'일본 황제'가 되는 길

요시노부가 로슈에게 구한 자문 가운데 '각 번의 봉건적인 구제舊制를 개혁하는 방법'이란 것이 있다. 로슈는 이에 응답해 정부의 권력을 강화하려면 먼저 도자마外樣의 대번大藩, 즉 직계가 아닌 큰 번의 권력을 축소할 필요가 있다고 강조한다. 그러나 후다이다이묘는 이와 달리 쇼군과 아주 가까운 자이므로 군역을 면제하고 이에 상응하는 돈을 내게 하며 후다이다이묘의 게라이家來[9] 중 유능한 자는 쇼군의 친병親兵으로 선발하지만 무능한 자는 농민이나 상민으로 복귀시키며 하타모토, 고케닌도 마찬가지로 무능한 자는 정리해 농민이나 상민으로 복귀시켜 쓸데없는 병사를 키우는 데 헛되이 비용을 낭비하지 않도록 해야 한다고 주장했다. 여기에는 후에 메이지정부가 한 것처럼 폐번廢藩에서부터 사족士族의 해체까지 고려되고 있었다.

다음으로 조정에 대해 로슈는 쇼군이 국정의 전권을 위임받고 있다는 입장에서 천황과 구게를 완전히 현실정치에서 격리시켜 막부의 엄중한 감시하에 음모를 꾸미는 세력과 접촉하는 일을 금지하는 본래의 상태로 돌아갈 것을 바라고 있었다. 그는 이러한 견지에서 천황의 허가를 얻지 못하면 아무것도 할 수 없는 현 상태를 못마땅해 하며 소년천황少年天皇을 교육해 천하를 다스리는 일은 막부가 맡고 있음을 알려야 한다고 말했다.

로슈도 천황이 완전히 옛날의 이름뿐인 군주에 머물러 있는 한 군이 이를 폐지하려고 하지는 않았던 것 같다. 그러나 로슈가 가르친 것처럼 쇼군이 대번大藩을 압도하고 전국통일의 군주가 되는 날, 천황의 권위가 더욱 공허해져 쇼군의 지위가 사실상의 '일본황제'에 한층 더 접근한다는 것은 쉽게 상상할 수 있다. 다테 무네나리의 일기에, 막부관리는 도쿠가와 가문은 세이와겐지淸和源氏[10]이므로 천황과 다르지 않다고 생각한다는 기록이 있다.

9 무가武家의 신하, 가신家臣.

10 세이와 천황의 손자 쓰네모토經基를 시조로 하는 겐지源氏의 계통으로서 천황과 源이 같다는 의미에서 그러한 이름을 사용했다.

관료기구의 정비와 육·해군의 편성

로슈는 절대주의국가 기구의 중핵으로서 관료기구의 정비를 중시했다. 그는, 일본에서는 직무가 가격家格과 개인의 공적에 따라 주어지고 있고, 본래 의미의 행정은 없지만 이를 잘 집행하기 위해서는 고정적인 직무와 함께 그 직무에 응하는 책임 있는 전문가가 필요하다고 했다. 그러려면 먼저 행정사무를 분담하는 각료와 성省을 설치해야 한다고 설명했다. 수반首班 외에 외무, 내무, 육군, 해군, 재정, 상농, 토목, 사법, 교육, 종교 부분을 담당하는 여섯 명의 각료로 이루어진 책임내각제를 제안했다. 절대주의적 관료제 창출에 부응해 영주제에서 어떤 신분이었는지 상관없이 유능한 인재를 관료기구의 중추에 등용해야 했다. 로슈가 각 성의 차관에 해당하는 와카도시요리직에 하타모토 출신의 인재를 발탁하도록 권고한 것도 이런 시각에서였다. 그리고 로슈는 관료기구의 정점에 있는 유능하고 권위 있는 군주로서 요시노부를 양성하려고 했는데, 이와 같은 군주의 모범으로서 나폴레옹 3세를 언급하는 것을 잊지 않았다.

로슈는 당시 일본에는 수집해놓은 기선과 훈련받지 못한 도당徒黨만 있을 뿐 참된 의미의 육·해군은 없다고 말했다. 그는 큰 번을 제압하기 위해서는 먼저 육·해군을 정비해둘 필요가 있고, 3만의 정병精兵과 15~16척의 군함만 있다면 국내를 제압하기에는 충분하다며 조슈 같은 번도 군비가 갖추어지기 전까지는 달래두었다가 일단 군비를 정비한 후에 단번에 토벌해버려야 한다고 했다. 로슈는 육·해군 중, 특히 육군을 정비해두는 것이 급선무라고 강조하면서, 후에 다시 후다이다이묘의 군사를 에도로 소집해 쇼군의 육군과 똑같이 훈련시키고 장비와 병기를 통일시켜둘 것을 권고했다. 이 막부의 신육군을 훈련시킬 보병, 기병, 포병의 훈련을 사명으로 하는 군사사절단도 히토쓰바시 요시노부와 회견할 당시 이미 도착해 있었다. 로슈는 군사사절단을 파견해 조약의 보호자인 쇼군을 지지하고 배외파排外派를 제압함과 동시에 이 사절단을 요코하마에 주둔하는 영국군과 대치시키려고 했다.

재정 · 경제의 개혁책

재정제도에 대해서도 로슈는 현물 연공年貢에 기초를 둔 재정제도의 개혁과 근대적 예산편성 방침을 역설했다. 즉 막부가 연공으로 걷는 쌀을 모두 팔고, 게라이의 봉록은 몇 년간의 평균 미가米價로 환산한 화폐액으로 지급하며 이 봉록을 제외하고 남은 수입을 일반 경비에 충당하도록 한다는 것이다. 이에 관해서는 오쿠라大藏(재무)대신이 중심이 되며, 쇼군의 승인을 얻어 각 성에 할당해야 할 경비를 결정한다는 것이다. 그렇지만 엄청난 육 · 해군 건설비가 필요한 상황에서는 적자를 면할 수 없는데, 이 적자를 메우기 위해서는 차관이 필요하다고 그는 강조했다.

그 후의 일이지만 로슈는 육 · 해군 건설비를 충당하기 위해 가옥 · 택지세, 상인세, 선세船稅, 술 · 담배에 과하는 소비세와 산지에서 차 · 생사에 세금을 부과할 것을 권했다. 봉건제 아래에서 본래의 조세는 토지에 대한 현물지대지만, 이외에 상인세와 소비세를 부과하는 것은 절대주의적 세제로의 이행을 보여주는 것이다. 그리고 상인에게서 세를 걷는 전제로 상인에게 면허장免許狀을 주고 농민이 상업을 겸하는 것에도 면허장을 주려고 한 것은 종래의 가부나카마株仲間[11]를

11 에도시대에 에도, 교토, 오사카 등에서 상공업자가 막부의 인가를 얻어 결성한 동업조합.

대신하는 면허장제도를 통해 농민의 상품 생산도 널리 장악하려고 했다는 점을 알 수 있다.

다음으로 로슈는 현재 유럽에서 수입하는 상품을 장래에는 제조기계를 들여와 자급체제로 나아가야 한다고 설득하고, 광물을 새로운 기술로 채굴하며 나사羅紗 제조기술을 전수받거나 모피 제조법을 배울 것을 권고했다. 그는 일본의 자원개발을 차관을 이용한 자본 투자의 대상으로 생각하고 있었으며 그 밖에도 그가 권고한 사항들은 프랑스 기술의 도입과 함께 프랑스 자본의 투자 없이는 생각할 수 없는 것들이었다. 로슈는 일본을 위해 수입을 억제할 것을 말한 듯하지만 이것은 오직 영국으로부터의 수입에 대한 것이었고, 로슈가 권고하는 방법을 취하면 일본의 산업은 프랑스 자본에 지배당하고 만다. 앞서 회견에서 로슈는 무역에 대해 별로 이야기하지 않았지만, 막부권력의 주도하에서 형성되는 무역 독점체가 프랑스 수출입회사의 지배 아래에 놓이는 것 같은 체제를 노리고 있었다는 사실은 이미 지적했다. 후에 언급하게 될 효고상사兵庫商社 같은 것도 당연히 이와 같은 무역 독점체의 일부를 구성하는 것으로 기획된 것이다.

마지막으로 교통·운송수단의 증강은 중앙집권의 강화에 매우 필요한데 로슈는 '부강의 근본'이 되는 정부사업으로 우마牛馬도로를 건설하라고 권고했다. 이에 대해 막부는 무역·운송상의 편리 외에 '병졸의 교대'에 필요한 급선무라고 여겨 마차에서 시작해 차차 철도도 부설하고자 했다. 이 경우 교통·운송수단의 증강은 먼저 군사적 기능의 관점에서 급선무로 보았다.

매판적 절대주의

이와 같이 로슈의 일본 개혁안을 오사카에서 요시노부를 회견할 때 한 발언을 중심으로 각 항으로 나누어 언급해보았다. 어느 것을 보아도 실로 훌륭한 '도쿠가와 절대주의' 건설의 구상이 아닌 것이 없다. 이 내용은 폐번을 시작으로 해서 후에 메이지정부가 실시한 정책 그대로라고 해도 좋을 정도다. 더욱이 막부가 이 로슈의 제언에 따라서 정치를 개혁하려고 했다는 사실은 그의 의견을 그대로 받아들인 '직제職制 개혁안'이 있는 것으로도 알 수 있다. 또 6성省을 담당하는 대신을 두어야 한다는 로슈의 제안도 로주가 국내사무 · 회계 · 외국사무 · 육군 · 해군의 5총재를 임명한다는 형태로 실현되었고, 로주 수석이 수상격으로 그 위에 있었다. 또 각 행정부문을 분담하는 로주 아래에 와카도시요리 또는 와카도시요리급이 차관격으로 배치되었다. 즉 막부는 웅대한 절대주의 개혁의 구상을 실천에 옮기려고 하고 있었다.

그러나 이 웅대한 구상은 막부의 자력으로 실행할 수 있는 것이 아니었다. 먼저 모든 개혁의 기초인 막부의 재정을 지탱하고 있는 것은 차관이었다. 큰 번을 압도하기 위한 필수적 전제조건인 신식 군대는 프랑스의 교관에게 훈련을 받았고 프랑스제의 병기 · 군수품으로 무장했다. 일본의 국내 자원은 프랑스의 자본과 기술로 개발되었고 무역은 '프랑스 수출입회사'의 지배하에 놓였다. 이렇게 보면 저 웅대한 '도쿠가와 절대주의'의 구상은 프랑스의 원조를 받아야만 성립할 수 있는 '매판적買辦的' 절대주의 구상이라고 할 수 있다.

도쿠가와 절대주의는 매판적이라는 점에서 흔히 태평천국 후의 중국 양무파정권에 비유되기도 한다. 도쿠가와 절대주의는 현실적으로는 성립되지 않았기 때문에 그것이 양무파정권과 같은 길을 걸었다고는 할 수 없지만, 다만 도쿠가와 절대주의가 초기 메이지정부의 모델이 되는 개혁 계획을 가지고 있었던 것은 분명하다. 그러한 체계적인 개혁 계획은 양무파정권에는 없었다고 생각된다.

도쿠가와 절대주의의 지도자

이러한 웅대한 구상을 세우고 이를 실행해가려는 요시노부의 정치적 능력은 천하의 이목을 집중시켰다. 기도 간지는 "히토쓰바시의 담대한 책략은 결코 무시해서는 안 된다. …… 실로 이에야스가 다시 태어난 것 같다"라고 평했고, 이와쿠라 도모미는 "경시할 수 없는 하나의 강적"이라고 논했다. 조슈 재정벌의 대실패로 막부가 위기에 처한 상황에서 적으로 하여금 이러한 평가를 하게 만들 정도로 국면을 만회시킨 요시노부의 능력은 확실히 뛰어났다.

이 마지막 쇼군에 이르러 막부의 건설기 당시와 마찬가지로 쇼군이 스스로 막부의 지도자가 되었다. 요시노부가 정치하면서 직접 심복으로 삼고 있는 자는 부교 급의 친프랑스파 막리였다. 특히 이 시기에 막부의 재정·경제를 담당하는 사실상의 오쿠라대신인 오구리의 지도력은 매우 컸고, 무역상사 외에 중앙은행의 설립도 계획하고 있었다. 그는 더 나아가 군제개혁에도 관여하고 있었다. 이처럼 유능한 막부관리에 비교하면 로주는 별로 빛을 발하지 못했다.

로주는 다이묘라는 가문에서 뽑히는 것이므로 아무래도 범용凡庸한 인물이 많고 인재는 하층의 막부관리에서 배출되는 것이 보통이다. 요시노부는 이 인재들을 등용해 능력을 발휘할 기회를 주었다. 즉 요시노부가 심복으로 삼은 층은 단순히 종래의 막부관리가 아니라 절대주의적 관료로 변화하고 있는 층이었다.

6. 희망의 끈, 차관

프랑스 대일정책의 변경

요시노부가 기도 간지, 이와쿠라 도모미 등의 반막파가 놀라도록 만든 반격이 가능했던 것은 그의 개인적 유능함 때문이기도 했지만 그 배후에는 프랑스의 원조가 있었다. 이후 그가 절대주의적 개혁의 예정된 노선을 진행하고자 한다면 어떻게 해서든지 이 프랑스의 원조를 계속 강화할 필요가 있었다. 그러나 이때 막부에 불행한 사태가 일어났다.

1866년 9월 1일이라면, 쿠레의 방문을 통해 차관계약의 성립도 임박하고 프랑스와 막부의 결합관계가 바로 절정에 달하려고 했던 때이다. 이날 로슈의 지지자였던 외상 드루잉 드 뤼스가 사퇴하였으며 그 얼마 후 무스티에Lionel, marquis de Moustier[12]가 이를 계승했다. 그로부터 얼마 후 요코하마에서 발행된 *The Japan Times*에 쿠레가 에도에서 막부와 맺은 협정이 폭로되었다. 이것이 조약위반으로 영국 의회에서 논의의 대상이 되자 파리 주재 영국 대사는 이를 프랑스의 새 외상에게 따졌다. 그러자 외상은 1867년 5월 8일부로 로슈에게 힐문하는 훈령을 내렸다. 이날은 새 쇼군 요시노부의 외국대표 접견도 무사히 끝나고 로슈는 승리의 환희에 취한 때였다.

새 외상이 두려워한 것은 로슈의 노골적인 내정 간섭 때문에 훗날 반막파가 정권을 취할 때 보복을 받지나 않을까 하는 것이었다. 그는 막부의 안정에는 매우 회의적이었고, 훗날 웅번이 승리할 것을 예

12 1866년 10월 2일부터 1868년 12월 17일까지 프랑스 외상을 지냈다.

상하고 이 때문에 무역에 대한 편의가 현재 이상으로 확대될 것이라는 〔영국 공사〕 파크스의 견해가 타당하다는 점을 인정했으며 *The Japan Times*가 보도한 에도에서의 협정에 대해 로슈의 해명을 요구했다. 이에 따라 전前 외상의 대일정책은 180도 급전환하게 되었다. 새 외상은 로슈의 막부에 대한 지지책을 부인하고 오히려 번들에 접근하는 파크스의 정책을 칭찬하면서 대영협조 노선을 제시했다.

그렇다면 프랑스의 대일정책이 이렇게 급변하게 된 이유는 무엇일까? 당시는 멕시코 간섭의 실패에 이어 룩셈부르크 합병의 야심이 프러시아의 반대로 좌절되었듯이, 프랑스의 외교 실패가 연이어 프러시아와의 전쟁 조짐을 불러일으켰고, 국내에서도 보나파르트 정권이 내리막길로 치닫고 있었다. 프랑스는 이러한 상황에서 외상의 경질을 계기로 극동에서는 프랑스세력의 중심이라고 여겨지는 코친차이나(베트남 남부)를 확보하는 데 그치고 일본에서는 최후의 승리가 의심스러운 막부를 지지하면서 영국과의 대립각을 세우는 모험을 그만두게 되었던 것이다.

로슈는 그러한 훈령을 접하자 7월 13일부로 격렬한 반론을 제기했다. 그는 그때까지 자신의 정책이 옳다는 것을 강조하고, 에도에서 체결한 협정에 대해서도 당시의 외상 · 농상상의 승인과 지지를 얻고 있었다는 것을 언명하고, 프랑스에게 적대적인 영국 신문을 보고 자신의 행동을 판단했다는 것에 심한 분노를 표출했다. 이렇게 해서 로슈의 대일정책과 외상의 대일정책은 정면으로 대립했다. 그 후로도 로슈는 막부에 대한 지지를 멈추지 않았지만 그러한 지지는 본국 정부의 지지로부터 단절된 뿌리 없는 풀과 같은 꼴이었다.

쇼군에 대한 의견서

이러한 프랑스의 대일정책 변화는 막부의 운명이 달려 있다고 생각되는 차관의 실현에도 큰 장해물이 되었다. 이외에도 파리만국박람회에 참석한 사쓰마번의 대표는 쇼군의 권력은 원래 약탈한 것으로 그 지위는 다이묘와 동등하며, 천황만이 일본의 군주라는 반막부적 선전을 하면서 국제무대에서 막부에게 불리한 영향을 주고 있었다. 이에 4월 13일, 로슈는 좌초 상태에 있는 차관의 진척과 사쓰마번의 반막부 선전에 대항하기 위한 의견서를 쇼군에게 제출했다.

이 의견서에서 로슈는, 외국부교 구리모토 곤(구리모토 조운)을 프랑스로 파견해 이미 그곳에 있는 외국부교 무코야마 가즈후미向山一履와 협력시키라고 권고했다. 그에 따르면 구리모토의 사명은 첫째 사쓰마번의 반막부 선전에 대항해 천황은 실제 정치에 참여하지 않고 쇼군이 일본의 실제적 주권자라는 취지의 성명서를 기초한 뒤 런던과 파리에서 선전할 것, 둘째 막부가 세력 강화를 위한 비용을 마련하기 위해 에조치蝦夷地(홋카이도)의 수입을 담보로 차관을 계약해야 하며 이를 쿠레에게 의뢰할 것 등이었다. 이미 구리모토는 제철소 건설 문제 이래 더욱 밀접하게 로슈와 접촉해온 오구리 다다마사와 줄이 닿아 있는 친프랑스파의 중심인물이었다. 로슈도 그를 대일교섭에서 가장 중요한 협력자로 평가하고 있었다. 한편 무코야마는 이해 1월 쇼군 요시노부의 동생 아키타케昭武가 쇼군 대신 파리만국박람회에 참여할 때 프랑스 주재 공사 자격으로 동행하라는 명을 받았는데 로슈도 그의 능력을 별로 기대하고 있지 않았으므로 구리모토의 프랑스 파견을 쇼군에게 제안했던 것이다.

구리모토의 프랑스 파견

구리모토의 사명 가운데 특히 중요한 것은 차관문제의 진척을 위한 교섭이었다. 막부가 반막부적 웅번을 압도하는 것을 목적으로 하는 군비 확충 자금이 이 차관에서 나온다고 할 때, 막부의 존망은 오로지 이 차관문제 해결의 성패에 달려 있었다고 봐도 좋다. 구리모토는 출발에 앞서, 로주(외국사무총재) 오가사와라 나가미치에게서 에조치 산물의 개발권을 저당으로 그곳에서 차관문제의 교섭을 진행할 것을 훈령 받았다. 지난해 8월, 쿠레와 오구리 다다마사 사이에 성립된 차관계약에는 아무런 저당도 설정하지 않았다. 따라서 이번에 막부로서는 문자 그대로 기사회생의 묘약인 이 차관을 실현하기 위해 에조치의 산물 개발권이라는 확실한 저당을 설정하려 한 것이다. 권력자에게는 자국의 독립보다도 그 권력의 존속 쪽이 훨씬 중대한 관심 대상인 것이다. 이제 막부는 단말마斷末摩적 상황에 처하여 유일한 희망의 끈인 차관을 실현시키기 위해 에조치의 이권을 외국의 은행에 팔아넘기려고 했던 것이다.

구리모토는 이러한 중대한 사명을 띠고 6월 프랑스로 건너갔다. 그는 플뢰리-에라르, 쿠레 등과 자주 절충했던 것 같은데 여간해서 성공할 가능성이 보이지 않았다. 외상이 경질되어 극동정책이 바뀌었기 때문에 '프랑스 수출입회사'의 설립계획이 진척되지 않았고 차관 모집도 곤란해진 것 같았다. 그래도 쿠레는 72만 달러에 상당하는 무기와 군수품을 발송했지만 항해 도중에 막부가 붕괴되었기 때문에 실제로 막부의 손에 전해진 것은 30만 달러 정도였다. 파리에서 막부가 타도되었다는 소식을 접했을 때 구리모토는 비분의 눈물을 흘렸다고 한다.

【6장】

대정봉환인가 거병토막인가

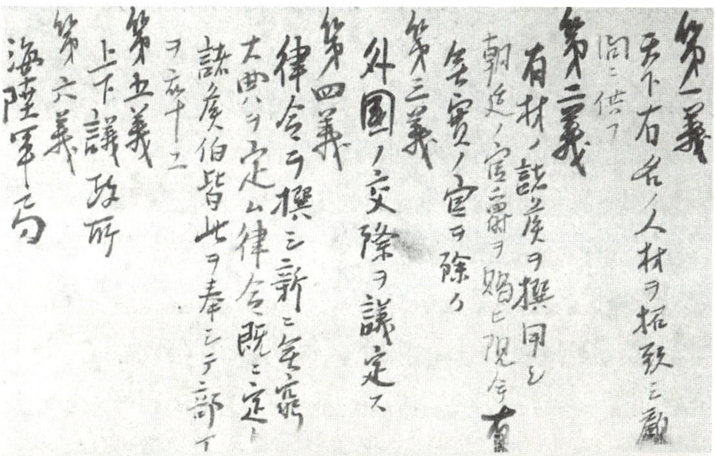

第一義 天下有名ノ人材ヲ招致シ顧問ニ供フ
第二義 有材ノ諸侯ヲ撰用シ朝廷ノ官爵ヲ賜ヒ現今有名實ノ官ヲ除ク
第三義 外國ノ交際ヲ議定ス
第四義 律令ヲ撰シ新ニ無窮ノ大典ヲ定ム律令既ニ定レハ諸侯伯皆此ヲ奉シテ部下ヲ率ス
第五義 上下議政所
第六義 海陸軍局

사카모토 료마의 팔책

『선중팔책船中八策』을 바탕으로 1867년 11월 교토에서는 8개조의 개혁책을 마련하였다.

1. 공의정체론의 전개

고토와 사카모토의 화해

사쓰마번의 정치적 도박인 막부타도책은 사번회의의 해체와 효고 개항의 칙허로 좌초되었다. 오쿠보 이치조는 효고 개항에 대한 칙허를 강행한 막부의 행위를 "폭위暴威를 가지고 정의의 번을 압도해 굴복시키려는 행위임이 명백하다"라고 비난하고, 이렇게 된 이상 병력으로 시국을 해결하는 수밖에 없다고 단언하면서 일단 사쓰마번병 1대대를 상경시킬 것을 희망했다. 이렇게 해서 대세는 거병토막擧兵討幕을 목표로 사쓰마·조슈 번이 제휴를 강화하는 쪽으로 흘러갔다. 이때 새로운 시국해결책을 내세우며 정국에 등장한 인물이 도사번의 실력자 고토 쇼지로後藤象二郎였다.

고토는 도사번의 근왕당원에게 암살당한 요시다 도요吉田東洋 계열의 인물로 다케치 한페이타武市半平太를 비롯한 근왕당을 탄압한 장본인이라서 근왕당에게는 원수나 다름없었다. 그런데 이러한 고토가 근왕당 계열의 사카모토 료마에게 접근해온 것이다.

도사번에서는 1866년 2월 가이세이칸開成館을 설치해 식산흥업 정책을 대대적으로 추진하게 되었다. 그리고 가이세이칸 아래 있는 화식국貨殖局의 출장소로서 나가사키에 도사상회를 설치하고 종이, 장뇌樟腦, 경유鯨油 등 번의 생산품을 수출하고 함선, 무기 등을 수입했다. 그런데 나가사키에 파견된 번 관리의 수완만으로는 사업이 잘 진행되지 않았기 때문에 7월 말 고토가 직접 상회 정리, 기선 매입의 용무를 띠고 나가사키로 갔고 더 멀리 상하이까지 가서 선박 세 척을 매입했다. 고토가 나가사키의 도사상회에서 활동하고 있는 동안 1867년 2월 하순 나가사키에서 사카모토 료마와 회견이 이루어졌다. 이 회견에서 두 사람은 '원수'에서 '동지'가 되었다.

도사번이 항해와 무역을 왕성하게 하려면 어떻게 해서든지 사카모토와 그 동지들과 같은 그 방면의 달인이 필요했다. 한편 사카모토 측으로서도 도사번과 맺어지면 활동 영역이 확장된다. 따라서 두 사람은 서로를 이용해야 하는 입장이었으며 이렇게 해서 사카모토는 나카오카 신타로와 함께 사면되고 4월 사카모토의 가메야마 샤추는 도사번의 관할하에 가이엔타이海援隊로 재편성되었다.

이를 대국적으로 보면, 도사번이 무역에 대한 진출을 적극화하는 과정에서 이전에 사쓰마번이 했던 것과 같이 필연적으로 막부와의 결합관계를 약화시키는 노선상에서 고토와 사카모토가 결합했던 것이다. 야마노우치 도요시게가 막부와 의리를 지켜 사번회의를 해체하기 위해 선수를 치고 있는 동안 고토는 역시 당대의 기회주의자답게 일찍이 다음 수를 생각하고 있었다.

사쓰마 · 도사 맹약

가쓰 가이슈를 통해서 요코이 쇼난의 사상을 접하고 있던 사카모토는 전부터 대정봉환大政奉還 · 공의정체公議政體라는 의견을 가지고 있었는데 나가사키에 있으면서 이 견해로 고토를 설득했다. 마침 사번회의에서 교토에 있던 야마노우치 도요시게가 고토를 불렀기 때문에 고토는 그의 정견政見을 도요시게에게 설명할 좋은 기회라고 생각하고 6월 9일 사카모토 등을 대동하고 교토로 향했다. 이때 배 안에서 사카모토가 고토와 협의해 만든 것이 '선중팔책船中八策'이다. 이는 천하의 정권을 조정에 되돌려주고 상하의정국上下議政局을 설치한다는 구상이었다.

그러나 6월 13일 고토 등이 교토에 도착해보니 이미 도요시게는 귀국한 뒤였다. 그래서 22일 고토는 도사번사 후쿠오카 도지福岡藤次(또는 후쿠오카 다카치카神岡孝弟)와 함께 사카모토와 나카오카가 있는 곳에서 고마쓰, 사이고, 오쿠보 등과 회견해 협의한 결과 '선중팔책船中八策'에 나타나 있는 도사번의 주장을 기본으로 사쓰마·도사 맹약을 맺었다. 그 주요 조항으로는 쇼군이 정권을 조정에 돌려주고 제후들과 동렬同列이 될 것, 교토에 상하 의사원議事院을 두고 일본의 법제는 모두 여기에서 결정하도록 할 것, 효고에서 조정의 대신과 제후 등의 중신이 외국의 대표와 모임을 갖고 새로운 조약을 마련할 것 등이었다. 사쓰마·도사 맹약의 추진자는 말할 것도 없이 사카모토였다. 그는 앞의 사쓰마·조슈 맹약과 더불어 막부에 대항하는 정치적 세력으로 사쓰마·조슈·도사 세 번의 결합을 기획한 것이었다.

사쓰마번이 한편으로는 조슈번과의 제휴강화를 통한 거병토막의 방향을 취하면서, 다른 한편으로는 평화적 대정봉환을 목표로 하는 도사번과 맹약을 맺은 이유는 무엇이었을까? 당시 사쓰마번은 조슈번과 제휴를 강화했다고는 하지만 그 움직임은 결정적인 것은 아니었다. 이때 도사번이 장래의 정치구상을 가지고 맹약을 체결할 것을 제안해왔으므로 사쓰마번이 명분상 도사번의 주장에 이의를 제기할 수가 없었다. 그래서 이로부터 한동안은 도사번의 정치노선, 즉 공의정체론을 중심으로 정국이 전개될 것같이 보였다.

'전 국민의 의회'

사쓰마·도사 맹약이 성립하고 나서 한 달 후인 7월 하순, 파크스는 일주일 정도 오사카에 체재했다. 그사이 26일에는 사이고가 사토우를 방문했고 다음 날에는 사토우가 사이고를 방문했다. 이때 사이고는 현재의 다이쿤정부 대신에 설립될 전 국민의 회의를 많이 이야기했지만 사토우는 이에 대해 "미치광이의 생각 같았다"라고 비평했다. '전 국민의 회의'라는 것은 사쓰마·도사 맹약서에 언급된 상하 '의사원'을 가리킨다. 이에 따르면 사이고는, 거병토막은 비책으로 마음속에 깊이 감추어두고 외국인들에게는 말을 꺼내지 않았을지 모르지만, 한편으로는 도사번의 방식에 끌려가고 있었다는 것을 엿볼 수 있다. 조슈번과의 제휴를 통한 거병토막과 도사번과의 제휴를 통한 대정봉환으로 양다리를 걸치는 수완은 사이고의 장기이기도 했다. 사토우가 '전 국민의 회의'라는 생각을 '미치광이의 생각' 같다고 헐뜯는 것은 그것이 현실과 동떨어져 있으며 그렇게 한가로운 생각으로는 시국이 해결되지 않는다고 보았기 때문일 것이다. 그렇다면 사토우가 오히려 사이고보다도 일본정국에 대해 예리한 통찰력을 갖고 있었다고 할 수 있다.

효고상사와 삿슈상사

또 사이고와 사토우의 회담에서 막부가 효고상사의 설립을 통해 효고항의 무역을 독점하려고 한다는 계획이 문제가 되었다.

앞서 효고 개항의 칙허를 획득한 지 얼마 안 되어 막부는 6월 초 효고에 상사를 설립했다. 그때까지 요코하마에서는 소자본 상인이 서로 경쟁하면서 대자본을 가진 외국인에게 이익을 빼앗겨 왔는데,

이를 방지한다는 구실로 고노이케 젠에몬鴻池善右衛門 등 오사카의 대상인들에게 상사를 결성하게 했고, 이를 통해 효고의 무역을 막부가 독점하고자 했다. 이 효고상사 설립에 대해서는 이미 그해 4월, 오구리 다다마사 이하의 간조부교가 막부에 건의한 내용에 따르면, 이전부터 계획이 정해져 있었다는 것을 알 수 있다. 오구리 등은 2년 전부터 일본·프랑스 거상의 '조합상법'에 따른 무역 통제를 기획한 적은 있지만, 이 효고상사도 필연적으로 그 선상에서 떠오른 것이며 이것이 발전하면 로슈가 생각하고 있던 '프랑스 수출입회사'를 통한 대일 무역의 지배와 결합된다는 것도 예상할 수 있었다.

사쓰마번은 효고의 무역이 요코하마와 달리 막부의 독점을 방지할 수 있는 방법으로 이루어지기를 열망하고 있었지만 막부는 오히려 요코하마보다 더 체계적으로 무역을 독점하기 위한 방식으로 효고를 개항하려고 했다.

사쓰마번은 물론이고 효고 무역의 이익을 노리던 다른 번들이 이에 심하게 반대한 것은 당연한 일이었다. 막부가 효고상사를 설립한 6월에 사쓰마번이 '삿슈상사薩州商社' 설립 계획을 발표한 것은 막부의 상사에 대항하기 위해서였다. 이 상사는 서양 컴퍼니company법에 따라 만든 것으로, 한 주株에 금 5,000냥이었으며 전국을 대상으로 모집했다. 생산물의 매매, 화물의 운송 등은 모두 삿슈의 이름으로 취급하지만 사쓰마번만의 경제를 일으켜 세우는 것이 아니라 이를 근본으로 널리 전국적으로 확장해 일본 전역의 경제를 일으켜 세우는 것을 목적으로 한다고 주장했다. 그렇다면 이는 마쓰기 히로야스가 대상과 제후가 서로 합심해 컴퍼니를 결성한다는 구상 또는 여러 다이묘 동지와 합력해 상사를 연다는 고다이 사이스케의 구상에서 나왔다고 할 수 있다.

파크스의 분노

그런데 사이고는 먼저 "효고 개항을 위해서는 영국인이 매우 노력했지만 개항 후에는 프랑스인이 이익을 얻고 있는 것을 보면, 영국인은 완전히 프랑스인에게 이용당하고 있는 듯이 보인다"라고 사토우를 자극해놓고 그 후 천천히 말하기를 "신중히 잘 들어주십시오. 효고 개항의 길을 연 것은 영국이지만 장사의 이익을 얻는 쪽은 프랑스입니다. 그 이유를 말씀드리자면, 오사카의 호상豪商을 자기편으로 끌어들여 상사를 결성하고, 오사카의 돈을 자유롭게 조종해 이익을 막부가 독점하게 하며, 다이묘를 여기에서 소외시킬 계획을 하고 있기 때문입니다. 이는 완전히 막부가 프랑스와 상의해 교활한 수를 쓰는 것이며 효고 무역은 프랑스와 막부가 독점하는 것이 되므로 영국은 껍데기만 먹고 프랑스는 알맹이를 먹는 꼴입니다. 이렇게 된다면 영국은 완전히 프랑스의 이용물이 아니겠습니까?"라고 격한 말을 퍼부었다. 이러한 책략은 원래 사이고의 특기로, 그 역시 막부가 설립한 효고상사의 배후에는 프랑스의 대일무역 독점계획이 있음을 간파하고 영국을 프랑스와 막부에 대적시키려는 것이었다.

이에 사토우도 잘 됐다는 듯이 "막부가 프랑스의 응원을 얻어 제후를 압도할 책략을 생각하고 있다는 것은 확실합니다. 그러려면 먼저, 막부가 돈을 혼자 거머쥐고 다이묘의 손이 닿지 않도록 하며 병기를 막부가 독점하면서 다이묘의 궁핍함을 내려다보며 압도하겠다는 책략이므로 10년이 지나지 않아 제후가 재난에 봉착할 것이 제 눈에 보입니다. 그러니 지금부터 그 대책을 강구해두지 않으면 실로 위험해질 것입니다"라고 말했다. 그리고 막부의 이러한 음모를 타파하려면 프랑스에 대항하는 영국에 접근하고, 만약 프랑스가 막부에 원병을 내려 할 경우에는 영국에서도 경비警備를 구실로 출병하겠다고 하면, 프랑스가 막부에 원병을 보낼 수 없게 될 것이라며 이에 대해 상담할 것을 요청해왔다. 이렇게 되자 자신이 한 말 때문에 일이 너무 커질 것 같자 사이고는 "일본의 국가 체면을 유지하기 위해서 외국인과 의논하는 것은 면목이 없다"라고 하면서 이에 대한 이야기를 중단해버렸다.

원래 사이고가 사토우를 선동한 것은 영국을 프랑스로부터 떼어내어 프랑스의 막부 원조를 억제하려는 책략이었으므로 사토우의 진의를 확실히 알아냈으면 그것으로 충분하였고, 더는 영국의 원조를 구할 의지도 또 그럴 필요도 없었던 것이다. 한편 영국 측으로서도 무대 뒤에서 공작은 하지만 무대에는 일본인만을 내세운다는 방침을 갖고 있었으므로 실제로 프랑스가 막부 원조를 위해 출병이라도 하지 않는 한 그에 대항해 출병하는 상황은 상상하지 못했다. 게다가 앞서 말한 것처럼 프랑스의 대일정책 변화로 보아 그러한 사태는 절대 일어날 수 없었다고 해도 좋다.

사토우에게서 효고상사의 설립 소식을 들은 파크스는 평소의 버릇처럼 화를 내며 로주 수석 이타쿠라 가쓰키요를 붙잡고 이 계획을 파기할 것을 요구했다. 7월 29일, 이타쿠라가 상사 설립에 대한 오해 때문에 상거래를 제한하는 일이 있어서는 안 된다는 점을 강조하는 내용으로 오사카·효고 시내에 포고한 문안(觸書案[1])을 파크스에게 보내 변명한 것은 이 요구에 대답한 것이었다. 그러나 이 문안에서는 거

1 후레가키觸書는 에도시대의 포고문을 말한다.

래를 제한하는 것은 아니라고 말하고 있을 뿐 상사 그 자체의 설립은 결코 취소되지 않았다. 따라서 사토우가 이를 길드 설립을 취소하는 성명이 발표된 것으로 본 것은 오해였지만 막부의 상사 설립에 대해 영국 측에서 이 정도의 압력을 가했다는 사실만으로도 사이고의 책략은 어느 정도 성공했다고 할 수 있다.

파크스, 고토와 회견하다

파크스는 오사카를 떠나 군함을 타고 도쿠시마德島를 거쳐 도사로 향했다. 도사 사람을 용의자로 보던 나가사키에서 발생한 영국인 수병 살해사건을 조사하기 위해서였다. 파크스는 8월 6일 도사의 스사키須崎로 건너왔지만, 여기서 주목할 점은 파크스가 도사로 향한 것은 표면적 구실인 수병 살해사건 조사보다는 오히려 도사번 지도자와의 정치적 의견 교환 때문이었다는 사실이다.

고토 쇼지로가 사쓰마 · 도사 맹약을 맺고, 7월 초 도사에 돌아가서 바로 대정봉환 건백을 야마노우치 도요시게에게 진언함으로써 번론이 결정되었다. 이때 파크스가 왔으므로 이 문제를 중심으로 논의가 전개되었다. 고토는 파크스가 타고 온 함선을 찾아가 영국을 배워 의회와 헌법을 만들려는 의도를 이야기하고 사이고도 같은 의견을 갖고 있다고 했다. 그것은 물론 앞서의 사쓰마 · 도사 맹약에 있는 공의정체를 말한 것이다. 그리고 고토는 막부, 특히 효고상사 설립 계획에 대해서는 강력히 비판했다. 왕성하게 무역을 전개하려는 도사번에게 막부의 효고 무역 독점 기도는 지극히 고통스러운 것이었다. 또 수병 살해사건의 혐의를 도사 사람에게 덮어씌우려고 한 것은 사쓰마번에 접근하기 시작한 도사번을 궁지에 몰아넣으려는 막부의 술수라 여겨 막부에 대한 감정도 악화되고 있었다. 고토는 지금까지 파크스가 만난 일본인 중에서 가장 재지才智가 뛰어난 인물이라 상당히 파크스의 마음에 들어 서로 영원한 친선의 서약을 맺었다고 한다.

고토는 파크스를 고치로 초대했지만 파크스는 스사키에서 요코하마로 돌아왔다. 사토우가 영국 공사의 사자使者로서 고치로 향했고 야마노우치 도요시게, 고토 쇼지로와 회견했다. 도요시게가 사토우를 맞이하면서 손가락이 발가락에 닿을 정도까지 몸을 숙였다는 것은 그가 얼마나 이 청년 통역관 사토우를 존중하고 있었는지를 잘 보여준다. 수병문제에 대해 의견을 나눈 도요시게와 고토는 헌법과 의회의 권능, 선거제도 등에 대해 활발하게 질문을 던졌다. 사토우는 "그들의 마음 깊은 곳에는 이미 확실하게 영국 헌법을 모방해서 제정하려고 하는 생각이 깊이 뿌리내리고 있었다"고 했다.

대정봉환운동의 책원지策源地에 있었던 지도적 인물과의 접촉을 통해 파크스는 일본정국의 커다란 흐름을 파악할 수 있었다.

'할머니의 변명'

그러고 나서 사토우는 수병 살해사건의 현장검증을 위해 도사번의 기선을 타고 나가사키로 향했다. 나가사키에 도착한 것은 8월 15일이었지만 그곳에는 조슈의 기도 간지가 와 있었다. 바로 그날 기도는 이토 슌스케와 함께 사토우를 방문했고 17일에는 사토우가 기도, 이토와 다마가와玉川라는 찻집에서 만났다. "군사적으로나 정치적으로 비상한 용기와 확고한 의지를 이면에 가지고 있었지만 그 태도는 매우 친절하고 정중했다"라는 사토우의 관찰에는 기도의 풍격風格이 잘 나타나 있다.

사토우는 기도에게 "다이묘들도 차례로 상경하여 여러 가지 의견을 나누었다고 합니다만 아마도 공론公論은 실행되지 않을 것입니다. 대체로 서양에서는 예로부터 공론이라고 확신하여 이를 천하에 주장해놓고도 실행되지 않는다고 하여 그대로 버리는 것을 이른바 '할머니의 변명'이라고 합니다. 남자들은 이를 좋아하지 않습니다. 일본의 오늘날 공론이라는 것이 꼭 '할머니의 변명'이라는 느낌입니다"라면서 행동에 옮길 것을 선동했다고 하는데, 그것은 이틀 중 어느 하루의 회견에서 있었던 일인 듯하다.

사토우는 이미 전 쇼군 이에모치가 사망한 후 다이묘회의에서 쇼군제가 폐지될 것을 기대하고 있었지만 실현되지 않았다. 그후 앞서의 사번회의에서도 막부를 억제할 수 없었다. 사이고와 고토는 공의정체의 높고 원대한 이상을 설명할 뿐이었다. 더욱이 효고 개항에 대한 기대는 더욱 높아지고 있었다. 그러한 공론으로 막부를 쓰러뜨릴 수 없다는 것을 안 사토우는 기도에게도 궐기할 것을 부추겼다. 이것도 하나의 '시사'일 것이다.

사토우의 이 한마디는 기도에게 큰 충격을 주었다. 20일 밤, 그는 도사의 사카모토 료마와 사사키 산시로佐々木三四郎(또는 사사키 다카유키佐々木高行) 두 사람과 회견했다. 그리고 사토우가 말한 것을 두 사람에게 전하며 "영국의 한 통역관에게서 이러한 말을 듣는 것은 실로 일본 남아의 치욕이다. 이번 일을 성공시키지 못하면 내외에 면목이 없다. 서로 분발하자. 대정봉환은 어려울지도 모른다. 일이 칠팔 할 정도 성사되면, 그때 상황을 보면서 마지막 단계는 대포로 결판을 지을 수밖에 없다"라고 말했다. 기도 등으로 하여금 분기의 결의를 다지게 했다면 그것만으로도 사토우의 목적은 달성된 셈이다.

이와 같이 파크스는, 일본정국 전환의 결정적인 순간에 직접 또는 사토우 등 유능한 막료幕僚를 통해 서남 번들의 지도자들과 긴밀한 연락을 유지하고 있었기 때문에 "경쟁국보다 더 뛰어나고 한층 더 깊이 일본인의 맥을 짚어내며 한층 더 그 정체성을 잘 진찰" 할 수 있었다. 그리고 이것은 주일 영국 공사관 당국으로 하여금 막부의 붕괴와 신정부 성립의 시기에 적절하고도 확실한 대일정책을 세울 수 있게 했다.

2. 토막밀칙과 대정봉환

토막밀칙

파크스와 사토우가 일본의 '정치상황'을 타진하는 동안 정국은 급격히 전환되었다. 오쿠보의 번병증파藩兵增派 요청에 응해 9월 6일 사쓰마번병 천여 명이 오사카에 도착했고 그 후에도 계속 증파되었다. 오쿠보는 거병토막의 구체적인 방책을 협의하기 위해 조슈번으로 향해 9월 16일 야마구치에서 기도, 히로사와 헤이스케廣澤兵助(히로사와 사네오미廣澤眞臣라고도 함) 등과 출병맹약을 맺었다. 또 같은 달 20일에는 조슈·게이슈芸州(현재 히로시마현의 서부) 두 번 사이에서도 출병맹약이 맺어져 바로 사쓰마, 조슈, 게이슈 세 번의 거병토막을 실행에 옮길 준비가 되어 있었다.

그러나 그 후 세 번에 모두 복잡한 사건이 생겨 실행이 연기되었다. 조슈에서는 번론은 토막으로 일치하고 있었지만 '금문의 변'이라는 고통스러운 경험 때문에 번 내에 머물러 있어야 한다는 자중론이 강해졌고, 사쓰마번 내에서도 출병반대론이 일어났으며, 게이슈번에서는 그 태도가 한층 더 불명확해졌다.

그사이에 사쓰마·조슈 출병 맹약을 맺고 교토로 돌아온 오쿠보는 10월 초에 조슈번사 시나가와 야지로品川彌二郎와 함께 구게 중 제일의 음모가인 이와쿠라 도모미, 반막파 구게의 거두 나카미카도 쓰네유키와 모임을 갖고 왕정복고를 위한 책략을 협의했다. 그 결과 이와쿠라는 국학자 다마마쓰 미사오玉松操에게 '밀칙密勅'을 기초하게 했다. 이렇게 해서 10월 14일 사쓰마번주 부자와 조슈번주 부자에게 보낸 토막 '밀칙'은 오기마치산조 사네나루·나카미카도 쓰네유키가 각기 자택에서 오쿠보 이치조와 히로사와 헤이스케에게 전했다. 문서의 양식도 이상하고 문서가 전해진 상황으로 보아도 '밀칙'이 도저히 정상적인 칙명이라고 할 수 없다는 것이 분명하다. 그러나 이 '비물秘物'(오쿠보는 이렇게 표현하고 있다)은 사쓰마와 조슈의 거병을 성화聖化하는 역할을 했다. 사쓰마번주 시마즈 시게히사島津茂久는 교토로 가는 도중 미타지리에서 조슈번과 공동 출병을 결정했다.

대정봉환의 의도

토막밀칙이 정해짐에 따라 구체화된 사쓰마와 조슈의 거병토막 노선과는 다른 시국 수습방식이 도사번의 대정봉환노선이었다. 이는 말하자면 도사번의 통일된 정치노선으로, 그 가운데는 거병토막으로 이행할 가능성도 포함하는 사카모토 료마의 좌파 노선과 막부에 가까운 야마노우치 도요시게의 우파 노선을 내포하고 있고, 이 양자를 중개하는 것이 중간파의 고토 쇼지로였다. 9월 초, 도요시게의 대정봉환 건백서를 지니고 교토에 온 고토는 요시노부의 심복인 나가이 나오노부永井尙志와 협의한 뒤 10월 3일 로주 이타쿠라 가쓰키요를 통해서 건백서를 제출했다. 그리고 같은 달 14일 요시노부는 대정봉환의 상소문을 조정에 제출했다. 마침 '밀칙'이 내려진 것과 같은 날의 일이었다.

종래의 통설로는 요시노부가 도사번의 대정봉환 건백, 곧 공의정체론을 받아들여 대정봉환을 했다고 되어 있다. 그러나 필자의 생각으로는 요시노부는 그 건백서를 일단 받아놓고 자신의 정치노선을 추진하는 수단으로써 대정봉환을 결행했다.

이미 대정봉환으로부터 넉 달 전인 6월 하순, 로주 이타쿠라 가쓰키요는 와카도시요리인 나가이 나오노부와 상담해 정령政令이 '조정과 막부 두 곳에서 나오는' 것을 방지하기 위해 쇼군이 섭정을 겸한다는 '묘안'을 세우고 분주히 노력한 사실이 있다. 요시노부의 대정봉환 상소문은 '조권朝權이 한 곳에서 나와야' 한다고 강조했다는 점에서 섭정 겸임의 구상과 관련이 있다. 그 묘안을 세운 이타쿠라는 대정봉환을 한 요시노부의 심경에 관해서 "도사번의 압력을 받아서 할 수 없이 한 것이 아니라, 이전부터 정권이 한 곳에서 나오지 않으면 국내를 다스릴 수가 없다고 생각하고 있던 차에 마침 도사번의 건백이 있어 이를 좋은 기회로 삼아 평소에 충분히 당기고 있던 화살을 쏜 것이다"라고 말했다.

대정봉환 후의 정치구상

그렇다면 요시노부는 대정봉환 후에 어떠한 정치구상을 가지고 있었던 것일까? 이를 가장 잘 보여주는 것이 대정봉환으로부터 한 달 정도 뒤인 11월 하순에 요시노부의 참모 중 한 사람인 니시 아마네스케西周助(후일의 유명한 철학자 니시 아마네西周)가 요시노부의 심중을 헤아려 작성했을 것으로 추측되는 '제도복고制度腹稿'[2](국가제도의 초안)다.

이에 따르면 다이쿤은 정부의 수장임과 동시에 다이묘들로 구성되는 상원의 의장도 겸하고 양원회의에서 의사가 결정되지 않을 때는 재결권裁決權도 가지며 또 하원(각 번의 번사 한 사람씩으로 구성)의 해산권도 갖는다. 이와 같이 행정부의 수장으로서 입법기관의 의사까지도 통제하는 다이쿤의 권한이 현저히 강대된 것에 비해서, 천황은

2 복고腹稿는 시문 등의 초고를 말한다.

'의정원'(상하 양원)에서 의결된 법률에 무조건 도장을 찍을 뿐 거부권이 없다. 즉 천황은 정부에서 파견된 장교가 지휘하는 군대(전국에서 영지의 수확 규모에 따라 징집된다)가 경비하는 가운데 야마시로山城라는 한 지방의 영주로서 갇혀 있게 되는 셈이다.

더욱이 주목할 점은 '제도복고'에서 장래에는 정부가 군대를 통괄하는 방책을 택하고 싶다고 쓴 점이다. 군대통수권을 잃으면 다이묘는 단지 궁정귀족에 지나지 않는다. '제도복고'의 초안이 작성된 것과 거의 같은 시기에 나가이 나오노부는 요시노부가 일본도 결국 영국처럼 봉건제로부터 군현제가 되어야 한다는 의향을 내비치고 있었다고 말했다. 이에 따르면, 요시노부가 대정봉환을 통해 꿈꾸고 있던 정치구상은 '다이쿤제大君制'라고도 불러야 할 절대주의적 정치형태였던 것임을 상상할 수 있다. 그것은 사쓰마와 조슈의 거병토막과 가장 첨예하게 대립하는 정치노선일 뿐 아니라 도사번의 공의정체론과도 이질적인 정치노선이었다.

'평화혁명'에 대한 기대

파크스로서는 대정봉환에 관한 소식이 그가 오랫동안 기다리던 것이 실현되었음을 뜻했다. 파크스는, 다이쿤은 이제 군주가 아니라고 단정하고, "그것은 로슈에게는 심각한 타격이지만 나에게는 사태 개선의 실마리이며 이제야 일본에 지적이며 유능한 정부체제가 생길 기회가 왔다"며 기뻐했다. 또 그는 "일본인이 정체政體에 가장 중요한 변화를 이룩해 마침내 평화적인 방법으로 국가기구의 완전한 혁명을 달성할 전망이 있다"라고 기대하고 요시노부의 행동에 대해 "권력을 희생하는 데 칭찬할 만한 모범을 보였다"라고 치켜세웠으며, 다이묘들도 이를 본받아 "다이묘들에게 그 정당한 권리를 인정해줌과 동시에 다이묘들을 통제할 수 있는 강력한 중앙정부가 일본 전국을 지배하게 될 것을 희망한다"라고 했다. 이 '평화혁명'의 노선이야말로 바로 파크스가 이상으로 삼고 있는 것이었으며 대정봉환을 평화혁명의 실마리로 보았기 때문에 그는 요시노부의 행동을 극찬했던 것이다. 그러나 이것은 요시노부의 진의를 가볍게 본 것이었다. 그리고 이와 동시에 파크스가 그 평화혁명의 원칙에서 사쓰마와 조슈의 거병토막을 희망하지 않았던 것도 분명했다.

이러한 그의 희망은 일단 차치하고 대정봉환을 통해 천황이 일본의 군주가 되었다고 본 파크스는, 요시노부가 대정봉환을 하고 나서 불과 20일밖에 지나지 않은 11월 3일, 외상 스탠리[3]에게, 천황에게 제출할 신임장을 보내줄 것을 요청했다. 11월 3일이라면 일본에 어떠한 형태의 정권이 생길지 아직 예측할 수 없는 시기였음에도 불구하고 그는 일찍이 천황정부의 성립을 기정사실로 인정하고 이를 승인하고자 했던 것이다.

막부에 대한 미련

이와는 반대로 로슈는 아타미에서 요양하고 있을 때 대정봉환의 비보飛報를 접했는데, 그에게는 그야말로 아닌 밤중에 홍두깨였다. 로슈는 쇼군의 지위가 안정되어가는 것을 믿어 의심치 않았기 때문이다. 그는 곧 에도로 돌아가 막부의 요로要路와 접촉했으나 대정봉환의 거사로 말미암아 오히려 요시노부의 명성이 높아져 헌법 개정을

3 영국 정치가. 아버지가 세 번이나 수상을 역임했으며 아버지의 세 번째 내각에서 외상을 지냈다.

위해 천황이 소집하는 회의의 의장이 될 것으로 예상하고, 만약 이것이 적대적 제후들의 반대에 부딪혔을 경우 요시노부는 에도로 물러나 그곳에 본거를 두고 재기를 도모할 것이라는 막부 측 정보를 본국 외상에게 전했다. 막부와 친한 로슈가 전하는 이 정보에 따라 요시노부와 막부 수뇌부가 대정봉환 후 무엇을 획책하고 있었는지가 더욱 명백해진다. 이렇게 해서 로슈는 봉건영주와 쇼군의 투쟁에서 후자의 승리를 확신하고, 다이묘들이 꾸민 음모에서 꼭두각시에 불과한 천황과 조약의 보호자로서 권세를 갖고 있는 쇼군 사이에서 쇼군을 지지한다고 단언했다. 그는 이 단계에서도 여전히 요시노부를 수령으로 하는 막부가 일본을 근대화시키는 중심 세력이라고 보고 있었고, 조정을 반동적 영주세력의 꼭두각시로 보고 있었다.

3. 토막 노선의 승리

왕정복고의 대연극

10월 14일에 부딪힌 거병토막과 대정봉환의 두 가지 시국 수습 노선은 그 후에도 대립을 계속했으나 마침 이때 신불神佛의 부적이 내린다고 해서 '오카게마이리御蔭參り'(대중적 이세진구 참배)의 전통을 이어받은 '에에자나이카ええじゃないか'[4]라는 대중적 광란이 휘몰아쳤다. 이러한 연막 속에 숨어서 토막계획은 착착 진행되었다. 속속 교토로 진입하거나 교토 진입을 기다리던 사쓰마와 조슈 두 번의 병력이 후원해 12월 9일 오쿠보, 사이고, 이와쿠라 등 소수의 사람들이 짠 왕정복고라는 대연극이 연출되었다. 왕정복고의 대호령大號令이 발포되면서 셋칸攝關[5]과 막부가 폐지되고 소사이總裁[6]·기조議定·산요參與의 3직으로 구성되는 새 정부의 성립이 선언되었다.

왕정복고 선언에 따라 사쓰마와 조슈의 거병토막 노선은 도사번의 공의정체 노선을 압도했다. 그러나 이것은 거병토막으로 가는 과정 중의 한 단계에 불과했다. 더욱이 신정부로서는 도쿠가와의 영지를 빼앗지 않으면 중앙정부로서 충분한 물질적 기반을 갖추지 못하기 때문에 이와쿠라와 오쿠보는 도요시게와 고토의 의견을 누르고 요시노부에게 사관辭官과 납지納地를 강요할 것을 결정해버렸다.

---

4 막부 말기 도카이東海·긴키近畿 지방을 중심으로 일어난 대중적 광란. 1867년 8월경 도카이 지방에서 시작되어 다음 해 4월까지 긴키·시코쿠 더 나아가 신슈信州 방면으로 확산되었다. 토막운동이 전개되던 시기였기 때문에 농민봉기의 양상을 띠게 되었다.

5 섭정과 관백關白을 말한다.

6 메이지정부 발족 당시의 최고 관직.

세력회복을 위한 비밀계획

12월 9일 정변이 일어나자 격분한 요시노부는 한때 개전하려고도 했지만 교토에 머물러 있는 것이 불리하다는 것을 깨닫고 13일 부하들의 불만을 달래기 위해서 오사카성으로 들어갔다. 오쿠보는 이때 요시노부의 진의를 세력을 '만회하기 위한 비밀계획'이라고 상상했다. 예상대로 이 '밀계'는 먼저 외국 측에 대한 공작으로 전개된다.

오사카성에 들어간 다음 날인 14일, 요시노부는 먼저 파크스와 로슈하고만 회견하면서 12월 9일의 정변에 관해서 천황에게 항의서를 제출하고 교토에서 일어난 신정부를 인정하지 않도록 진언하겠다는 뜻을 표명했다. 이어서 16일 요시노부는 프랑스·영국·이탈리아·미국·프로이센·네덜란드 등의 6개국 대표와 오사카성에서 회견했다. 로슈는 외교단을 대표해 일본의 내정에는 중립을 지키겠으나 외교교섭의 상대가 될 정권을 알고 싶다고 말했다. 요시노부는 이에 정변의 불법성을 강조하고 외국의 내정불간섭을 요구함과 동시에 다이묘회의에서 정체가 결정될 때까지 지금까지와 같이 막부가 조약을 이행할 책임을 갖는다고 답했다. 이로써 로슈와 요시노부 사이에서 짠 연극은 성공했다. 요시노부는 왕정복고 정변으로 생긴 현재의 사태를 명백하게 부인하고 합법적으로 신정권이 성립할 때까지 막부가 국가주권을 갖는다고 체약국들의 대표에게 선언한 것이었다.

한편 요시노부는 육해군의 많은 병사를 오사카에 집중시켜 서둘러 결전태세를 갖추었다. 그리고 12월 18일에는 왕정복고에 항의하는 상소문을 오메쓰케大目付[7]인 도가와 야스나루戶川安愛를 통해 천황

7 에도막부의 벼슬 이름. 주로 다이묘와 하타모토 그리고 막부 관리를 감찰하던 직책이었으나 막부 조직의 제도화가 진전되면서 막부 법령의 전달이나 에도성 내에서 다이묘의 서열, 예식 담

정부에 제출하려고 했으나 사전에 이와쿠라에게 발각되어 위기는 간발의 차로 피할 수 있었다.

요시노부의 패배

이러한 상황에서 신정부가 쇼군 요시노부에게 사관과 납지를 강요하려면 당연히 개전의 결의가 필요했다. 이에 도쿠가와 요시카쓰·마쓰다이라 요시나가·야마노우치 도요시게 등 신정부 내의 공의정체파의 중개로 얼마 동안 타협공작이 계속되었다. 이렇게 해서 12월 24일, 사관에 대해서는 '전前 내대신'으로 칭할 것, 납지에 대해서는 신정부의 경비로 도쿠가와의 영지를 조사한 후에 '천하의 공론'으로 확정할 것이라는 타협안을 오사카에 있는 요시노부에게 전했다. 그러나 이날 요시노부는 오사카의 로주를 통해 에도의 로주에게 개전의 결의를 전했다. 예상대로 28일이 되자 요시노부는 사실상 납지를 거부해 이로써 교토와 오사카 간의 교섭은 결렬되었다.

한편 토막의 밀칙이 내려간 후 얼마 안 되어 사이고는 에도의 사쓰마번저에서 모집한 낭인들에게 에도 거리와 간토 각지를 뒤흔들어 놓게 하는 등 막부에 대한 도발행동에 나섰다. 마침내 12월 25일, 구막부는 이에 보복하기 위해 사쓰마번저에 대한 소토燒討 작전을 결행했다. 28일, 이 정보가 오사카에 전해지자 오사카성 안은 흥분의 도가니로 변했다. 요시노부는 재빨리 이를 이용해 대대적으로 사쓰마의 죄악을 규탄하고 전의를 북돋았다.

이듬해인 1868년(明治 元年) 1월 1일, 요시노부는 '토살표討薩表'를 기초해 다음 날인 1월 2일, 1만 5천 명의 대군에게 교토 진격을 명

당 등의 직무도 맡았다.

했다. 그는 병력의 압도적 우위에 더해 교토정권 내부의 분열을 과대 평가해 간단히 교토를 탈환하고 12월 9일의 정변 이전 상태로 정국을 되돌릴 수 있다고 기대하고 있었다. 이에 대하여 사쓰마와 조슈군대는 수적으로는 구舊막부군의 삼분의 일에 지나지 않는 열세였지만 교토의 관문인 도바鳥羽와 후시미에서 구막부군과 교전해 뛰어난 총포의 위력으로 이들을 물리쳤다. 이렇게 해서 전투는 겨우 나흘 만에 구막부군의 참패로 끝나고 6일 요시노부는 야음을 틈타 오사카성을 탈출, 8일 군함 가이요마루開陽丸를 타고 에도로 향했다. 이에 대해 7일 천황정부는 요시노부 추토령追討令을 발포함과 동시에 교토에 있는 다이묘들에게 태도를 결정하라고 강요함으로써 지금까지 구막부와 타협에 힘을 쏟고 있었던 공의정체파의 기조(議定) 도쿠가와 요시카쓰, 마쓰다이라 요시나가, 야마노우치 도요시게, 다테 무네나리 등도 천황에 대한 충성을 맹세할 수밖에 없게 되었다. 이로써 신정부는 완전한 토막파 정권이 되었다.

【7장】

도쿠가와정권의 종말

메이지 초기의 에도성 니주바시二重橋

1. 파크스의 천황정부 지지

칙사와 외국대표의 회견

천황정부와 구막부 사이에 전쟁이 개시된 메이지 원년(1868년) 1월 3일, 구막부는 이 전쟁을 사쓰마번의 반란으로 간주했다. 이에 구막부는 '일본정부'(구막부) 이외의 세력에 무기를 판매하는 것과 개항장 이외의 항구에 기항하는 것을 금지하는 조약상의 규정을 각국 국민이 엄수하도록 각국 대표에게 요구했다. 이는 도쿠가와정권을 일본의 합법정부로 보고 천황정권을 반도叛徒로 여기는 견해로서 교토 진격이라는 요시노부의 목적이 더욱 명확해졌다. 만약 이러한 도쿠가와정권의 요구가 승인된다면 천황정부는 국제적 합법성을 완전히 잃게 된다. 더욱이 당시 천황정부는 앞서 언급한 사정으로 아직 외국과 정식으로 교섭하지 않고 있었다. 이때 이러한 신정부의 어려움을 타개할 수 있는 길을 열어준 사람은 다름 아닌 영국 공사 파크스였다.

천황정부군이 도쿠가와군을 완패시킨 후 며칠이 지나 고베에서 신정부에 불행한 사건이 발생했다. 1월 11일 고베 시내를 통행 중이던 비젠備前번(오카야마岡山) 병사가 군사행렬을 횡단하던 외국인을 공격한 것이 발단이 되어 비젠번 병사와 영·미·프랑스군과의 전투가 벌어졌다. 외교단은 고베 거류지를 군사적으로 점령함과 동시에 같은 항구에 정박 중이던 모든 일본기선을 억류하는 강경한 수단을 취했다.

이때 파크스는 표면적으로는 다른 외국대표와 협력해 매우 강경한 태도를 보였지만 뒤에서는 신정부 측 사람들과 접촉하며 외교적 해결책을 제시했다. 사건 발생 다음 날인 12일, 파크스는 칙사에게 지급칙서至急勅書를 휴대시켜서 파견할 것을 요시이 고스케와 데라지마 도조寺島陶藏(데라지마 무네노리寺島宗則라고도 함)를 통해 천황정부에 권고했다. 그 결과 낙향한 7경卿 중 한 사람으로서 산요의 지위에 있던 히가시쿠제 미치토미東久世通禧가 칙사로 뽑혀 15일 효고에서 각국 대표와 회견했다. 이 자리에서 히가시쿠제는 천황이 쇼군을 대신해 정권을 장악했으며 종래의 조약에서 다이쿤의 칭호를 사용했던 것을 천황의 칭호로 변경한다는 칙서를 전달하고 이 칙서를 본국 정부에 전할 것을 요청했다. 칙사의 태도는 외국대표를 충분히 만족시켰다. 이에 외국대표는 육상 병력의 철군과 기선의 억류 해제를 밝히고 칙서를 본국 정부에 전달하겠다는 약속도 했다. 이렇게 해서 천황정부의 대표와 외국대표가 가진 최초의 회견은 매우 화기애애한 분위기 속에서 막을 내렸다.

파크스 덕택으로 신정부는 외국대표 앞에 얼굴을 내밀 수 있었다. 실로 전화위복이 된 셈이다. 이 회견에 참석했던 요시이는 매우 기쁜 나머지 "오늘 밤에는 축하주를 마셨다"라고 적어놓을 정도였다. 이는 무사히 회견을 끝낸 신정부 측 사람들의 기분을 대표했다.

국외중립의 포고

이로써 신정부와 외국 간에 교섭의 실마리가 열렸다. 18일 히가시쿠제 미치토미는 이와시타 사지에몬·이토 슌스케 등과 함께 파크스를 만났을 때, 천황정부가 외국선박을 이용한 구막부 군대의 수송을 금지시킬 수 있는 방법이 있을지 파크스에게 물었다. 이에 대해 파크스는, 천황정부가 구막부에 선전포고를 하고 그것을 외국대표에게 공포하면 두 정권을 교전단체로 인정해 양쪽에게 모두 무기 공급을 금지한다는 국제법상의 국외중립局外中立이라는 방법이 있다는 것을 가르쳐주었다. 이것을 알게 된 21일, 히가시쿠제는 각국 대표에게 서신을 보내 도쿠가와 쪽에 무기와 군함을 양도하거나 그 군대를 수송하고 또는 병력을 대여하는 등 군사력을 원조하는 행동을 하지 말 것을 자국 국민에게 포고해달라고 요청했다. 이것은 파크스가 가르쳐준 정식 국외중립에 대한 요구와는 약간 다르지만 취지는 동일했다. 이러한 요구에 영국, 미국, 프랑스, 네덜란드, 프로이센, 이탈리아의 6개국 대표는 곧바로 회의를 열고 연일 토의를 거듭한 결과, 25일 각기 자국 국민에게 국외중립에 관한 포고를 발표했다.

파크스에게 국제법상의 국외중립에 대한 교육을 받은 신정부는 비로소 구막부가 1월 3일 외국에 통고한 것에 대해 대응할 수 있게 되었다. 이로써 신정부는 교섭을 한 각국으로부터 교전단체로서의 지위를 승인 받게 되어 구막부와 대등한 지위에 서게 되었으며 구막부는 합법정부로서의 지위를 상실했다. 바로 이때 뒤에서 살펴보겠지만, 로슈가 에도로 가서 교토에 없었다는 사실이 신정부에게는 국외중립에 대한 각국 대표의 공동결의를 성립시키는 데 유리하게 작용했다. 이와 같이 신정부는 파크스의 지지와 지도에 따라 착착 그 지위를 높여갔다.

국외중립의 포고는 이 시점에서 신정부에게 특히 필요한 것이었다. 더욱이 구막부가 미국에 주문한 스톤월 잭슨호StoneWall Jackson[1]

1 남북전쟁 당시 남군이 프랑스 보르도의 L'Arman Fresres 조선소에 발주했던 목조 장갑함. Stonewall이라 명명되었으나 미국에 도착했을 때는 이미 전쟁이 끝난 뒤였으므로 해군 공창에 잉여함으로 계류되어 있던 것을 해군력 증강에 관심을 가진 막부가 구입을 결정해 1868년 5월

라고 하는 철갑함이 곧 도착하도록 되어 있었기 때문이다. 구막부는 원래 우세한 해군을 보유하고 있었다. 게다가 이 스톤월 잭슨호가 충분한 장비를 갖춘다면, 이에 대항할 수 있는 것은 일본 근해에서는 영국의 철갑함 오션호The Ocean뿐이라는 지적이 있었다. 따라서 구막부가 이 군함을 입수하는 경우에는 곧 제해권制海權을 획득할 수 있으므로 오사카와 효고 그리고 나가사키 등 현재 천황정부가 영유하고 있는 모든 항구를 봉쇄하고 교통을 차단할지도 모르는 사태도 예상될 정도였다. 그러나 이제 국외중립이 공포됨으로써 구막부가 이 군함을 입수하는 것이 불가능해졌고, 신정부는 구막부에 대한 군사행동을 유리하게 전개할 수 있게 되었다.

외국대표를 교토로 초청하다

이처럼 신정부는 영국의 지지를 받아 국내에서의 지위를 유리하게 만들어가던 중이었으므로 신정부 내부에서는 도쿠가와세력이 대두하는 것을 막기 위해서라도 고베 사건에 대한 외국 측의 요구를 그대로 받아들이자는 주장이 강해졌다. 만약 비젠번이 정부의 명령에 복종하지 않는다면 정벌할 수밖에 없다고까지 했다. 한편 파크스는 이것이 신정부의 권위를 외국에 보여줄 계기가 된다며 사건을 신속하게 처리할 것을 권고했다. 이렇게 해서 2월 9일, 신정부는 외국 측의 요구를 받아들여 사건의 책임자인 다키 젠사부로瀧善三朗에게 할복자살을 명함으로써 모든 문제가 해결되었다. 이 시점에 이르러 파크스는 천황정부를 국민적 성격을 갖는 중앙정부의 가능성을 내포하는 것으로 평가

에 요코하마에 도착했다. 마침 보신전쟁이 발발했는데 영국 공사 파크스의 공작으로 미국은 막부 측에 넘겨주지 않았다.

하는 반면, 구막부를 단순한 봉건영주로만 보고 있었다.

파크스가 천황정부에 대한 정책이 어느 정도 완성된 것으로 간주하게 된 계기가 바로 각국 대표들과 천황의 대면이었다. 이는 천황정부와 접촉을 개시한 이래 파크스를 시작으로 미트포드 · 사토우 등이 "유일한 교의教義"로서 정부 당국을 설득해왔던 것인데, 그것이 고베 사건이 해결되면서 드디어 실현되는 단계에 이르렀다는 의미이다.

2월 13일, 천황정부도 파크스의 의견에 따라서 천황과의 대면을 위해 각국 대표를 교토로 초대하기로 결정했다. 다음 날인 14일, 다테와 히가시쿠제 두 외국사무총독은 정식으로 각국 대표를 교토로 초대했다. 언제나 파크스에 동조하던 네덜란드 총영사는 당연히 이 초대에 동의했으나 프랑스 공사 로슈는 신정부가 아직 안정되지 않았다는 점과 배외 행위를 제압할 능력이 있는지 의심스럽다는 이유로 이를 거부했다. 또 미국 · 이탈리아 · 프러시아 3국 공사는 요코하마에 용무가 있다는 이유로 초대를 거절했으나 사실은 천황정부와 관계가 돈독해지는 것을 바라지 않았기 때문이었다고 한다. 이렇게 해서 영국 · 네덜란드 양국 대표만이 천황과 정식으로 대면하게 되었다. 천황과의 정식 대면이 결정되었을 때, 오쿠보 도시미치는 "만세를 불러도 무방하다"라고 말할 정도로 기뻐했다. 이는 곧 정부 내부의 분위기를 대표했을 것이다.

프랑스인 살해사건

그런데 양국 대표들과 천황의 대면이 결정된 15일, 때마침 사카이堺에서 도사번의 병사들이 상륙한 프랑스 군함 뒤플렉스호Dupleix의 승무원 열한 명을 살해한 사건이 발생했다. 이 때문에 천황과의 대면 또

한 무기한 연기할 수밖에 없게 되었다. 이때 히가시쿠제는 "오늘에 이르러 모든 것은 수포로 돌아갔으니 참으로 유감천만"이라고 한탄했고, 다테는 이제 조금만 더하면 상황이 호전될 수 있는 기회에 발생한 의외의 사건에 분통한 마음을 금할 길이 없다고 썼다. 이 점을 보더라도 '만세'를 부르던 천황정부의 수뇌부가 이 불행한 사건으로 받은 충격이 얼마나 컸는지를 짐작할 수 있다. 사토우도 이에 호응이라도 하는 듯 "곤혹, 절망, 커다란 희망은 실로 성취의 순간에 수포로 돌아갔다"라고 말하고 있는데, 이는 히가시쿠제, 다테와 똑같은 심정을 표현한 것이다.

다음 날 16일, 다테 무네나리가 파크스에게 가서 "지금까지 미력이나마 전심전력을 다해 왔습니다만 예기치 않은 장애가 생겨 실로 유감천만입니다"라고 울먹이면서 말하자 파크스도 크게 감동해 "덴포잔오키天保山沖에서 보양하고 있겠으니 언제든지 상의할 일이 있으면 면담하겠습니다. 이번 사건을 결연하게 처리해주신다면, 오히려 더욱 가까워지게 될 것입니다"라면서 위로했다.

19일, 로슈가 도사번병의 지휘자와 하수인의 사죄, 피해자 유족 부조료扶助料 15만 달러 지급, 외국사무총독과 도사번주의 사죄 등을 요구했다. 이에 파크스는 다테와 히가시쿠제에게 이 요구를 신속하게 승인할 것을 권고하고, 무뢰배들을 단죄할 수 있는 권위를 보이는 것이 정부로서는 중요하다고 덧붙였다.

신정부 내부에서는 다수의 도사번사를 처형하는 것은 위험하다는 견해도 있었으나 파크스의 의향을 존중하고 신정부의 권위를 보이기 위해 도사번사 스무 명에게 할복자살을 명했다. 그리고 22일, 다테가 파크스에게 이러한 취지를 고하자 파크스는 "이번 조치로 조정의 권위가 발휘되어 다행입니다"라고 기뻐했다. 이에 대해서 다테 무네나리가 "여러모로 걱정해주신 덕택으로 형편이 좋아졌습니다."라고 감사하자 파크스는 "아니, 이번 일은 여러분이 애쓰신 결과입니다"라고 대답했다. 사건의 당사자인 로슈는 이 사건이 신속하게 처리되면서 신정부의 선의를 확인할 수 있었다. 이 기회를 이용해 정부가 로슈를 교토로 초대하자 드디어 그도 이를 수락했다. 신정부는 다시 한번 파크스 덕분에 두 번째 외교적 위기를 벗어날 수 있었다. 또 파크스도 마침내 신정부가 "위험한 무사 계급을 통제할 수 있는" 능력을 갖고 있음을 인정했다.

파크스, 습격당하다

이 사카이 사건이 해결되면서 드디어 3국 대표와 천황의 대면이 실현되는 단계에 이르렀다. 2월 30일,[2] 프랑스와 네덜란드 두 나라 대표는 무사히 대면식을 끝냈으나 영국 공사 파크스는 대면식을 하기도 전에 큰 위기에 처했다. 거처인 지온인知恩院을 출발해 궁으로 향하던 도중 신몬젠나와테 거리新門前繩手通에서 광신적 양이론자인 친병親兵[3] 소속 스자쿠 미사오朱雀操와 사에구사 시게루三枝蓊 두 사람이 갑자기 시퍼런 칼을 휘두르면서 행렬 속의 파크스에게 달려들었다. 접대를 담당하던 고토 쇼지로와 나카이 고조中井弘藏가 곧 이들과 맞서 스자쿠를 칼로 죽이고 사에구사를 체포했다. 의위병儀衛兵 중에 부상

2 현재의 그레고리력(태양력)에는 존재하지 않지만 당시의 구력舊曆, 즉 태양태음력太陽太陰曆은 1개월이 29일 또는 30일이었으므로 2월 30일이 있었다. 그레고리력으로 환산하면 1868년 3월 23일이 된다.

3 御親兵이라고도 하며 메이지 초기 천황을 호위하던 군대다. 메이지정부가 최초로 관할한 군대로서 초기에는 조슈번병 등으로 조직되었다.

자가 있었을 뿐 파크스는 무사했으나 이날 대면은 취소되었다.

'만세'를 외치기 직전에 또다시 이러한 변고가 일어났으므로 정부 수뇌들은 표현할 수 없을 만큼 곤혹스러운 모습이었다. 산조 사네토미三條實美와 이와쿠라 도모미 등 두 부소사이와 외국사무국 국독局督 야마시나노미야山階宮 아키라晃 친왕, 외국사무국 국보 다테 무네나리와 히가시쿠제 미치토미 등의 고관들은 줄지어 지온인에 있는 파크스를 방문하고 심심한 진사陳謝의 뜻을 표명했다. 그런데 화를 잘 내는 것으로 유명한 파크스는 전혀 분노의 기색을 나타내지도 않고 침착한 모습으로 정중한 위문에 대해 사의를 표명하고, 고토 쇼지로와 나카이 고조 두 사람 덕택에 위난을 벗어날 수 있었던 점에 대해 깊이 감사했고 이번 사건의 처리를 일본정부에 일임했다. 그리고 더 나아가 그는 지금까지 외국인을 습격한 무사는 할복자살이라는 명예로운 형에 처해지고 있었으나 그 때문에 외국인에 대한 폭행이 끊이지 않으므로 이제부터는 불명예스러운 사형에 처할 필요가 있다고 되풀이해 강조했다. 또 천황이 외국과의 친교를 바란다고 포고하자 외국인을 습격하는 것이 천황에 대한 충의라는 그릇된 관념을 근절하는 일이 정부의 의무라고 거듭 주장했다. 파크스는 이번 사건이 오히려 신정부의 불행이라 동정하고 그 책임을 추궁하기보다는 똑같은 불행을 되풀이되지 않도록 이후의 대책에 대해 교시한다는 태도였다.

다음 날인 3월 1일, 정부는 정식으로 진사하는 편지를 파크스에게 보내 체포된 사에구사 시게루를 엄하게 처벌할 것을 약속했다. 그리고 산조와 이와쿠라 등이 파크스를 방문해 사에구사의 사적士籍을 몰수하고 효수형에 처하는 선고서를 제시했다. 전날 파크스가 교시한 대로 실행하기로 결정한 것이다. 그러므로 파크스는 이 선고서를 보고는 정부가 외국과의 우호관계를 중시하기 위해 신속한 조치를 취한 것을 칭찬하고 기쁜 안색을 나타냈다. 천황정부 측에서도 더욱 그의 요구를 만족시키고자 외국인에 대한 폭행 근절을 위해 이번 형벌을 본보기로 이후 외국인을 폭행하는 자는 엄벌에 처한다는 취지를 일반에게 포고문으로 제시할 것을 선언했다. 그러나 파크스가 이어 내정에 속한 포고문안에 관한 내시內示까지도 요구하자 산조 사네토미 등은 이를 수락하고 말았다. 파크스는 더욱 신이 나서 천황과의 대면 기일을 3월 3일로 정하고 모임을 해산했다.

파크스 습격 사건 이후 천황정부 수뇌부의 행동에는 단순한 국제적 우호정신의 표명을 넘어서 오히려 오로지 파크스의 비위를 거스르지 않으려는 비굴함이 나타나 있다. 이 정도로 천황정부는 파크스에게 의존했다.

파크스, 천황과 대면하다

3월 3일, 천황과의 대면을 기다리고 있었을 때의 느낌에 대해 미트포드는 "기다리는 것처럼 이렇게도 싫은 일이 또 달리 있을까? 파크스와 사토우, 나는 정당한 것으로 알고 있었던 정책의 완성을 목표로 몇 달 동안 노력해왔으며 또 기다려왔다"라고 말했다. 천황과 외국 공사의 대면은 작년 12월 이래, 그들이 "단 하나의 교의教義"로서 천황정부 당국을 설득해왔고, 이제 파크스가 천황과 대면하게 됨으로써 이 정책이 완성되는데 이는 천황정부에게 '만세'임과 동시에 파크스에게도 '만세'였다. 파크스는 야마시나노미야山階宮를 통해서 전해진 소년천황의 유시諭示에 대한 회답으로 "이번 폐하의 나라에서 전국일치의 정체政體를 수립하시어 천하만국의 공법을 기초로 하고 계시므로 외국과의 선린관계가 영원토록 유지될 것을 확신하옵니다"라고 축복했다.

사토우는 파크스가 메이지유신에서 행한 역할에 대해서 "만약 그가 1868년의 혁명에서 다른 쪽에 가담해 있었더라면, 그리고 그의 동료 대부분과 같은 행동을 하고 있었더라면, 왕정복고의 도상에는 거의 예측할 수 없는 어려움이 가로놓여 있었을 것이다. 그리고 내란도 결코 저와 같이 급속하게 종식되지는 않았을 것이다"라고 평가하고 있다. 실제로 기초가 아직 견고하지 못한 신정부는 연달아 외교적 중대 위기에 직면했다. 만약 이때 파크스가 신정부에 악의를 갖고 이 사건들을 이용해 신정부를 궁지에 몰아넣으려고 했다면, 정부의 앞날은 과연 어떻게 되었을까? 신정부를 완전히 붕괴시키지는 못했겠지만 도쿠가와정권에게 유리한 타협을 성립시키거나 내란을 장기화시키거나 어느 쪽으로라도 사태가 일어났을 것이다.

파크스의 지지를 얻는 대신, 신정부 수뇌는 파크스가 시키는 대로 따를 뿐이었다. 3월 15일, 정부는 다섯 가지 게시를 발표해 정부의 기본 정책을 인민에게 알렸는데, 그중 네 번째 게시는 파크스의 강한 요구를 그대로 받아들여 작성한 포고였다. 곧 외국인을 살해하거나 외국인에게 무례한 행위를 하는 자는 무사계급에 속하는 자일지라도 사적士籍을 빼앗고 엄벌에 처한다는 것이다.

2. 요시노부의 공순

로슈, 급히 에도로 가다

도쿠가와군이 교토·오사카 지방에서 물러간 후에도 로슈는 여전히 구막부에 대한 지지를 버리지 않았다. 1월 13일, 즉 요시노부가 에도성에 들어간 다음 날, 로슈는 대일정책에 대해서 각국 대표에게 각서를 보냈다. 이 각서에서 그는 천황정부가 성립된 과정으로 보아 천황정부의 합법성을 부인함과 동시에 이 정부가 외국인을 보호할 수 있는 능력을 의심하고 있었다. 이에 반해서 '다이쿤정부'는 종래 조약 실행에 충실했을 뿐 아니라 앞으로도 외국의 이익을 확대해줄 것이라 믿을 수 있기 때문에 일본에서 외국의 이익을 지키기 위해서는 '다이쿤정부'를 지지해야 한다고 역설하고 있었다.

로슈는 이런 입장에서 구막부의 동정을 살피기 위해서 효고에서 에도 만으로 급히 출발했다. 그리고 18일, 그는 가장 중대한 정보를 제공하기 위해서 한시라도 빨리 직접 만나고 싶다는 중요한 내용의 편지를 요시노부에게 보냈다. 이렇게 해서 로슈는 19일, 26일, 27일 3회에 걸쳐서 에도성 안에서 요시노부와 밀담했다.

요시노부와의 최후 회견

종래의 통설에 따르면, 요시노부는 로슈와의 회견에서 로슈의 원조 제안을 모두 거절하고 오로지 조정에 대해서 공순恭順의 뜻을 표했다고 한다. 그러나 그것이 잘못된 견해라는 사실은 다음과 같은 회견의 내용을 봐서도 알 수 있다.

먼저 19일의 회견에서 요시노부는, 도쿠가와 가의 주인으로서 그 영지가 침범당하는 것을 거부하고 전력을 다해 이를 방위하겠다는 의사를 표명했으며, 천황의 명령에는 복종할 의사가 있으나 현재 천황은 감금상태이기 때문에 자신의 자유의사대로 행동하는 것은 아니라고 주장했다. 다음으로 26일의 회견에서 그는, 자신은 은거하며 기슈紀州번주 도쿠가와 모치쓰구德川茂承가 도쿠가와 종가를 계승하지만, 그 자신은 도쿠가와 가의 가세이家政의 후견을 하게 될 것이라는 점, 천황과의 전쟁은 단지 선조 전래의 영지를 방위하는 것을 목적으로 할 뿐이라는 점 등을 말했다. 당시 요시노부는 조적朝敵이라는 오명을 쓰고 겁을 먹고 있었으므로 기슈번주를 계승자로 뽑고 은거하고자 하는 뜻을 마쓰다이라 요시나가에게 말해뒀지만 로슈에게 말한 것을 보면, 이 은거는 계속해서 도쿠가와 가의 가세이를 후견하려는 위장 은거임이 분명했다. 당시 요시노부의 성의란 모두가 이런 식이었다.

그리고 27일 마지막 회견 때 요시노부는 로슈에게 성명서를 전했다. 이 성명서에서는 대정봉환 이후 그의 행동이 올바른 것이었음을 변명하고, 외국과 체결한 조약을 실행할 뿐 아니라 자진해서 이를 개선하겠다는 의사를 표명하고 있었다. 아울러 내란을 피하기 위해서는 희생을 아끼지 않겠으나 인내에는 한도가 있다고 하면서 외국인의 동정에 호소했다. 인내에도 한도가 있다고 한 것은 동東 일본의 도쿠가와 직할령이 침범되는 경우를 말한 것으로 보인다. 그럴 경우 그는 단연코 저항할 결의를 보이고, 이에 대비하기 위해서 조약상의 권익 확대를 미끼로 외국에 지지를 호소한 것이다. 이 성명서의 원안原案은 로슈가 기초했다. 요시노부는 만약의 경우 대외적 조치를 로슈에게 위임한 상태였다.

그뿐 아니라 로슈는 27일의 회견에 즈음해서도 정치 · 군사 · 재정으로 나누어 간토를 근거지로, 서군西軍에 항전할 방책을 제시한 의견서를 요시노부에게 제출했다. 그중 군사 면에 대해서는, 에도를 방위하는 방법을 제시하고 외국인 교관의 군대 훈련을 역설했다. 또 청나라에서 있었던 '태평천국의 난'을 예로 들어 외인부대의 편성을 권고했다. 재정 면에서는 앞서의 차관계약을 들어 외국의 방법을 모범으로 삼아 회계방법을 개혁하며 낭비를 줄여서 이를 군사비에 충당할 것을 역설하는 등 모두 주목할 만한 내용들이었다.

이 단계에서 요시노부는 아직 공순이라고는 말할 수 없지만 정황에 따라서는 오사카로 향할 의지가 있다고 강경하게 성명했던 에도 귀환 당시보다는 한풀 꺾여 있었다. 요시노부는 명목적 은거를 조건으로, 동일본의 정권으로서 천황정부와 가능한 한 자기편에 유리한 강화를 성립시키려 했던 것 같다. 로슈가 에도에 체재하고 있던 때인 1월 23일, 도쿠가와정권이 개조되고 하타모토 출신 인물들을 각 행정부문의 정 · 부소사이에 등용해 로주와 와카도시요리를 국내의 업무만 취급하는 한직으로 물러나도록 했다. 이것은 전국적 정권이라는 명분을 취하는 도쿠가와정권이 지방정권으로 개조되었다는 것을 의미한다. 이와 더불어 종래에 요시노부로부터 소외되어 있었던 '온건파'인 가쓰 가이슈가 육군 소사이, 오쿠보 이치조가 해군 소사이라는 요직에 각각 등용된 것도 크게 주목할 만하다. 이러한 모든 일은 천황정부와의 강화에 대비한 정책이었다고 봐도 좋다.

천황에게 공순을 표명하다

로슈는 이러한 요시노부의 결의를 확인한 뒤에 간토의 직할령 보유와 요시노부의 은퇴〔명목적인 것이지만〕라고 하는 마지막 조건으로, 천황정부와의 조정調停을 위해 2월 8일, 효고에서 각국 대표와 회의에 임했다. 이 회의의 내용은 명백하지는 않지만, 그 회의에서 로슈가 요시노부와의 회담을 보고한다는 것이 알려졌기 때문에 내란의 조정책이 제출되었을 것이다. 그러나 로슈가 주도하는 조정책에 파크스가 동의할 까닭이 없으므로 앞서 회의에서는 진지하게 논의되지 않았는지도 모르겠다.

요시노부가 하타모토와 고케닌들에게 공순을 유고諭告한 것이 3일 후인 11일이며, 다음 날 12일에 그는 에도성을 나와 우에노上野의 간에이지寬永寺 안에 있는 다이지인大慈院으로 퇴거한다. 요시노부는 그에 앞선 5일, 마쓰다이라 요시나가에게 근신하고 조정의 재결을 기다리겠다는 탄원서를 보냈으며 9일에는 조정의 문책을 받은 막부관리를 파면하고 10일에는 이들과 마쓰다이라 가타모리 · 마쓰다이라 사다아키 등의 등성登城을 금하는 등 차차 공순의 강도를 더해갔다. 군사 정세가 날로 악화되는 상황에서 도쿠가와정권의 주도권을 장악한 가쓰 가이슈와 오쿠보 이치조 등이 천황정부와의 교섭을 유리하게 만들기 위해서 취한 수단이 바로 요시노부의 공순이었다. '공순'이란 항복을 말하는 것이지만 조건 없는 항복을 의미하지는 않는다.

2월 말에는 대총독부[4] 참모인 사이고가 슨푸駿府[5]에 도착해보니 가쓰로부터 편지가 와 있었다. 이 편지에서는 공순의 실효를 거두고

---

4 총사령부를 말한다.

5 지금의 시즈오카 시靜岡市.

있는 요시노부에 대해서 토벌군을 보내는 것이 옳지 않음을 주장하고 군대를 하코네箱根의 서쪽에 머물게 하도록 요구했다. 더 나아가 가쓰는 도쿠가와 가문이 현재 소유하고 있는 군함의 일부를 이끌고 요코하마를 확보해 오사카 근해, 서일본 해상과 도카이도東海道 방면에 다른 군함을 출동시켜 동정군東征軍의 군사행동을 방해하겠다고 협박하고 있다. 사이고는 출진에 앞서 육군은 괜찮지만 해군은 자신이 없다며 매우 고통스러워하는 모습이었다고 한다. 가쓰 가이슈의 협박은 이와 같은 정부군의 약점을 찌르고 있었다. 이런 가쓰의 태도로 보아도 '공순'이 정부군과 거래하기 위한 일종의 전술이었음을 알 수 있을 것이다. 또 공순의 뜻을 표하는 자에게 군사적인 억압을 가해서는 안 된다는 가쓰의 주장이 뒤에서 살펴볼 파크스의 주장과 완전히 일치하는 것이었다는 점에 주목해야 한다.

3. 에도성 양도

조건 없는 항복을 요구하다

천황정부군은 도카이도 · 도산도東山道 · 호쿠리쿠도北陸道 등 여러 길로 나누어 2월 11일부터 13일까지 속속 교토를 출발한 뒤 에도를 향해 진군했다. 그러나 이때 요시노부는 이미 공순의 뜻을 표명하고 에도성에서 물러나 있었으므로 진군 도중에는 거의 저항을 받지 않았다. 도카이도 선봉군先鋒軍은 3월 12일 시나가와品川에 도착하고 도산도 선봉군도 다음 13일에 이타바시板橋에 도착하고서 15일에는 에도 공격을 개시할 준비가 되어 있었다.

이보다 앞서 동정을 추진하던 사이고와 오쿠보 등은 요시노부를 말살해버리겠다고 장담했다. 그러나 이것은 아마도 일종의 위협일 것이다. 이해 2월경, 오쿠보는 공순을 한다면 요시노부를 사형에서 한 등급 감하고 비젠번에 맡겨둘 것, 에도성과 군함과 총포류를 양도할 것이라는 처분안을 만들어놓고 있었기 때문이다. 그리고 3월 16일, 슨푸성 내의 대총독부에서 열린 군사회의에서 결정된 도쿠가와 처분의 조건도 이와 본질적으로 같은 것이었다.

한편 도쿠가와정권의 '군사취급軍事取扱'으로서 군사적 실권을 장악한 가쓰는 슨푸의 사이고에게 야마오카 데쓰타로山岡鐵太郎(야마오카 뎃슈山岡鐵舟)를 사자使者로 파견했다. 3월 9일, 사이고가 야마오카에게 교부한 도쿠가와 처분안도 역시 군의에서 결정된 것과 같은 노선의 것으로서 다음과 같은 내용이었다.

① 요시노부는 비젠번에 맡긴다.

② 에도성을 넘긴다.

③ 군함과 병기를 모두 양도한다.

④ 성내에 거주하는 도쿠가와 가신은 무코지마向島[6]로 옮겨서 근신한다.

⑤ 요시노부의 폭거를 도운 자를 엄격히 조사하여 사죄하도록 한다.

⑥ 폭거를 꾀하는 자를 수습하기 어려울 경우 관군의 힘으로 진압한다.

야마오카는 요시노부를 비젠번에 맡기는 것에 강하게 반대했다. 그 외에도 정부군이 에도에 들어오지 않도록 청하고 군함과 병기의 양도에도 난색을 표했다고 한다.

이상과 같이 열거한 정부군 측의 도쿠가와 처분조건은 요시노부의 추방과 에도성을 비롯해 군함과 병기의 접수를 기본으로 하는 무조건적 항복이었던 것이다. 정부군은 군대를 에도 성벽 위로 진군시킴으로써 조건 없는 항복을 받아내려 했던 것이다. 그러나 이러한 방법은 가쓰와 오쿠보가 요시노부의 공순을 얻어내려 했던 관대한 처분과는 커다란 차이가 있었다. 따라서 이로부터 항복조건을 둘러싼 양자 사이의 교섭이 전개되었다.

파크스의 태도

정부군과의 교섭에 즈음해 가쓰는 이미 '전가傳家의 보도寶刀'라고도 할 수 있는 해군력 행사의 뜻을 암시하고 있었는데, 더욱이 이 시점에서 그가 최대한으로 이용하려고 한 것은 파크스였다. 파크스와 동행해 효고에서 요코하마로 돌아온 다음 날인 3월 9일, 사토우는 에도로

6 도쿄 동북쪽의 스미다가와隅田川와 아다가와 사이의 지역을 말한다.

왔다. 그 후 그는 밤에 몰래 가쓰를 방문했다고 한다. 이처럼 가쓰와 파크스는 사토우를 통해 의사소통을 했을 것이라고 생각된다.

3월 15일로 예정되어 있던 에도성 공격을 눈앞에 둔 13일, 도카이도 선봉 총독부 참모 기나시 세이이치로木梨精一郎는 사이고의 명령으로 요코하마로 가서 파크스와 회담했다. 에도에서 전쟁이 시작된다면 필연적으로 요코하마에도 커다란 영향을 미치게 되므로, 이에 대해서 파크스의 양해를 미리 얻어둘 심산이었다.

그런데 이에 대한 파크스의 태도는 실로 의외였다. 파크스는 요시노부가 공순의 뜻을 표명하고 있는데 토벌하는 것은 인도人道에 반한다고 하면서 갑자기 요시노부 토벌을 강경하게 반대했다. 또 요코하마가 혼란에 빠져 무역이 쇠퇴하면 안 되므로 먼저 영국군 2개 대대와 프랑스군 1개 대대를 파견해 경비에 임하도록 지시했다. 이어서 기나시가, 요시노부가 해외망명을 희망하는 경우 영국의 처치에 대해서 질문하자 그는 망명을 받아들이는 것은 당연히 국제법이 인정하고 있는 것이라고 대답했다. 정말 위급할 때는 하마고텐浜御殿의 뒤에서 보트를 이용해 요시노부를 영국함선으로 탈출시킬 계획이 있었다는 가쓰의 말도 파크스의 언동으로 미루어 보아 근거가 있어 보인다.

만약 사이고 등 동정군의 수뇌부가, 파크스가 에도 공격을 지지한다고 생각하고 있었다면, 파크스의 진위를 제대로 파악하지 못하고 천황정부에 대한 그의 호의를 너무 순진하게 받아들인 것이다. 이미 2월 7일 외국사무총독 다테 무네나리가 파크스와 회담했을 때, 파스크는 은퇴의 뜻을 표명하고 있는 요시노부를 토벌하는 것은 양해할 수가 없다고 했다. 신정부가 구정부를 가혹하게 처치함으로써, 구정부의 절망적 반항을 유발하고 따라서 내란이 확대되고 장기화되는 것을 파크스는 결코 바라지 않았다.

가쓰 가이슈와 사이고 다카모리의 회견

파크스의 반대의견을 접하게 되자 사이고는 잠시 깜짝 놀랐다고 하지만 파크스와의 담화를 비밀로 한 채 14일 다마치田町에 있는 사쓰마번저에서 가쓰와 회견했다. 회견 석상에서 가쓰는 도쿠가와의 여러 관리가 제출한 탄원서를 제시했다. 그 탄원서에는 앞서 사이고가 야마오카에게 넘겨준 도쿠가와 처분안에 대해서 다음과 같은 개정을 요청했다.

① 요시노부는 은거하여 미토에서 근신한다.
② 에도성은 양도 절차를 마친 다음, 그날 바로 다야스田安 가에 넘긴다.
③ 군함과 병기는 모두 한데 모아놓고, 후에 관대한 처분이 있을 경우 상당량을 도쿠가와 가문에게 남겨놓고 나머지는 넘긴다.
④ 성내에 거주하는 가신은 성 밖으로 옮겨서 근신한다.
⑤ 요시노부의 폭거를 도운 자는 특히 관대한 조치를 취하고, 사형에 처하지 않도록 한다.
⑥ 폭거를 꾀하는 자가 있어 수습이 어려울 때는 다시 관군의 출동을 청한다.

이 탄원서를 사이고 다카모리가 야마오카 데쓰타로에게 넘긴 처분안과 비교해 현저하게 다른 점을 지적해보자. 먼저 첫 번째 항목은 히토쓰바시 요시노부가 자발적으로 은거하여 미토에서 근신하겠다는 것으로, 비젠번에 넘긴다는 지극히 굴욕적인 처분을 회피하는 것이다. 두 번째 항목은 성을 정부군에게 양도하는 대신 단지 양도 절차를 마치는 것에 머물고 도쿠가와 가문의 하나인 다야스 가가 관리한다는 것으로, 에도성이 도쿠가와 가문에 다시 넘겨질 것을 기대하고 있는 듯하다. 세 번째 항목을 군함과 병기를 모두 정부에 넘겨주는 대신 상당수를 도쿠가와 가문에 남겨둔다는 것으로, 도쿠가와 가문이 상당한 병력을 유지하는 것을 보증하는 내용이다. 두 번째와 세 번째 항목이 실현되면, 도쿠가와 가문은 아마도 에도성에 그대로 머물면서 제후의 우두머리로 존재하는 것도 가능해지는 것이다.

사이고는 가쓰가 제안한 탄원서를 대총독에게 전달할 것을 약속하고 정식으로 다음 날 공격 중지를 지시했다.

'유럽 일변도'

사이고는 가쓰의 탄원서를 가지고 에도를 출발한 뒤 도중에 슨푸의 대총독부에 들러 보고를 하고 나서 급히 교토로 향했다. 20일, 사이고가 교토에 도착하고 곧 3직(소사이總裁, 기조議定, 산요參與) 회의가 열려서 밤중까지 계속되었는데, 가쓰가 제출한 탄원서를 대폭 채용한 도쿠가와 처분안이 결정되었다. 이때 산요로서 이 회의에 참가한 기도 다카요시는 "세상에서 눈에 보이는 것이라고는 도쿠가와 가문이 아니면 오로지 유럽뿐"이라고 썼다. 사이고와 오쿠보 등이 요시노부 사형론(아마도 위협성 성격의 주장이었을 것이다)을 주장한 것에 비해서 기도는 관대한 처분을 주장하고 있었다. 안중에 도쿠가와 가문만 있는 듯한 요시노부 처분책을 주장하고 있었던 사이고와 오쿠보 등이 일단 파크스의 강경한 태도를 접하자 곧 순식간에 주장을 뒤집어버리는 그 '유럽 일변도'적 태도를 실로 기도다운 예리함으로 비꼰 것이다.

사이고가 없는 동안에도 가쓰는 영국 측과 접촉했다. 21일, 가쓰는 사토우에게 파크스가 영향력을 행사하도록 간청하고 27일에는 파크스, 케펠Sir Henry Keppel(1809~1904) 제독과 회견했다.

한편 사이고는 이 처분책을 가지고 21일, 다시 교토를 출발해 슨푸에 와서 보니 파크스와의 회견을 청하는 사토우의 편지가 도착해 있었다. 이것을 본 그는 가쓰가 손을 쓰고 있다는 사실을 알아차리고 에도로 향하는 도중 4월 1일 요코하마에서 파크스와 회견했다. 이 회견에서 파크스는 유럽 제국의 의견에 따르면 요시노부와 그 지지자를 가혹하게 처분하는 것은 신정부의 명성에 흠집을 내게 될 것이라고 강조했다. 사이고가 요시노부의 처분방법을 말하자 파크스가 매우 지당한 처분이며 한마디도 잘못을 지적할 곳이 없다고 매우 칭찬했으므로 사이고는 매우 안심했다고 한다. 처분책을 도쿠가와 측에 전하기에 앞서, 먼저 파크스에게 보여주고 양해를 구하는 것은 실로 기도가 말한 "눈에 보이는 것이라고는 오로지 유럽뿐"인 태도였다. 그만큼 파크스는 일본에 큰 영향을 끼친 인물이었다.

항복조건의 완화

마침내 4월 4일, 도카이도 선봉 총독 하시모토 사네야나橋本實梁와 부총독 야나기와라 사키미쓰柳原前光는 칙사로서 사이고 등을 인솔해 에도성에 입성하고, 도쿠가와 가문 처분에 대한 칙지를 도쿠가와 일문인 다야스 요시요리田安慶賴에게 전했다. 그 후 가쓰와 오쿠보가 가이에다 노부요시海江田信義(또는 가이에다 다케지 海江田武次)와 기나시 세이이치로 등 두 참모와 에도성 양도 방식에 대해 협의한 결과, 11일에는 역사적인 에도성 양도의 대단원을 맞이하게 된다.

그런데 4일에 전해진 칙지는 3월 20일의 조의에서 결정된 것이었다. 이것을 사이고가 야마오카 데쓰타로에게 교부한 도쿠가와 처분안에 대한 반대 제안으로써 가쓰가 사이고에게 제출한 탄원서와 비교해보면, 에도성을 다야스 가에게 맡기는 대신 오와리번에게 넘기도록 되어 있다는 차이점을 제외하고는 표현상의 차이가 조금 있을 뿐 실질적인 변화는 거의 없었다. 이렇게 해서 처음 사이고가 요구한 조건 없는 항복이라는 노선은 상당히 큰 번으로서 '도쿠가와번'의 존립을 보증하는 조건부 항복이라는 노선으로 변경되었다. 이것은 천황정부에 대한 파크스의 영향력을 크게 이용한 가쓰의 대성공이었다.

4. 사라져버린 가쓰 가이슈의 꿈

대총독부의 융화정책

가쓰의 계획에 기초한 에도성의 무혈 양도는 또한 형식적인 것이기도 했다. 병사와 병기의 인도는 모두 형식적인 것이었기 때문이다. 이미 에도성 양도 전날 밤부터 다수의 병사가 탈주했는데, 그 수는 5천 수백 명에 달했다고 한다. 정부 측 해군이 약한 상황이었으므로 해상에서는 한층 더 공공연한 탈주가 행해졌다. 4월 11일 밤, 해군 부소사이 에노모토 다케아키榎本武揚가 이끄는 7척의 군함은 보슈의 다테야마館山로 탈주했다. 정부군의 위임으로 해상으로 파견된 가쓰는 에노모토를 설득한 결과, 모든 군함을 시나가와 앞바다로 끌어오는 데 성공했다. 그때 에노모토에게는 8척의 군함 가운데 4척을 그대로 넘겨줌으로써 에노모토를 위로하고자 노력했다. 4월 4일 조정의 칙령에서는 군함과 병기를 모두 일단 정부가 접수하는 것으로 되어 있었는데, 에노모토에 대한 관대한 처분은 스스로 이 조정의 원칙을 파괴한 것이었다.

에노모토에 대한 이러한 태도는 사이고를 수뇌로 하는 대총독부가 에도성 양도의 조건을 뛰어넘어 도쿠가와 가문에 대한 융화정책을 전개하고 있었던 사실을 나타내고 있다. 이때 우에노의 간에이지를 본거로 천 수백 명에 달하는 광신적 도쿠가와 지지자 집단인 쇼기타이彰義隊[7]가 결집해 해상의 에노모토 함대와 함께 도쿠가와의 세력

7 1868년 2월, 구막신들이 에도에서 결성한 부대. 절정기에는 2,000명 정도의 부대에 달했으며 신정부에 반항적인 태도를 취했으나 5월의 우에노전쟁에서 토멸당했다.

을 지탱하고 있었다. 또 오토리 게이스케大鳥圭介가 이끄는 탈주병은 간토 각지를 전전하면서 정부군을 견제하고 있었다. 이러한 가운데 정부군의 통행이 어떻게 해서든지 가능한 곳은 도카이도 쪽과 니혼바시日本橋 부근으로, 나머지는 적국과도 같은 상황이었다고 한다. 더욱이 윤 4월 2일, 대총독부는 다야스 요시요리와 오쿠보 이치오, 가쓰 가이슈에게 에도의 치안유지를 위임했다. 도쿠가와 가문에 대한 대총독부의 융화정책은 점점 더 심해졌다.

가쓰 가이슈의 요구

대총독부의 융화정책으로 힘을 얻은 가쓰는 윤 4월 4일, 요시요리를 통해서 대총독부에 탄원서를 제출했다. 에도를 평온하게 만드는 것은 가쓰 가이슈 정도의 인물로는 도저히 이룰 수 없는 일이었기 때문에, 요시노부를 에도로 귀환시키면 그 인격의 힘 때문에 자연스럽게 평온해지리라고 생각한 것이다. 일단 요시노부가 에도로 돌아오면 직접 정치에는 관여하지는 않더라도 도쿠가와 가문의 무게를 더해줄 것은 필연적인 일이었고, 도쿠가와 가문이 에도에 계속 머물게 되는 계기가 되는 것이었다.

그 후에도 가쓰는 대총독부에 대한 요구를 더욱 강화해갔다. 윤 4월 28일, 그는 사이고에게 서한을 보내 시국 문제를 논하고 있는데, 그중에서 가장 중요한 내용은 다음과 같은 것이었다. 곧 정부가 도쿠가와의 영지에 그 정무비용에 할당하는 것을 거부하고 도쿠가와 가문이나 그 외의 다이묘들도 모두 공평하게 그 영지의 일부를 정부에 헌납하면 전국의 정무 비용을 충당하는 데 충분할 것이고, 인심도 이를 반겨 정부에 복종하게 될 것이라는 내용이었다. 이때 가쓰는 적어도 200만 석의 영지를 받을 것을 기대하고 있었던 것 같다. 가쓰의 요구가 실현되면 도쿠가와 가문은 제후의 필두로서 에도에 계속 머물게 된다는 것이었다.

도쿠가와 가문의 처분방침을 결정하다

한편 대총독부 내에서 최대 실력자인 사이고는 도쿠가와 처분 문제에 관해서 정부와 협의하기 위해 4월 28일, 기선을 타고 교토로 향했다. 이때 사이고 자신이 도쿠가와 처분에 관해서 어떠한 의견을 갖고 있었는지는 알 수 없지만 대총독부 내부의 지배적인 의견은 영지의 수확량을 100만 석 이상으로 하고 에도에 머물게 한다는 것이었던 듯하다. 사이고가 도쿠가와 가문에 대해서 융화정책을 전개하고 있었던 점에서 보면, 당연히 이러한 노선에 가까운 의견을 가지고 있었을 것이다. 사이고가 교토에 도착한 다음 날인 윤 4월 6일부터 도쿠가와 처분에 대한 조의가 개최되었는데, 여기에서 두 가지 의견이 대립했다. 가장 중요한 점은 도쿠가와 가문을 슨푸로 옮길 것이냐 아니면 에도에 머물게 할 것이냐는 점이었다.

이때 정부 내부에서 도쿠가와 이봉설移封說을 가장 강력하게 주장한 사람은 오쿠보 이치조(도시미치)였다. 그는 도쿠가와 처분의 기본을 이봉移封, 곧 도쿠가와의 영지를 다른 곳으로 옮기는 것에 두고 영지의 수확량은 70~80만 석, 이봉 후보지로는 슨푸를 들었다. 그리고 이봉을 명할 경우에는 전국에서 대란이 발생하는 것도 불사한다는 정도의 강한 결심으로 임해야 한다고 했다. 게다가 그는 대총독부에 대한 불신임을 표명하고 정부의 명령을 충실히 전달하는 칙사를 파견할 것을 주장했다. 이처럼 오쿠보의 의견은 대총독부의 수뇌로서 도쿠가와에 대한 융화정책을 전개하고 있는 사이고의 의견과는 커다란 차이가 있었다.

도쿠가와 처분을 둘러싼 조의에서의 대립이 어떠한 경과를 거쳤는지는 알 수 없으나 어쨌든 윤 4월 10일이 되어 부소사이 산조 사네토미를 간토 감찰사로 에도에 파견하고 취해야 할 조치를 그에게 위임한다는 결론이 나왔다. 칙사 파견을 주장한 오쿠보 이치조의 방안이었다. 산조는 회의가 종료된 다음 날, 교토를 출발해 윤 4월 24일 에도성으로 들어갔다. 그리고 그 다음 날에는 이미 다야스 가메노스케田安龜之助(요시노리의 아들, 후에 이에사토家達로 개명)에게 도쿠가와의 본가를 상속시키고, 영지를 70만 석으로 정해 슨푸로 이봉한다는 도쿠가와 처분 방침이 결정되었다. 모두 오쿠보가 세운 계획대로였다.

쇼기타이 토벌의 결행

그로부터 5일 후에는 가메노스케에게 도쿠가와가 상속이 명해졌는데, 영지의 수확고와 이봉을 전하기 위해서 먼저 쇼기타이 토벌을 단행해야 했다. 그러나 그것은 지금까지 도쿠가와 가문에 대한 융화정책을 전개해온 사이고로서는 할 수 없는 일이었다. 따라서 토벌을 지휘하게 된 사람은 오무라 마스지로였다. 이보다 앞서 군방사무국 한지判事인 오무라는 사이고가 교토로 향한 것과 길이 엇갈려 윤 4월 4일 에도에 도착했다. 그의 임무는 중앙 군정기관의 대리인으로서 동정군을 감독하고 지휘를 통일하는 것이었다. 이미 이 무렵부터 정부 내부에는 대총독부에 대한 불신의 움직임이 있었다고 보아도 좋으며, 이 때문에 후에 감찰사 산조를 파견하게 된다.

오무라 마스지로가 동쪽으로 오자 사이고의 심복으로 그의 부재

중에 대총독부의 실권을 장악하던 가이에다 다케지와 오무라 사이에 격심한 대립이 전개되었다. 그러나 산조가 동쪽으로 오면서부터 오무라의 지위는 갑자기 강화되었다. 그리고 사이고도 드디어 오무라에게 토벌을 일임하는 결단을 내리고 5월 15일 오무라의 작전 계획에 따라 쇼기타이 토벌이 결행되었다. 겨우 10시간 동안의 전투 끝에 그날 저녁 쇼기타이는 간에이지의 대가람大伽藍과 함께 괴멸되어버렸다. 이로써 오무라의 예측과 작전이 옳았음이 증명되었다. 더불어 이제까지 대총독부의 참모들이 병력 부족을 구실로 쇼기타이에 대해서 손을 쓰지 않고 있었던 것은 도쿠가와에 대한 융화정책에서 나온 의도적인 사보타주sabotage였음을 알 수 있을 것이다.

원칙대로라면 대총독부 참모로서 작전을 지휘해야 했을 사이고는 오무라의 작전에 따라 사쓰마 군의 지휘관으로 행동했다. 그리고 전투 상황을 요시이 고스케와 오쿠보 이치조에게 알린 글에서는 "고전을 했지만 대승리를 거두게 되어 적군을 쳐부순 것은 실로 유쾌하기 그지없는 일이다"라고 대단히 기뻐했다. 오무라의 지휘를 받게 된 것 등에 대해서는 전혀 신경을 쓰지 않고 있는 모습이다. 이 같은 점에도 사이고의 풍격이 잘 나타나 있다고 할 수 있다.

쇼기타이가 소탕되고 난 9일 후인 5월 24일, 도쿠가와 가메노스케에게 슨푸 성주로서 70만 석을 하사한다는 조정의 뜻이 전달되었다. 이제 도쿠가와 가문은 본거지인 에도로부터 분리되어 완전히 천황정부의 지배하에 있는 일개 다이묘가 되었다. 이로써 가쓰가 에도의 무혈 항복에 기대하던 꿈도 사라져버렸다.

맺음말

1864년 8월 4국 함대의 시모노세키 공격을 계기로 막부 측이나 막부에 대항하는 웅번 측에서도 거의 때를 같이하여 정책이 전환되었다. 막부는 웅번연합(실제로는 막부와 여러 번의 장벽을 없앤 개혁세력의 전국적인 연합)의 길을 택하지 않고, 프랑스의 원조를 기대하면서 '도쿠가와 절대주의'를 지향했다. 이에 대해서 사쓰마·조슈 두번은 모두 '할거'라는 이름 아래 '일번一藩 절대주의'의 길로 돌진했다. 이에 두 번의 '할거' 정책이 막부의 '도쿠가와 절대주의' 정책과 대립하게 됨으로써 두 번은 비로소 객관적으로 도막倒幕세력이 될 수 있었다. 그리고 1866년, 사쓰마·조슈 두 번이 막부에 대항하는 동맹을 체결함으로써 전국적인 규모로 도막세력이 결성되고 일본의 정치지도는 크게 바뀌었다.

사쓰마·조슈 두 번이 '할거'하며 막부에서 독립하자 서양 여러 나라, 특히 영국과의 직접적인 관계가 크게 촉진되었다. 그러나 이러한 점으로부터 영국의 대일정책이 도막세력에 대한 적극적인 지지였다고 할 수는 없다.

처음에 영국은 일본이라는 시장을 확보하고 확대하기 위해 일본의 중앙정부로 승인했던 막부(다이쿤정부)를 지지하는 방침을 택하고 있었다. 그런데 1863년의 사쓰에이전쟁을 계기로, 막부에 대한 여러 번의 반감이 막부의 무역독점에 대한 원망에서 비롯되는 점을 인식하고, 대일무역을 확대하기 위해서도 웅번에 접근하는 태세를 취했다. 그리고 시모노세키 원정을 통해 이 태세는 한층 더 강화되었다. 시모노세키 원정 직후, 올콕이 기초한 대일정책 각서는 영국의 대일정책 변화를 나타내는 기념비라고도 할 수 있다.

여기서 올콕은 막부 지배를 대신할 웅번연합정권을 구상하고 있었다. 그러나 그가 웅번연합을 지지한 것은 웅번이 무력으로 막부를 타도하는 것을 지지한다는 의미는 아니었다. 올콕의 웅번연합정권 구상은 웅번의 무역 참가에 대한 지지와 표리 관계를 이루고 있다. 따라서 그는 상호 양보와 타협을 통해 내란과 외전外戰을 피해가면서 막부가 정권을 웅번연합에 이양하는 것, 아니 막부가 웅번연합 속으로 융화되는 것을 일본에서 정치적 개혁의 이상적 형태로 보았다. 이것이 막부의 무역 독점으로 인한 국내 분쟁을 피하면서 일본이라는 시장을 가장 잘 확대할 수 있는 길이라고 믿었기 때문이다.

그러나 막부가 웅번연합의 길을 버리고 '도쿠가와 절대주의'를 지향했을 때, 올콕의 일본개혁에 대한 이상적인 구상은 도저히 실현될 수가 없었다. 올콕은 새로운 대일정책을 세워놓고는 곧 귀국길에 올랐다. 그의 후임으로 주일공사가 된 파크스는 전임자에 비하면 대일정책에서 매우 신중했다. 파크스의 유능한 부하 사토우가 쓴 『영국책론』이 파크스의 대일정책을 대변하는 것이라고 보는 관점은 잘

못된 것이며, 그 내용은 오히려 올콕의 대일정책의 전개라고 봐야 할 것이다.

사쓰마-조슈 동맹의 성립으로 막부와 도막세력의 대결 양상이 선명해졌을 때, 영국 외상 클래런던이 파크스에게 보낸 훈령은 실로 미묘한 것이었다. 예상되는 일본의 내분에는 중립을 엄수해야 하지만 대일무역을 발전시키기 위해서는 막부와 여러 번 사이에 조정이 필요하다고 했다. 더욱이 그 조정에 즈음해서 외국인은 겉으로 드러나는 역할을 해서는 안 되고 단지 '시사'를 해주는 데 머물러야 하며 일본에서의 개혁은 오로지 일본인이 추진하는 것처럼 보이도록 해야만 한다고 했다. 이 훈령에서는 올콕의 대일정책이나 사토우의 『영국책론』에 보이는 것과 같은 내정간섭의 인상을 줄 수 있는 정식 제의가 억제되어 있다. 이 훈령이 그 후 파크스의 대일정책이 되었다.

그런데 사쓰마번은 사토우의 『영국책론』을 그대로 영국의 대일정책이라고 믿고, 파크스의 천황과의 조약체결 제의를 신호로 해서 외압을 이용하는 정치적 술책을 통해 막부를 쓰러뜨리려고 했다. 『영국책론』의 노선을 실천할 수 있다고 생각하고 있었던 사쓰마번의 오산을 이용해 도쿠가와 요시노부는 효고 개항을 외국 측에 공약하고 효고 개항에 관한 칙허를 획득함으로써 사쓰마번으로부터 '결정적인 카드'를 빼앗아버렸다. 여기에 사쓰마번은 정치적 술책을 이용한 '평화적' 도막倒幕에서 '거병토막擧兵討幕'으로 전술을 바꾸었다. 곧 파크스의 대일정책은 사쓰마번을 '거병토막'이라는 한층 더 자주적인 도막倒幕 전술 쪽으로 기울게 했다.

그럼에도 불구하고 파크스가 일본에서의 개혁 노선으로서 바라고 있었던 것은 '거병토막'이 아니라 공의정체론이었다. 이러한 의미에서 그는 상호 양보와 타협을 통한 정권의 평화적인 이양이라는 올콕의 정책을 충실히 계승하고 있었다고 할 수 있다. 그런데 '거병토막'의 노선에 따라 천황정부가 성립하면서부터 천황정부가 대외우호 정책을 취하고 더욱이 그 정책을 실행할 능력을 지니고 있는 것을 알게 되자 파크스는 드디어 그것을 지지할 결의를 다졌다.

다만 천황정부가 토막의 귀결로 에도를 공격하려고 하자 파크스는 내란의 확대가 생사生絲의 주요 수입지인 일본이라는 시장을 황폐화시킬 것을 우려해 정부군의 행동을 제약하려고 했다. 영리하고 민첩한 가쓰 가이슈는 천황정부에 대한 파크스의 영향력을 충분히 활용해 정부 측의 무조건적인 항복 요구를 약화시키고 제후의 필두로서 도쿠가와 가문의 세력을 보존하려고 했다. 그러나 이와 같은 가쓰 가이슈의 시도도 정부군의 쇼기타이 토벌로 사라져버리고 도쿠가와 가문의 슨푸 이봉을 통해 결국 '거병토막'의 노선으로 관철되었다.

이와 같이 메이지유신의 정국이 상대적으로 자주적으로 전개될 수 있었던 것은 앞서 지적한 영국의 대일정책이 크게 작용했기 때문이라고 생각된다. 당시 '세계의 공장'을 자랑하고 있던 영국은 자유무역주의를 관철시킴으로써 주로 상품의 힘으로 세계를 지배하는 것을 이상으로 삼고 있었다. 그리고 산업자본의 이윤을 감소시키게 될 군사비나 식민지 경영비는 가능한 한 삭감하는 방침을 취했다. 이와 같은 영국의 세계정책이 가장 잘 전개된 시기는 1860년 후반부터 1870년대 전반까지였다. 이 시기가 바로 메이지유신의 움직임이 절정에 달했던 시기와 중첩된다는 점에 주목할 필요가 있다. 그 외에 동아시아에서 자본주의 열강의 압력은 시장 가치가 큰 중국에 집중되어 있었고, 중국보다 시장 가치가 낮다는 평가를 받아온 일본에 대한 관심은 중국에 비해 느슨했다는 점도 고려해야 한다.

어쨌든 이상과 같은 국제적 여건에서 중국에서는 국내의 움직임이 외국의 움직임으로 규제되었던 데 비해, 일본에서는 메이지유신의 과정에서도 볼 수 있듯이 외국의 움직임으로 규제되면서도 여전히 어느 정도 국내의 움직임이 독자성을 유지할 수 있었다. 그러나 이 점은 더 나아가 그 후 양국의 진로도 바꾸어버렸다. 반半식민지화된 중국에서는 민족의 모든 저항 에너지가 제국주의 열강과 그에 종속된 국내의 매판적 세력으로 향하게 되고 드디어 신新민주주의 혁명으로 결실을 맺었다. 이에 반해 자본주의 열강과 결탁해 탈아시아적 근대화에서 제국주의 국가로 상승하는 길을 걸은 일본에서는, 천황제 국가 권력이 식민지 보유와 그 확대를 통해 일종의 환상과 얼마간의 떡고물을 국민 일부에게 나누어줌으로써 자신에게 향하게 될 저항 에너지를 약화시키거나 분열시키는 데 성공했다. 더욱이 그 유산은 오늘날까지도 여전히 영향을 미치고 있는 것처럼 보인다.

중국의 신민주주의 혁명으로부터 사반세기를 거쳐 베트남이 완전히 해방된 지금 필자는 그런 느낌을 더욱 강하게 받고 있다.

옮긴이 후기 — 해설을 대신해서

일본의 역사 · 정치사에서 '메이지유신明治維新' 이라 하면 도쿠가와 막번체제德川幕藩體制를 붕괴시키고 천황제 통일국가를 형성하여 봉건사회에서 자본주의 사회로 전환하는 출발점이 된 정치적 · 경제적 · 사회적 변혁을 총칭하는 말이다.

그런데 메이지유신의 역사적 · 정치적 성격에 관하여 그것을 '개혁' 으로 볼 것인지 아니면 '혁명' 으로 볼 것인지에 관해 아직도 논쟁이 지속되고 있고, 메이지 국가가 지향한 근대 일본의 발전 방향에 관해서도 평가가 엇갈리고 있다. 또한 메이지유신이 일본을 봉건사회에서 자본주의사회로 전환시킨 대변혁이었다는 점을 인정하면서도 구체적으로 그 시작과 끝이 언제부터 언제까지인지, 달리 말해 구체적으로 어느 시기의 어떤 변혁을 가리켜 '메이지유신' 으로 볼 것인지에 관해서도 여러 가지 주장이 있다.

가장 넓은 의미로는 1830년대의 텐포天保개혁으로부터 1889년 또는 1890년 메이지 헌법체제가 성립할 때까지를 포함하여 '메이지유신'이라 칭한다.

중간적 관점으로는 1853년 페리제독Commodore Matthew Calbraith Perry의 내항來航을 메이지유신의 시작으로 보고 그 마무리를 1871년의 폐번치현廢藩置縣이나 지조개정地租改定 또는 1877년 사이고 다카모리西鄕隆盛와의 서남전쟁西南戰爭에서 메이지 정권 세력이 승리한 시기까지로 보기도 한다.

좁은 의미로는 에도막부江戶幕府가 붕괴하고 천황을 중심으로 하는 새로운 정부가 성립하는 과정을 '메이지유신'이라 칭한다. 곧 1867년의 대정봉환大政奉還과 왕정복고의 선포, 다음 해(1868년) 1월 도바鳥羽·후시미伏見전투에서 도막군倒幕軍이 승리하여 1868년 3월 14일 메이지천황이 「5개조의 기본방침」〔메이지 1년(1868년) 3월 14일 메이지천황이 천지신명에게 맹서한다는 방식으로 발표한 메이지정부의 기본방침〕을 발표할 때까지를 가리킨다.

이들 여러 학설은 '메이지유신'이라는 용어로 막말에서 유신정권 초기에 단행된 제반 개혁의 어느 측면까지를 나타내려고 하는지에 따라 '메이지유신'의 시기와 폭을 달리 설정하는 것이다.

이 책에 접한 것을 계기로 좀더 광범한 일본근대사에 관심을 갖는 독자들이 유념해두어야 할 점이라고 생각한다.

하지만 이 책의 저자가 『메이지유신의 무대 뒤』라고 제목을 붙인 이 책에서 다루고 있는 시기와 대상은 위의 여러 설說 가운데 가장 좁은 의미의 '메이지유신', 그중에서도 국제적 압력이 가중되어감에 따라 메이지유신의 역사가 새로운 단계를 맞이하는 1864년부터 도쿠가와德川막부의 종말을 의미하는 1868년(메이지 원년) 4월, 메이지 신정권에 에도성江戶城이 양도될 때까지의 국내적·국제적 동향에 관해서

이다.

저자가 이 책의 대상을 위와 같이 설정한 이유는 이 시기야말로 메이지정권 탄생의 가장 중요한 요인이자 두드러진 특징인 '국내적인 동향'과 '국제적인 동향'과의 관련이 가장 두드러지게 나타난다고 보았기 때문이다.

역자로서도 이 시기의 일본 국내세력과 국제열강의 관련 양상이야말로 메이지정권의 탄생과 그 성격을 이해함에 있어 '필요 최소한'의 필수적 대상이자 가장 핵심적 부분이라고 생각한다. 저자의 표현대로 이 부분이 에도막부 말기에서 메이지 초기에 이르는 복잡한 메이지유신사의 본체本體라고 할 수 있기 때문이다.

메이지정권 탄생에 관해 '국내적 동향'과 함께 '국제적 동향'을 강조한 이 책이 출간된 후 '칭송'과 함께 '국제세력의 영향이 지나치게 강조되었다'는 '비판'도 뒤따랐다. 이를 의식해서인지 필자는 신판新版인 이 책에서는 유신정권 탄생에 관해 "외국세력의 영향 못지않게 국내세력의 영향도 컸다"라고 적고 있다. 그러나 역자가 파악하기에는 이 책의 신판에서 종전의 관점이 구체적으로 어떻게 변경되었는지 확인하기가 쉽지 않다. 역설적으로도 그래서 이 책의 장점이랄까 특징, 곧 메이지정권 탄생에 미친 국제적 세력의 영향이 잘 부각되어 있어 오히려 다행이라고 생각한다.

하지만 이러한 지적만으로도 부족한 것 같아 제2차대전 이후 다년간(1946~1954년) 정권을 장악한 바 있는 요시다 시게루吉田茂의 특이하면서도 솔직한 메이지유신관觀을 소개하는 것으로 역자의 해설을 갈음하고자 한다.

요시다 전 일본 수상은 1967년 5월, 사망하기 직전에 쓴 『일본을 결정한 100년』이란 저서의 서문에서 메이지유신에 대해 이렇게 말했다.

"요즘 세계에서 일본에 관한 평판이 놀랄 만큼 좋아졌다. 특히 메이지明治 일본이 서양 문명을 도입해서 근대화에 성공하고 전후의 일본이 급속한 부흥과 발전을 이룩한 것에 대해 다대한 관심을 나타내고 있다. ……『브리태니커 백과사전』(1969년)이 연감의 권두논문으로 일본의 100년간 발자취를 다룬 사실도 이러한 분위기를 반영한 것이다.

일본이 전쟁에 패하여 세계 역사에서 모습이 사라질 것처럼 여겨지던 20년 전에 비하면 엄청난 변화라고 할 수 있다. 기쁜 일이지만 그러나 일본은 이러한 호평好評에 들떠서는 안 된다고 나는 생각한다.

작년 여름 주일본미국대사로 근무하던 라이샤워Edwin Oidfather Reischauer 씨를 일본을 떠나기 전에 만났는데, 그가 너무나도 일본을 칭찬해주기에, 그에게 우리 일본을 너무 치켜세우지 말라고 했다.

나도 일본의 과거와 현재의 실력에 긍지와 자신감을 지니고 있다는 점에서는 남에게 뒤지지 않는다. 그러나 메이지 100년의 대부분을 몸소 경험한 사람으로서 그리 뽐내고 싶은 마음이 들지 않는 것도 사실이다.

분명 우리 일본 사람들은 열심히 잘해왔다. 그러나 동시에 크게 행운幸運의 음덕陰德을 입었다는 생각을 금할 수 없다. 이루 헤아릴 수 없을 정도로 많은 행운의 음덕을 입어온 것이다.

일본은 태평양전쟁이란 큰 실패(잘못)를 범했지만 전체로서는 국제정치의 격랑激浪을 교묘히 헤쳐 나왔다. 그것은 일본인의 뛰어난 '감' 덕택이기도 했다. 특히 메이지의 지도자들은 뛰어난 '직감력'을 지니고 있었다. …… 그래서 나는 기회가 있을 때마다 '직감력'의 필요성을 강조해왔다. 그러나 '감'이란 것은 '행운'과 마찬가지로 발휘하려고 해서 발휘되는 것이 아니다. '행운'도 '감'도 모두 뛰어난 역사감각을 지니고 열심히 노력하는 국민에게 주어지는 일종의 선물인 것이다. 일본의 역사는 그것을 잘 나타내주고 있다."

이 책 『메이지유신의 무대 뒤』의 저자인 이시이 다카시石井 孝의 지나치게 간결한 서문이 한국의 독자에게는 좀 아쉬울 듯해서 옮긴이의 해설을 덧붙였다.

끝으로 저자는 서문에서 "이 책은 많은 사람을 상대로 한 계몽서이기 때문에 되도록 알기 쉬운 표현을 쓰고 약간 윤색한 부분도 있다"고 했다.

그러나 역자가 보기에는 일본의 역사, 특히 막부 말기와 메이지 초기의 정치제도와 관행 등에 익숙지 못한 한국의 독자들에게는 이들 여러 용어와 표현이 여전히 낯설고 구체적 '이미지'가 쉽게 떠오르지 않을 수도 있다고 생각했다.

그래서 이 역서에는 원저서에는 없는 많은 역자주를 붙여 일본사에 익숙지 않은 우리 독자에게 도움을 주고자 노력했다.

역자주라 했지만 그 대부분이 일조각 편집진의 노력의 산물이다. '번역이 창작'이라지만 이 책이 일본어 원본보다 훨씬 자세하고 읽기 쉬운 책이 되었다면 그 공로는 일조각 편집진의 '프로' 정신의 결실임을 밝혀둔다. 특히 여러 가지 예기치 못한 사정으로 번역을 지연해온 역자를 인내로 기다리면서 격려해주신 김시연 사장님과 한경구 교수

님께 사죄와 함께 만강滿腔의 경의를 표하는 바이다.

2008년 4월

일본 동경, 호세이 대학法政大學에서 김영작

관련 연표

연도	월	주요사건
1853 (가에이嘉永 6)	6월	페리, 우라가浦賀에 상륙
1854 (안세이安政 1)	1월	페리, 가나가와神奈川 앞바다에 옴
	3월	미일화친조약(가나가와 조약) 조인
1858 (安政 5)	6월	미일통상조약 조인
	7월	네덜란드, 러시아, 영국과 통상조약
	9월	프랑스-일본 통상조약 조인
1859 (安政 6)	5월	영국 총영사(뒤에 공사) 올콕 부임
	6월	요코하마横浜 개항
1862 (분큐文久 2)	2월	영국공사 올콕 귀국길에 오름
	5월	런던각서 조인
	8월	나마무기生麥 사건
1863 (文久 3)	3월	영국 · 프랑스 양국 공사, 막부에 군사원조 제안
	4월	오구리 다다마사小栗忠順, 존왕양이파尊王攘夷派 타도의 쿠데타 계획
	5월	조슈長州번, 시모노세키下關 해협에서 양이攘夷 결행
		막부, 영국군과 프랑스군의 요코하마 주둔 승인
	6월	오가사와라 나가미치小笠原長行 등, 존왕양이파 타도를 위한 쿠데타 기도
	7월	사쓰에이薩英전쟁
	8월	조슈번, 교토京都에서 추방
	9월	막부, 외국대표에게 요코하마 쇄항 제의
		막부, 요코하마의 생사무역에 대한 제한 강화
	11월	사쓰마와 영국 강화 성립
1864 (겐지元治 1)	1월	교토에서 참예회의 개최, 올콕 귀임
	2월	쇼군 도쿠가와 이에시게德川家茂, 요코하마 쇄항을 상주
	3월	프랑스 공사 로슈 부임
	6월	이노우에 분타井上聞多 · 이토 순스케伊藤俊輔 귀국
		올콕, 조슈번주에 보낸 각서를 지참케 하여 두 사람을 조슈에

1864 (元治 1)		보냄
		막부, 요코하마에 대한 생사 회송 정지
	7월	올콕, 막부에 각서를 보냄. 금문禁門의 변變
		조슈 정벌의 조명朝命내림
	8월	영국·프랑스·미국·네덜란드 4국 연합함대 시모노세키 포대 공격
		조슈번 항복. 올콕, 대일정책에 대한 각서 작성
	9월	영국·프랑스·미국·네덜란드 4국 대표, 로주老中와 회담
		막부, 요코하마에 대한 생사 수송 재개
		가쓰勝, 사이고西鄕 첫 대면. 시모노세키 문제 결정서 조인
	11월	가쓰, 군함 부교 면직免職. 올콕, 귀국길에 오름
	12월	조슈번, 막부에 항복. 로슈, 막부에 의한 생사 직수출 설득
		다카스기 신사쿠高杉晋作 등 거병
1865 (게이오 慶應 1)	1월	조슈번, 정의당正義堂 정권 장악
		막부, 요코스카橫須賀 제철소 공사를 프랑스에 요청
	2월	영국 대리공사 윈체스터 등이 생사를 독점하여 일국에 수출을 획책한다는 풍설에 대해서 막부에 물음
		무라타 조로쿠村田藏六, 상하이上海에 밀항
	3월	막부, 시모노세키 개항 거부를 4국 대표에게 통고
		고다이 사이스케五代才助, 마쓰기 히로야스松木弘安 등 도영渡英 길에 오름
	4월	막부, 조슈 정벌을 위해 쇼군 진발進發을 포고
		로슈, 조슈 정벌의 방법에 대해 막부에 진언
	5월	4국 대표, 밀무역 금지에 대해 결의
	윤 5월	영국 공사 파크스 부임
	7월	조슈번사 이노우에 분타·이토 슌스케, 나가사키長崎에 향함
		사쓰마번의 명의로 무기 구입
	8월	감정부교 오구리 다다마사 등, 불일佛日조합상법組合商法 건의
		글로버, 시모노세키에 옴
		고다이 사이스케五代才助 등, 몽블랑과 상사商社 설립에 관한 조약에 조인
	9월	4국 대표, 효고兵庫 항에 도래
		재경在京 사쓰마번사 웅번연합雄藩連合을 획책
		효고 개항 문제로 막부 내부 동요
	10월	조약 칙허. 사쓰마번, 병량兵糧을 조슈에서 구함
1866 (慶應 2)	1월	사쓰마-조슈 맹약
	2월	도사土佐번, 개성관開成館 설립

1866 (慶應 2)	2~3월	마쓰기 히로야스, 영국 외상과 회담
	3월	사토우, 논설(『영국책론』)을 *The Japan Times*에 발표
	5~6월	개세서약改稅約書 조인. 오사카大阪 · 에도江戶 쌀 소동
		프랑스 경제사절 쿠레 도래
	6월	막부-조슈전쟁 개시. 파크스, 가고시마鹿兒島에 옴
		고쿠라小倉에서 파크스, 로슈 각각 오가사와라 나가유키와 회담
		파크스, 우와지마宇和島 방문
	7월	쇼군 이에시게 사망. 요시노부 도쿠가와 종가 상속
	8월	쿠레와의 사이에 차관계약 성립. 막부-조슈 휴전
	9월	쿠레와 무기 구입 계약 성립
	12월	사토우, 우와지마에서 다테 무네나리와 회견
		요시노부, 쇼군이 됨
		사토우, 효고세서 사이고와 회견. 코메이 천황 사망
1867 (慶應 3)	1월	사쓰마번사 고마쓰 다테와키小松帶刀, 오사카에서 영국 공사 관원과 회견
	2월	로슈, 오사카성에서 요시노부와 회견. 국정개혁 진언
		고토 쇼지로, 나가사키에서 사카모토 료마와 회견
	3~4월	요시노부, 오사카성에서 영국 · 프랑스 · 미국 · 네덜란드 등 4국 대표 접견
	4월	사쓰마번사 등, 오사카 정박 중인 선상으로 파크스 방문
	5월	사번회의四藩會議. 효고 개항 칙허
	6월	막부, 효고상사 설립.「선중팔책船中八策」 기초
		사쓰마-도사 맹약
		사쓰마번,「삿슈 상사」 설립 계획 발표
		구리모토 곤栗本鯤, 도불渡佛 길에 오름
	7월	도사번론, 대정봉환 건백 결정
		사토우, 오사카에서 사이고와 회견
		파크스, 효고상사 설립 파기를 막부에 요구
	8월	파크스, 도사 스자키須崎에서 고토 쇼지로後藤象次郎와 회견
		사토우, 고치高知에서 야마노우치 도요시게山內豊信와 회견
		사토우, 나가사키에서 기도 다카요시木戶孝允와 회견
		'에에자나이카' 시작됨
	9월	사쓰마 · 조슈 · 게이슈 거병 협정
	10월	토막討幕밀칙, 사쓰마 · 조슈 두 번에 내림. 대정봉환大政奉還
	11월	사쓰마, 조슈 두 번 출병협정
	12월	효고 개항, 오사카 개항. 왕정복고 대호령
		요시노부, 오사카성에서 6국 대표들과 회담

		구舊막부, 에도 사쓰마번저藩邸 공격
1868 (메이지 明治 1)	1월	도바鳥羽 · 후시미伏見의 전쟁 구막부, 서군西軍에 대한 병기 공급 금지를 각국에 요구 요시노부, 에도로 돌아감 히젠肥前번주, 고베神戶에서 외국군대와 충돌 칙사勅使 히가시쿠제 미치토미東久世通禧, 효고에서 각국 대표와 회담 각국 대표, 국외局外 중립 포고 요시노부, 에도성에서 로슈와 회담
	2월	요시노부, 에도성에서 물러남 도사번사, 사카이堺에서 프랑스인 살해 프랑스 · 네덜란드 두 나라 대표, 천황과 대면 파크스, 참내參內 도중 습격당함
	3월	파크스, 천황과 대면 기나시 세이이치로, 요코하마에서 파크스와 회견 가쓰 · 사이고 회견 천황정부의 도쿠가와 처분책 결정
	4월	사이고, 요코하마에서 파크스와 회견 칙사, 도쿠가와 처분에 대한 조지朝旨 전달. 에도 개성開城
	윤 4월	대총독부, 에도의 치안유지를 도쿠가와에게 위임 관동 감찰사 산조 사네토미, 에도성에 들어감
	5월	쇼기타이 토벌. 도쿠가와, 슨푸駿府로 이봉移封

찾아보기

ㄱ

ㄹ

ㅁ

ㅂ

ㅇ

메이지유신의 무대 뒤

초판 1쇄 펴낸날 2008년 6월 9일

지은이 | 이시이 다카시

옮긴이 | 김영작

펴낸이 | 김시연

펴낸곳 | (주)일조각

등록 | 1953년 9월 3일 제300-1953-1호(구 : 제1-298호)

주소 | 110-062 서울시 종로구 신문로2가 1-335

전화 | 734-3545 / 733-8811(편집부)

733-5430 / 733-5431(영업부)

팩스 | 735-9994(편집부) / 738-5857(영업부)

이메일 | ilchokak@hanmail.net

홈페이지 | www.ilchokak.co.kr

ISBN 978-89-337-0541-4 03910

값 15,000원

* 이 도서의 국립중앙도서관 출판시도서목록(CIP)은 e-CIP 홈페이지
(http://www.nl.go.kr/ecip)에서 이용하실 수 있습니다.
(CIP제어번호 : CIP2008001585)